AF642669

Touren für Neugierige

Wander-Geheimtipps Schwäbische Alb

Unbekannte Pfade abseits des Trubels

J. BERG

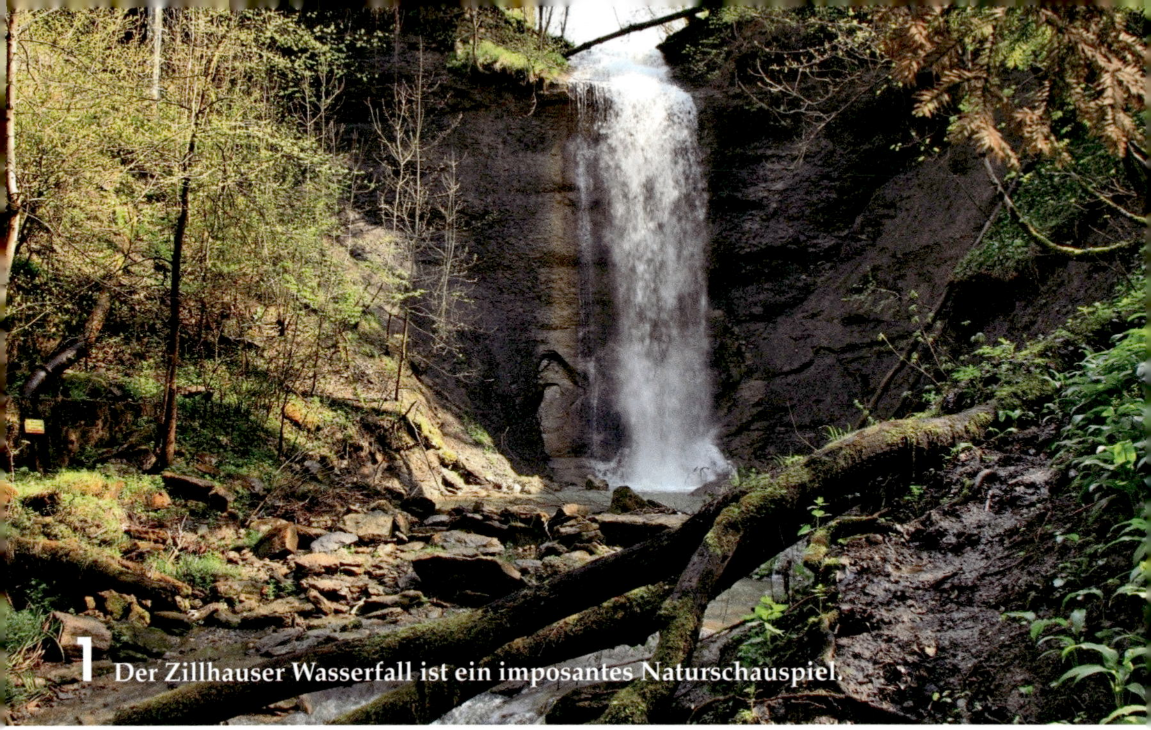

1 Der Zillhauser Wasserfall ist ein imposantes Naturschauspiel.

Inhalt

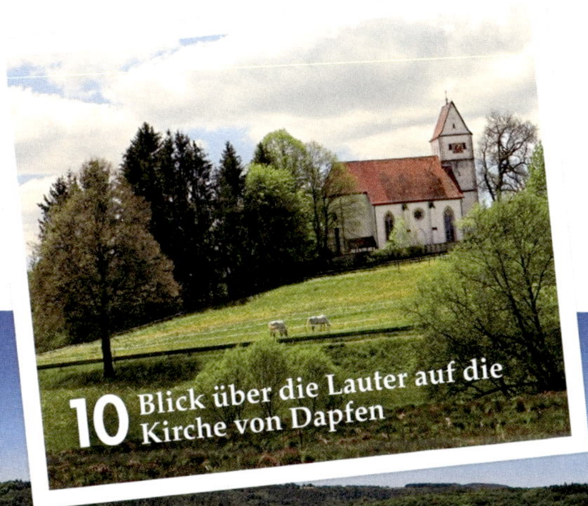
10 Blick über die Lauter auf die Kirche von Dapfen

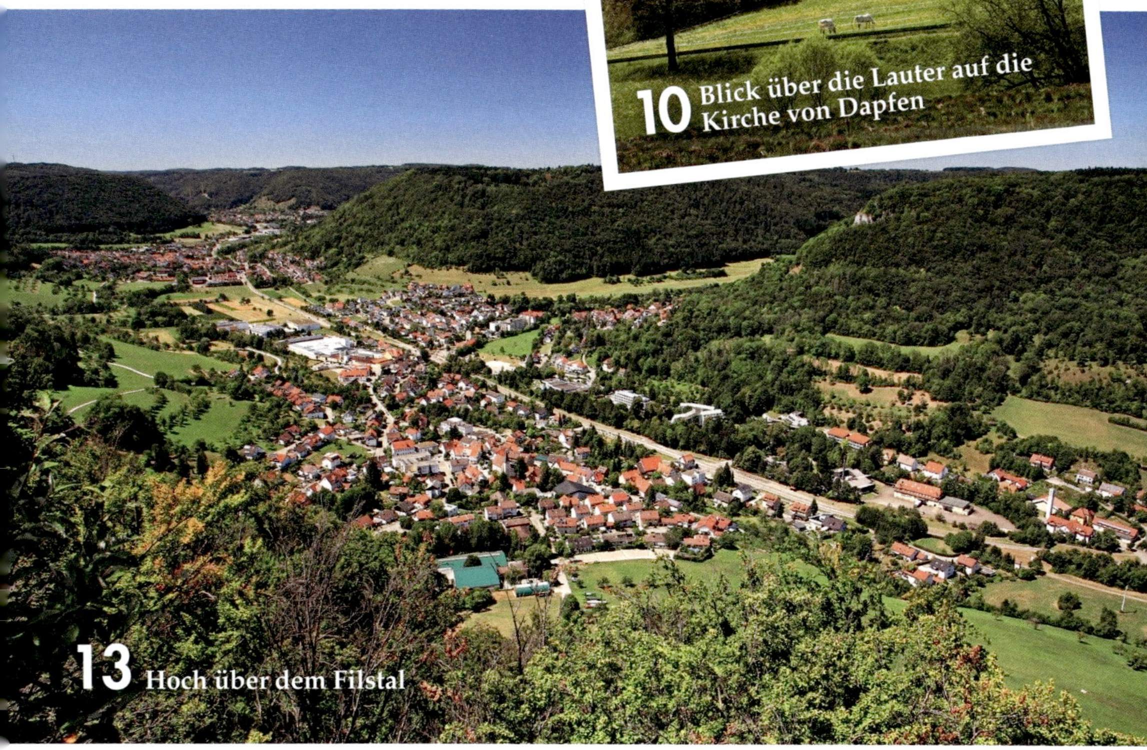
13 Hoch über dem Filstal

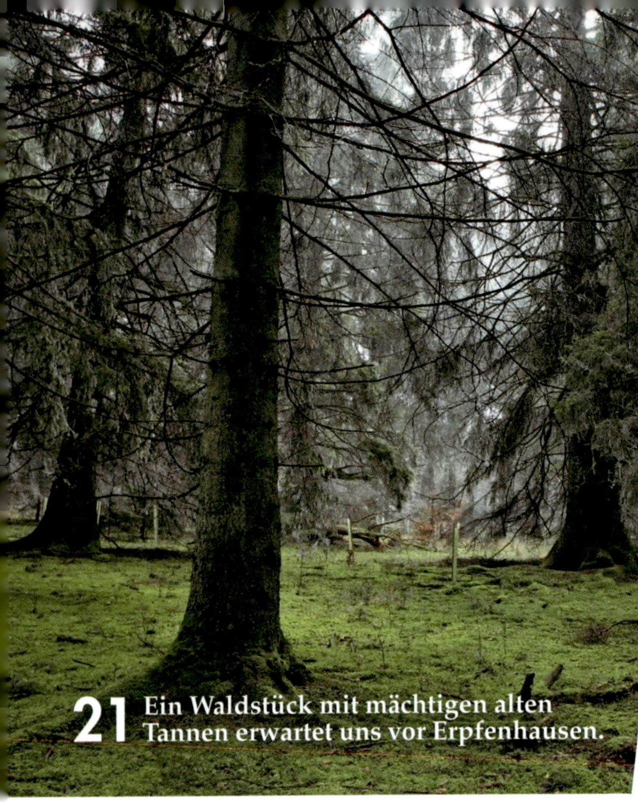

21 Ein Waldstück mit mächtigen alten Tannen erwartet uns vor Erpfenhausen.

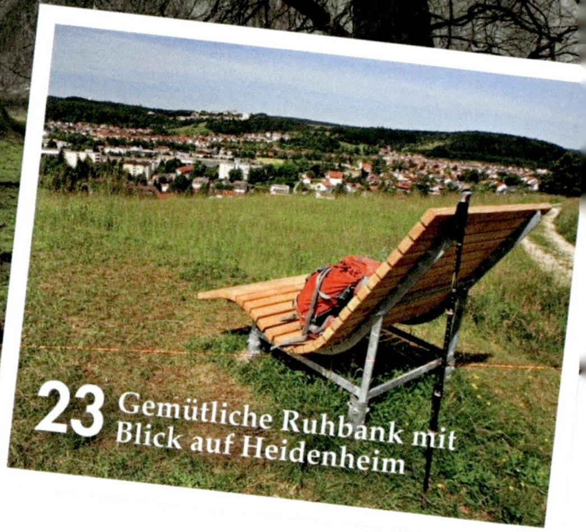

23 Gemütliche Ruhbank mit Blick auf Heidenheim

Tourenüberblick

Nr.	Tour	km	▲	🕒	🍴	☺	🏛	☀	❄	🌳	🌅	🚌	🚲
1	Wasserfälle am Albfuß	10,3	260	3		•		•		•		•	
2	Panoramaweg über dem Killertal	11,3	320	3.20	•	•		•		•		•	
3	In das Gebiet der Wilden Urschel	12,7	350	3.45	•	•		•		•			
4	Fachwerkparadies Trochtelfingen	9,3	120	2.30	•	•	•	•	•			•	•
5	Über die Gutenberger Höhlen zum Wasserfall	12,1	300	3.40	•		•	•				•	
6	Über die Ruine Sperberseck zur Kleinen Schrecke	14,6	360	4.20	•		•			•		•	
7	Von Hengen zum Truppenübungsplatz	10,4	170	2.50	•	•		•		•		•	
8	Ruine Hohenwittlingen und Sirchinger Wasserfall	12,8	380	4	•		•			•		•	
9	Durch die Trailfinger Schlucht	11,5	260	3.15	•	•				•	•	•	
10	Waldwanderung ins liebliche Tal	10,4	200	2.50	•	•	•			•		•	
11	Aussicht von der Kanzel	9	160	2.20	•	•		•	•			•	
12	Höhlensuche beim Hohlen Stein	15,9	270	4.20				•		•		•	
13	Am Albtrauf über dem Filstal	8	130	2.15	•	•				•			
14	Über die Höhle ins Tiefental	8,3	130	2.15	•	•	•	•		•		•	
15	Vom Schmiechtal in die Höhe	12	230	3.25		•	•			•		•	
16	Um den Schmiechener See	5,7	20	1.30	•	•	•	•	•			•	•
17	Von Ehingen zum Blauen Steinbruch	11,2	250	3.10	•	•	•	•	•	•		•	
18	Vom Mordloch ins Magentäle	8,2	160	2.20	•	•	•			•		•	
19	Im idyllischen Kleinen Lautertal	11,9	180	3.10	•	•	•	•				•	•
20	Durch das Steinheimer Becken	6,6	100	1.50	•	•	•	•				•	
21	Fritz Vogel-Rundweg: Zum Mäderwirt	6	90	1.40	•	•				•		•	
22	Zur Fohlenhof-Höhle	13	140	3.20	•	•	•			•		•	
23	Rund um den Moldenberg	7	100	2	•	•	•			•		•	
24	Von Neresheim nach Auernheim	10,3	120	2.40	•	•	•	•				•	
25	Ruine Güssenburg und Brenzweg	7,8	100	2.10	•	•	•	•	•			•	

Vorwort

Liebe Leserin, lieber Leser,

Geheimtipps auf der Schwäbischen Alb? Ja, gibt's die denn noch? Bei dem dichten Wegenetz, das die Wegwarte des Schwäbischen Albvereins markiert haben? Wie man es nimmt. Richtig geheime Pfade, die man ganz für sich allein hat, gibt es auf der vielbesuchten Schwäbischen Alb natürlich nicht mehr. Wir wollen ja auch nicht durch das Unterholz schleichen und die Tiere erschrecken oder seltene Pflanzen zertrampeln.

Aber es gibt schon noch genügend Wege abseits der allgemein bekannten und tausendfach besuchten Hotspots. Man muss nur etwas suchen, dann findet man noch: stille Pfade, verschwiegene Moore, einsame Aussichtspunkte oder einfach Waldstücke, die unberührt und belassen sind, wie sie im wahrsten Sinne des Wortes die Natur schuf. Die üblichen »Must-dos«, ohne hier Namen nennen zu wollen, wurden in das Buch daher nicht aufgenommen. Einheimische Wanderer und Spaziergänger, die sich auskennen, wird man zwar überall antreffen, wo ein einigermaßen angenehmes Gehen möglich ist. Aber ansonsten zieht der große Strom der Albausflügler an den eher unbekannten Orten vorbei.

In diesem Buch wurde versucht, Kleinode aufzuspüren, um Sie dorthin zu leiten. Die ganz berühmten Ziele werden Sie in diesem Band nicht finden, trotzdem habe ich darauf geachtet, dass die Touren in einer attraktiven Gegend stattfinden, und das eine oder andere Mal liegt auch eine Sehenswürdigkeit am Wegesrand. Auf den beschriebenen Wegen wird man unter der Woche wohl ziemlich alleine sein. Manchmal will man das ja auch, sehnt sich nach Ruhe und Besinnlichkeit, will nachdenken oder meditieren.

Gerade weil wir uns meist in eher ruhigeren Bereichen der Schwäbischen Alb bewegen, ist es hier noch wichtiger, das zu beachten, was man als Wanderer sowieso tun sollte: mit der Natur pfleglich umgehen. Wir sollten nicht lärmen, keine Schäden und erst recht keinen Abfall hinterlassen. Am besten verlassen wir Wege und Rastplätze so, dass niemand bemerkt, dass wir dagewesen sind. Tiere und Pflanzen werden es uns danken.

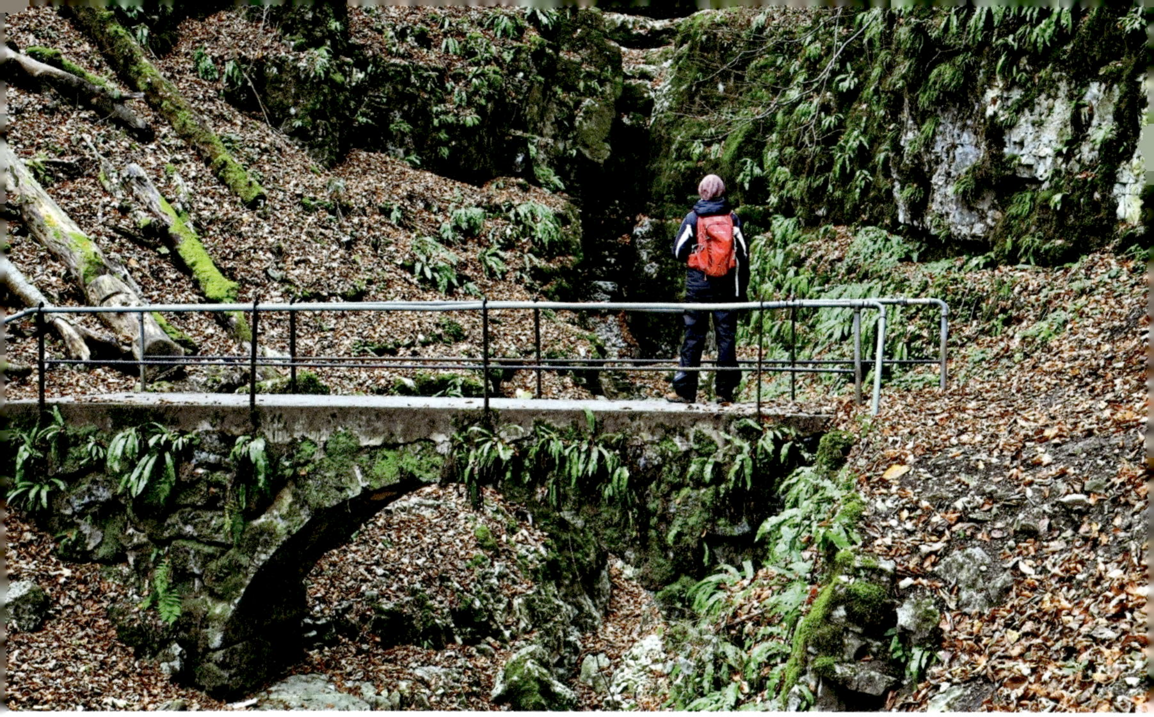

In der wilden Wolfschlucht auf dem Weg zur Ruine Hohenwittlingen

Nicht überall kann man sämtliche Wegstücke meiden, auf denen auch andere Wanderer unterwegs sind, und dort, wo eines der beliebteren Ziele in der Nähe liegt, wird es natürlich mit einbezogen. Wäre ja auch schade, wenn man darauf verzichten würde – nicht umsonst haben ja die bekannten Ausflugsziele ihren Ruf. Trotzdem finden Sie in diesem Buch Wandertipps etwas »aus der Reihe«.

Bei den Wegen wurden nach Möglichkeit die schönen, kleinen Pfade bevorzugt. Aber auf der wirtschaftlich genutzten Schwäbischen Alb ist es nicht zu vermeiden, dass man auch mal auf einer der »Wald- oder Feldautobahnen" wandern muss. Vor allem sonntags kann einem schon der eine oder andere Wanderer begegnen – da darauf geachtet wurde, dass die Wege gut begehbar und nach Möglichkeit vom Schwäbischen Albverein e. V. markiert sind, verlaufen die Touren nur in seltenen Fällen auf wirklich »geheimen« Pfaden. Ungepflegte Wege oder Orientierungsschwierigkeiten wünscht sich ja auch ein Wanderer nicht, der die Waldeinsamkeit sucht.

Ich wünsche Ihnen auf jeden Fall schöne Wandertage, allzeit gutes Wetter und viele angenehme Erlebnisse und Begegnungen.

Ihr Dieter Buck

Die Schwäbische Alb

Die Schwäbische Alb ist zusammen mit dem Schwarzwald das Mittelgebirge in Baden-Württemberg schlechthin, denn es ist eine Wanderregion sondergleichen. An jedem Wochenende machen sich Scharen von Natursuchenden auf, um die Berge mit ihren Felsen, von denen man eine großartige Aussicht ins Vorland hat, die Burgen und Ruinen und die prächtigen Buchenwälder zu erobern. Sie erstreckt sich quer durch das Land, von der Schweizer Grenze bis nach Franken. Da »Die Alb« ein Kalkgebirge ist, ist sie wie alle derartigen Formationen durchlöchert wie ein Schweizer Käse. Das bedeutet, dass es hier zahlreiche Höhlen gibt, aber auch das Wasser schnell versickert. Es tritt weiter unten in Form von Quellen, oft mit großen Töpfen, aber auch in Form von Wasserfällen, wieder zutage. Der berühmteste von ihnen, der Uracher Wasserfall, wird in diesem Buch natürlich auch besucht.

Die Sinterwasserfälle bei Gutenberg bieten besonders im Frühjahr ein beeindruckendes Schauspiel.

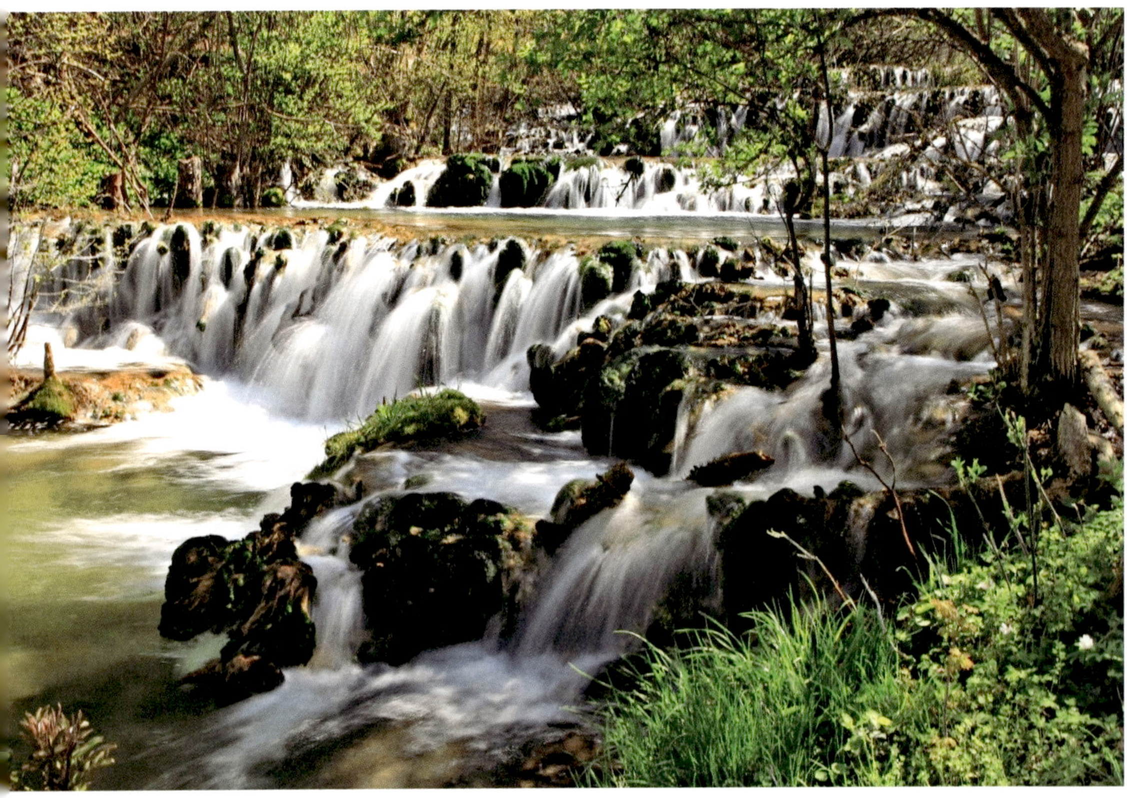

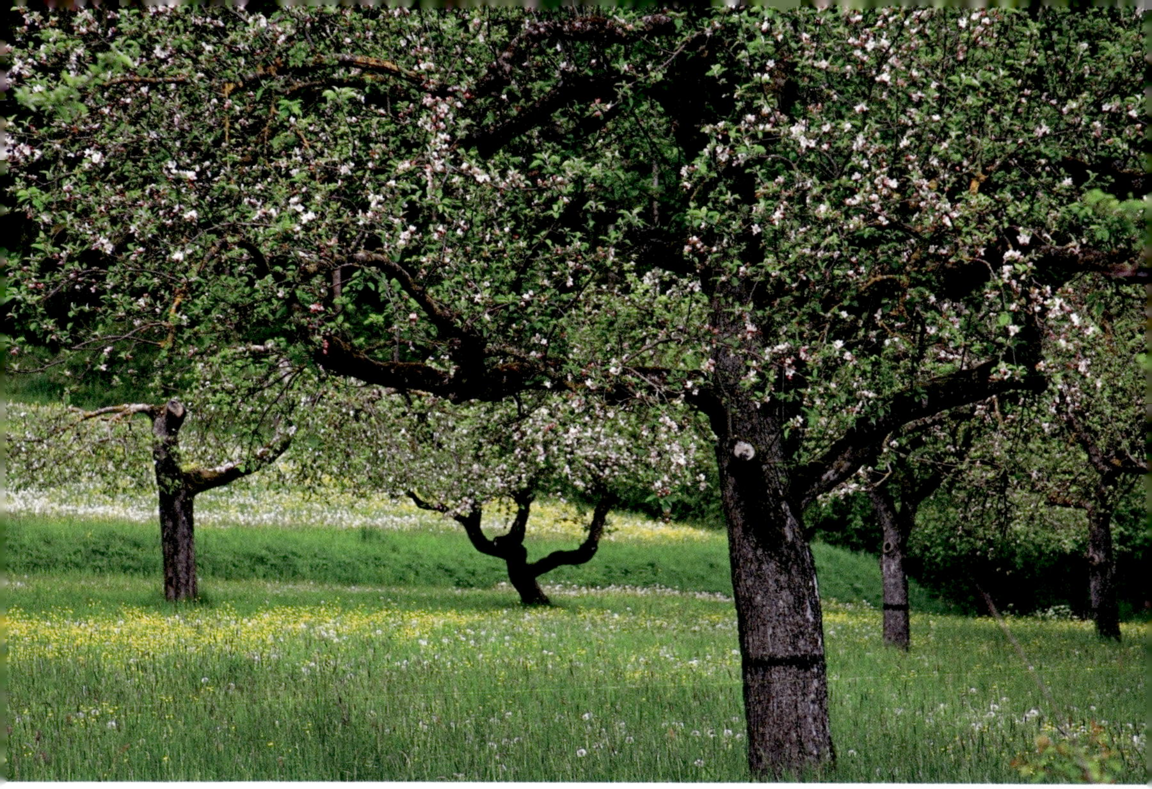

Das Schwäbische Streuobstparadies zieht sich entlang des Albtraufs vom Landkreis Göppingen bis zum Zollernalbkreis.

Ausrüstung

Was braucht man zum Wandern auf der Alb? Eigentlich nichts Besonderes. Man zieht sich wandergeeignete Kleidung an: gut waschbar, bequem und je nach Wetter wind- und regendicht (oder zumindest -abweisend), sowie atmungsaktiv. Auch für einen Anorak gilt das. Jeanshosen sind, wenn es nicht absolut regensicher ist, weniger geeignet: Sind sie einmal nass, dauert es lange, bis sie wieder trocken sind. Da man auf Waldpfaden auch manchmal auf engen Wegen geht, in die vielleicht dornige und stachelige Zweige ragen, sollte der Stoff fest sein und nicht gleich kaputtgehen, wenn man mal von einer Brombeere »angegriffen« wird. Der Fachhandel hat ein großes Angebot an wandergeeigneter Kleidung auf Lager.

Der besondere Tipp

Auch auf Geheimtippwanderungen wird man nicht immer alleine sein, denn die Ziele sind, selbst wenn es sich nicht um die berühmten Hotspots auf der Schwäbischen Alb handelt, natürlich auch anderen Menschen bekannt. Insbesondere Einheimische werden sie kennen und lieben. Wer gerne alleine unterwegs ist, geht am besten unter der Woche auf Tour. Ansonsten ist es auch samstags nicht so belebt wie an schönen Sonntagen.

Wichtig sind aber vor allem die Schuhe. Hier sollte man nicht sparen. Gute Wanderschuhe, wasserdicht, sodass man einfach mal durch eine Pfütze gehen kann, knöchelhoch und mit einer Sohle, mit der man problemlos über Wurzeln und Steine steigen kann, sind sehr zu empfehlen.

Ganz brauchbar sind immer wieder ein Taschenmesser, eine Schnur, eine Tüte (für den Abfall, aber auch zum Sammeln irgendwelcher Fundstücke – vor allem, wenn man Kinder dabei-

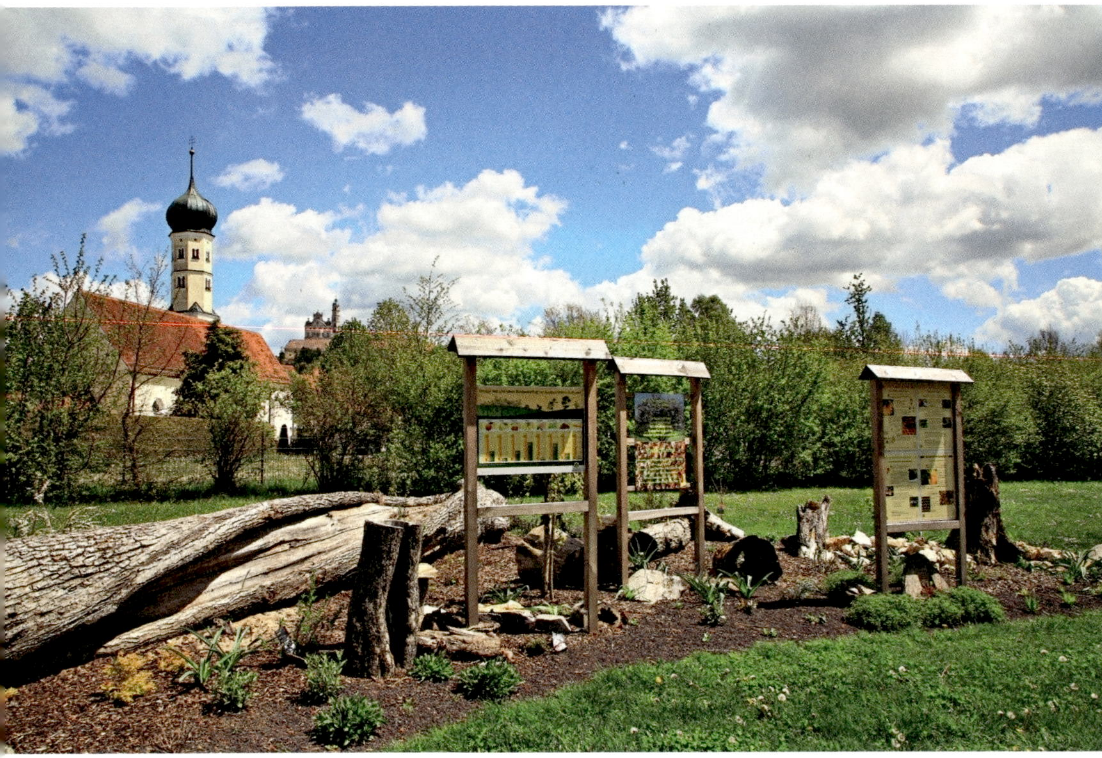

Vom Stadtpark aus hat man einen schönen Blick auf den Kirchturm von Neresheim.

hat). Über mögliche Verletzungen denkt man im Vorfeld nicht gerne nach – sollte es aber: Gerade auf Pfaden hat man sich schnell mal den Fuß übertreten. Eine elastische Binde kann hier Wunder wirken und zumindest den Weg zurück zum Ausgangspunkt ermöglichen. Einen Schnitt, einen Riss, eine aufgeschürfte Stelle hat man sich auch schnell zugezogen. Hier sind Pflaster oder Verband und ein Desinfektionsmittel im Rucksack hilfreich. Auch gegen Insektenstiche gibt es Abhilfe: Geräte, mit denen man einen Stachel oder das Gift in der Stichstelle entfernen kann, sowie Mittel und Salben, um den Juckreiz zu mildern, erhält man in der Apotheke.

Gefahren im Wald

Löwen, Tiger und giftige Spinnen treffen wir in unseren heimischen Wäldern zwar glücklicherweise nicht an, aber es gibt trotzdem ein paar Dinge, die in den letzten Jahren an Bedeutung gewonnen haben und über die man sich bei Outdoor-Aktivitäten Gedanken machen sollte.

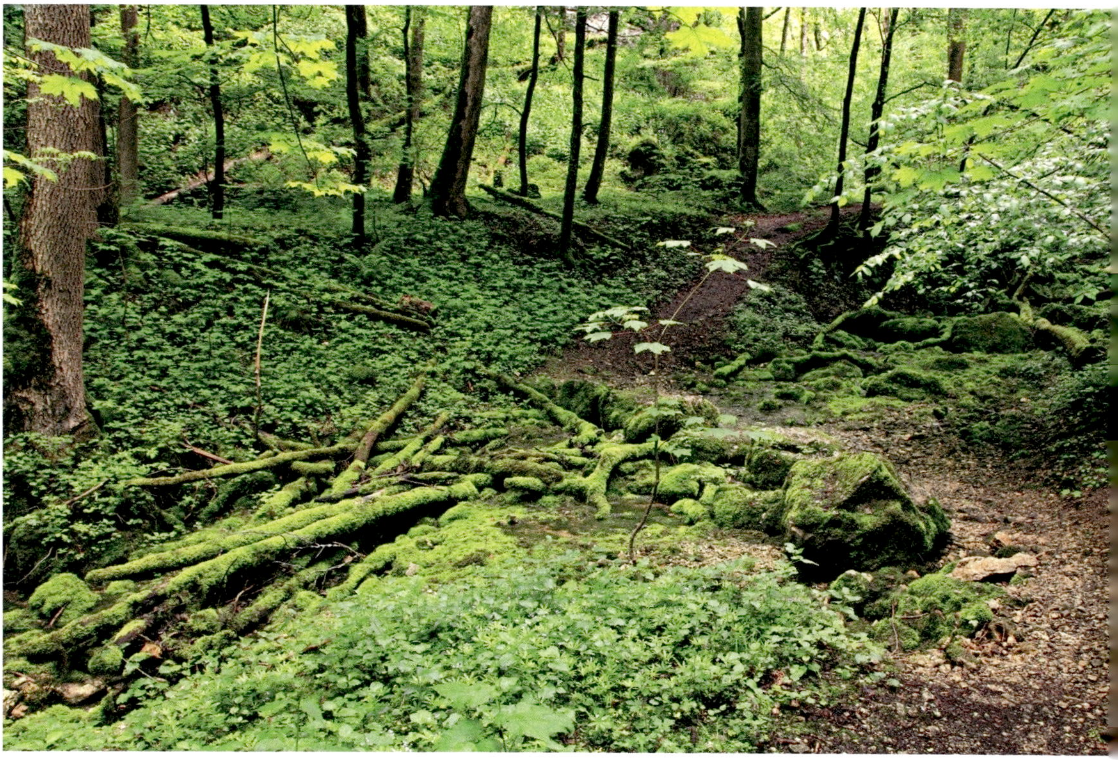

Manche Seitentäler weisen eine fast urwaldartige Stimmung auf, so wie hier im Magentäle.

Waldgebiete sind immer auch Zeckengebiete. Und ein Zeckenbiss kann schwere Komplikationen verursachen, von Hirnhautentzündung bis hin zur Borreliose. Es empfiehlt sich dringend, geschlossene Kleidung zu tragen und die Hosenbeine in die Schuhe zu stopfen, um den Beißern die Angriffsflächen nicht gerade auf dem Silbertablett anzubieten. Nach der Tour sollte man sich absuchen, am besten sogar duschen und bei Zeckenbissen in den nächsten Tagen auf Rötungen um die Bissstelle achten. Dann ist ein Arztbesuch angesagt. Gegen Hirnhautentzündung kann man sich impfen lassen – lassen Sie sich dazu von Ihrem Arzt beraten.

Auf der Schwäbischen Alb besteht außerdem Gefahr durch den Fuchsbandwurm, einen Parasiten, der auch den Menschen befallen kann. Geschädigt werden vor allem die Leber, manchmal auch Lunge und Gehirn. Dass man befallen ist, wird oft so spät bemerkt, dass keine Hilfe mehr möglich ist. Vorsorgen kann man, indem man keine Beeren im Wald isst, zumindest keine in Bodennähe, und sein Vesperbrot nicht ins Gras legt. Händewaschen, wenn möglich unterwegs, aber auf jeden Fall daheim, ist hier angesagt.

Ursache für eine Erkrankung durch das Hantavirus sind oft Rötelmäuse bzw. deren Ausscheidungen. Letztere werden beim Wandern, zum Beispiel im trockenen Laub, aufgewirbelt und der Erreger eingeatmet. Besonders hoch ist die Infektionsgefahr von April bis September.

Tetanus (Wundstarrkrampf) kann man sich durch eine Verletzung (Stich, Biss, Schnittwunde) und Verunreinigung der Wunde holen. Die meisten Menschen sind dagegen geimpft. Eine weitere Gefahr ist eine Blutvergiftung (Sepsis), die man sich durch eine Verletzung (Stich, Biss, Schnittwunde) zuziehen und die unbehandelt zum Tod führen kann. Auch hier kann Sie Ihr Arzt beraten.

Informationen

Schwäbische Alb Tourismus

Bismarckstraße 21
72574 Bad Urach
Tel.: 07125/939 30 31
info@schwaebischealb.de
www.schwaebischealb.de
www.albcard.de

Mit Kindern im Wald

Kinder sind normalerweise begeisterte Waldwanderer, gibt es hier doch immer viel zu sehen, zu beobachten und zu spielen. Geht man mit Kindern auf eine Waldwanderung, ist es immer sinnvoll, etwas zum Transport von Fundstücken (Tannenzapfen, Samen, Versteinerungen etc.) dabeizuhaben. Pflanzen mitzunehmen ist zwar auch beliebt, aber wenig sinnvoll, denn bis man daheim ist, sind sie oft vertrocknet. Schnur, Taschenmesser, Malsachen etc., bei kleineren Kindern auch Spielfiguren, machen eine Waldwanderung für den Nachwuchs interessant, sodass man zu einer Wiederholung vermutlich keine großen Überredungskünste braucht.

Orientierung unterwegs

Die im Buch abgebildeten Karten sind schon hilfreich. Welches Kartenmaterial man sich darüber hinaus besorgen sollte, ist bei den jeweiligen Wanderungen aufgeführt. Kleine, verschwiegene Pfade sind dort allerdings manchmal auch nicht enthalten.

Wer ein Smartphone hat, sollte sich die beiden Apps PhoneMaps und Maps.Me aus den bekannten Stores herunterladen. Sie sind beide kostenlos und funktionieren auch, wenn man unterwegs kein Netz hat – was in den dichten Wäldern oder den Tälern vorkommen kann. Auch mit Komoot habe ich gute Erfahrungen gemacht. Diese Apps zeigen fast immer zuverlässig, wo man sich gerade befindet und wo die Wege hinführen, die an einer Kreuzung abgehen. Vor allem sind dort fast alle Wege und Pfade enthalten, auch die, die auf den Karten nicht zu finden sind. Noch einfacher ist es jedoch, man lädt sich die Tracks der Wanderungen von der Verlagshomepage herunter.

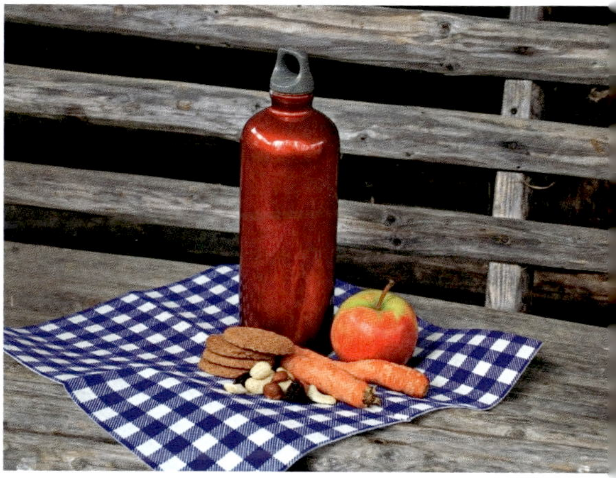

Ein wolhlschmeckendes Vesper gehört zu einer Wanderung dazu. Glück hat man, wenn man einen passenden Platz findet.

Das Landesamt für Geoinformation und Landentwicklung Baden-Württemberg (LGL) hat 2018 mit der Herausgabe neuer Wanderkarten im Maßstab 1:25000 begonnen. Sie sind aber noch nicht für alle Gebiete erhältlich. In diesem Fall wurden im Buch ersatzweise die Freizeitkarten 1:50000 angegeben. Diese sind vom Maßstab her aber nicht optimal zum Wandern. Lassen Sie sich deshalb in Ihrer Buchhandlung beraten, welche Wanderkarten für das entsprechende Gebiet bereits erschienen sind.

Bestimmen von Bäumen, Blumen und Tieren

Nach dem Motto »Man sieht nur, was man weiß« ist es auch nützlich, wenn man das, was man um sich herum sieht, auch erkennen kann: Bäume, Blumen, Tiere. Neben vielen Büchern – fragen Sie hierzu am besten Ihren Buchhändler – gibt es auch zahlreiche Apps. Zur Bestimmung von Vögeln werden auch Bücher angeboten, bei denen man mittels einer App Vogelstimmen hören kann.

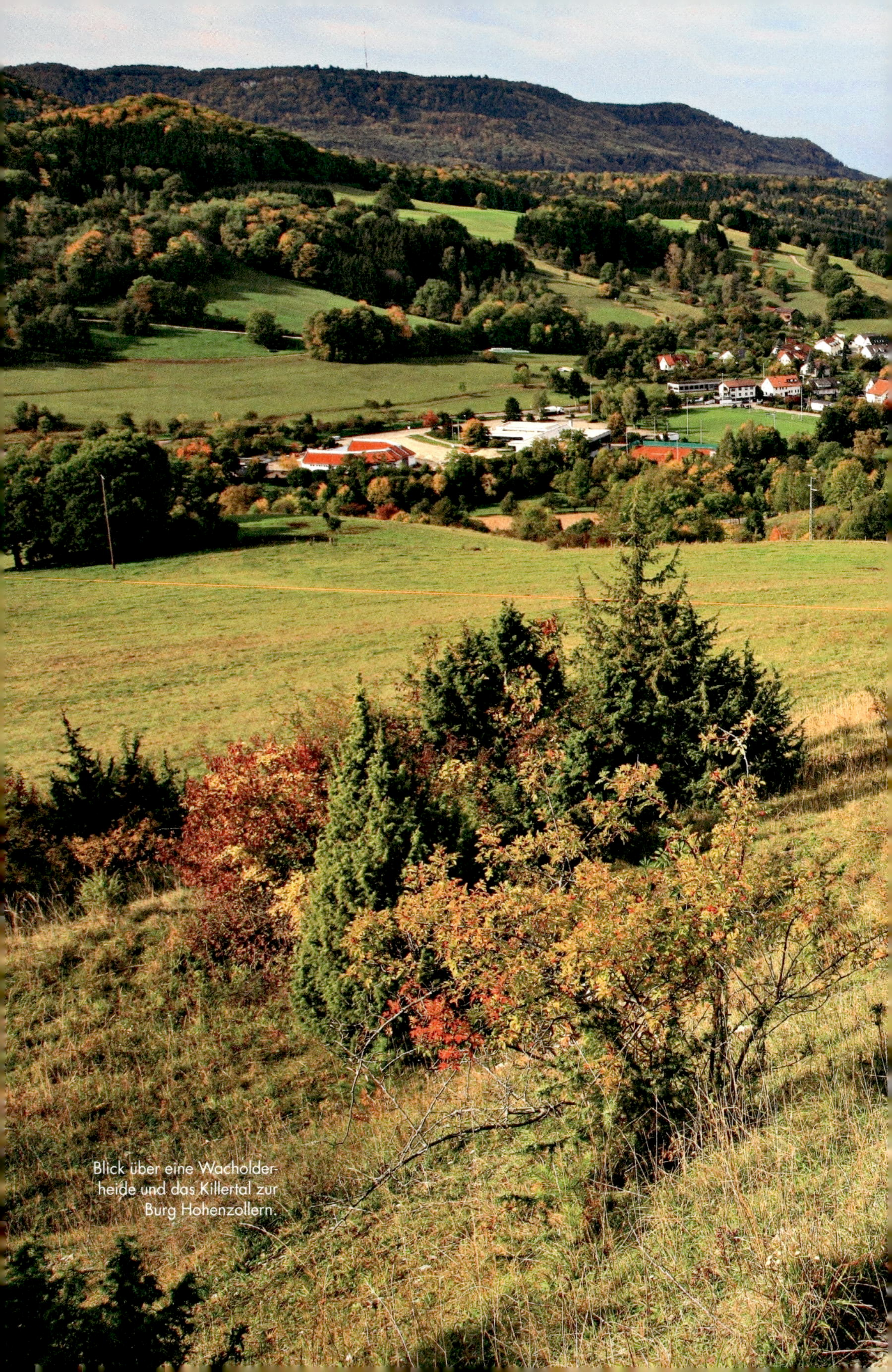

Blick über eine Wacholderheide und das Killertal zur Burg Hohenzollern.

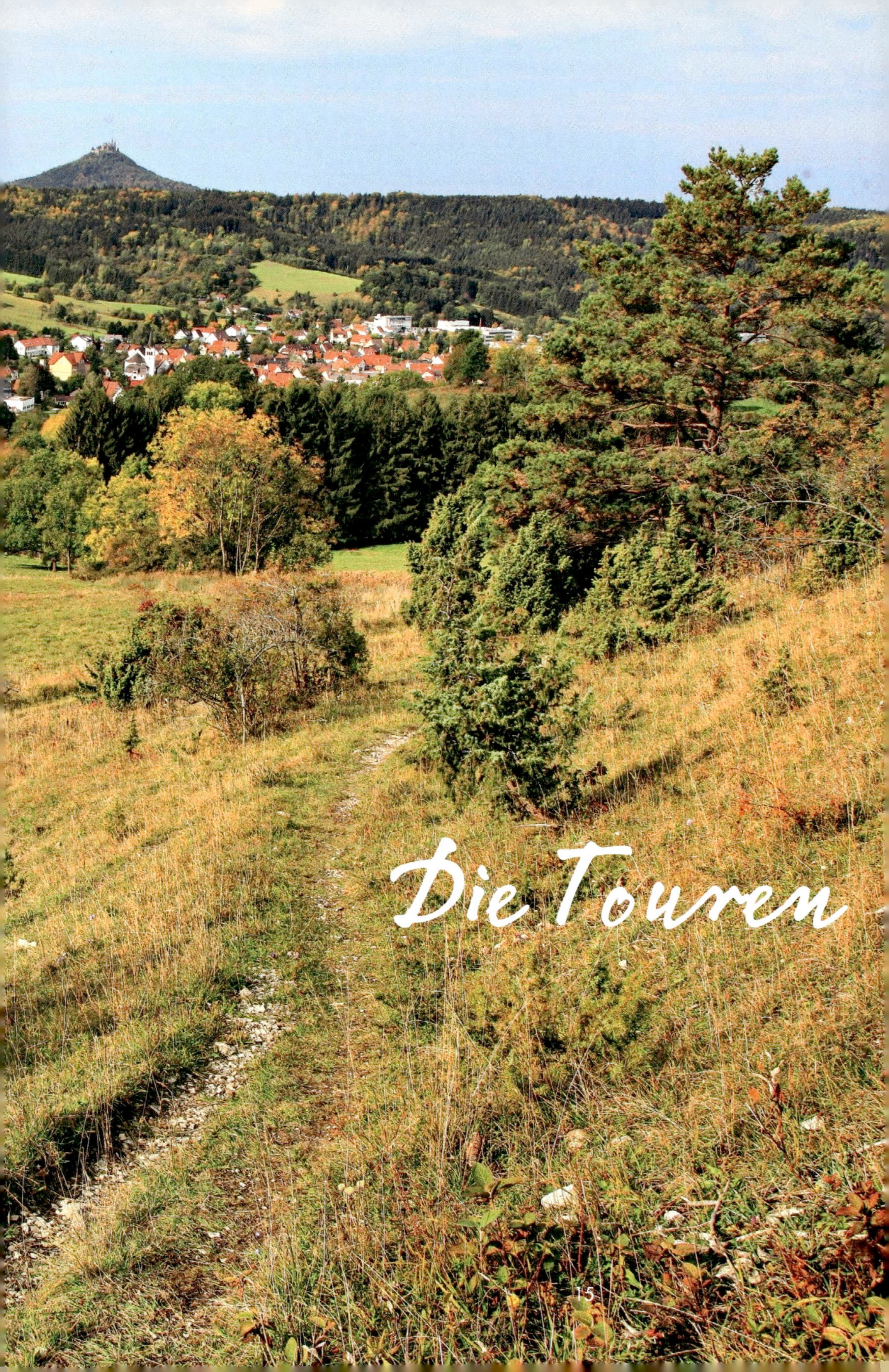

Die Touren

1 Auf dem GeoWanderweg zum Irrenberg

Wasserfälle am Albfuß

mittel	10,3 km	260 Hm	3 Std.

Tourencharakter
Wir wandern auf festen und Naturwegen.

Tourenverlauf
Zillhausen/Friedhof – Tennisplatz 0.35 Std. – Rastplatz 0.35 Std. – Rastplatz 0.50 Std. – Friedhof 1 Std.

Höchster Punkt
Am Irrenberg, 867 m

Ausgangspunkt/Endpunkt
Balingen-Zillhausen, Friedhof, 645 m

Anfahrt
Auto: B27 bis Balingen, weiter auf der B46, dann über Dürrwangen nach Zillhausen; GPS 48.253474, 8.921019
Bus & Bahn: Bahn bis Balingen, Rottweil oder Frommern, Bus bis Zillhausen, Haltestelle Bitzestraße;
Info: www.efa-bw.de

Einkehr
Keine

Karte
Wanderkarte W241 Rottenburg am Neckar, 1:25 000, Landesamt für Geoinformation und Landentwicklung Baden-Württemberg (LGL) in Zusammenarbeit mit dem Schwäbischen Albverein e. V.

Informationen
www.balingen.de

Die erste der Sehenswürdigkeiten auf dem GeoWanderweg in Zillhausen erwartet uns gleich am Anfang: ein mächtiger Wasserfall. Danach wandern wir am Bach entlang, vorbei an weiteren Wasserfällen, durch idyllische Wiesentäler und Wald zum Naturschutzgebiet Irrenberg.

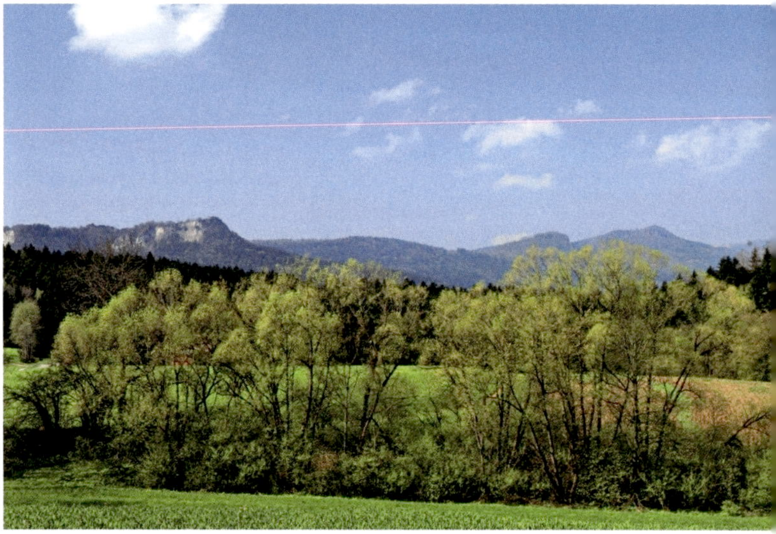

Über den Wasserfall aus dem Ort Bei unserem Ausgangspunkt, dem Friedhof am südlichen Ortsausgang, sehen wir bereits eine Übersichtstafel über die zehn Stationen des GeoWanderwegs. Südlich des Friedhofs werden wir dann zum »Wasserfall« verwiesen. Ab jetzt ist der Ammonit des GeoWanderwegs unser Zeichen.

Nach wenigen Minuten liegt links unterhalb des Wegs der **Wasserfall** ❶. Man kann auf einer steilen Treppe zu ihm hinabsteigen. Danach wandern wir weiter zum Ort, durch den wir in der Wasserfallstraße bis zu einer Brücke spazieren. Dort biegen wir rechts ab in die Roßgumpenstraße, halten uns aber gleich links in die Büttenbachstraße. Sie bringt uns, bald recht schmal werdend, zur querenden Ufhofer Straße. Wir folgen ihr kurz nach links, dann biegen wir rechts ab in die Ebnetstraße. Gleich darauf halten wir uns links in die Wieswannenstraße.

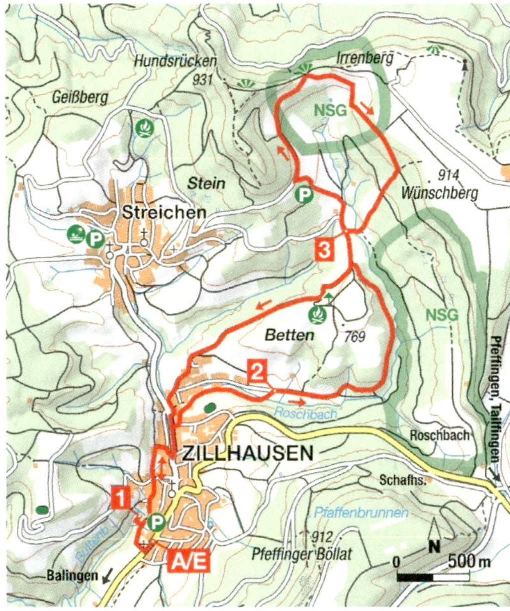

Ein weiterer Wasserfall An einer Verzweigung nehmen wir den linken Weg, der direkt über dem Bach verläuft. Er geht in einen unbefestigten Pfad über. Links sehen wir bald noch einen Wasserfall. Danach folgen wir dem Pfad, bis wir jenen Wasserfall bei einem dritten, kleineren Wasserfall überqueren und zu dem Asphaltweg vor dem Tennisplatz gehen ❷. Hier halten wir uns rechts und spazieren durch das Wiesentälchen, bald auf geschottertem Weg, bis zum Waldrand. Dort steigt es an. Der Weg zieht nach links und wir wandern immer oberhalb des Roschbaches.

Hinauf zum Irrenberg Nach dem Wald – hier sehen wir links Tisch und Bänke sowie eine **Grillmöglichkeit** ❸, und hier kommen wir auch auf dem Rückweg wieder vorbei – gehen wir geradeaus durch die Wiesen weiter. Wo links bei einem Lehrschild ein Weg abgeht, wandern wir noch kurz geradeaus weiter, dann werden wir nach links verwiesen. Es geht durch die Wiesen hinauf zum Waldrand und dort nach rechts weiter. Kurz danach folgen wir einem Schotterweg, der uns zu einem Parkplatz und einem Asphaltsträßchen bringt. Hier halten wir uns rechts und wandern nur noch sanft ansteigend weiter.

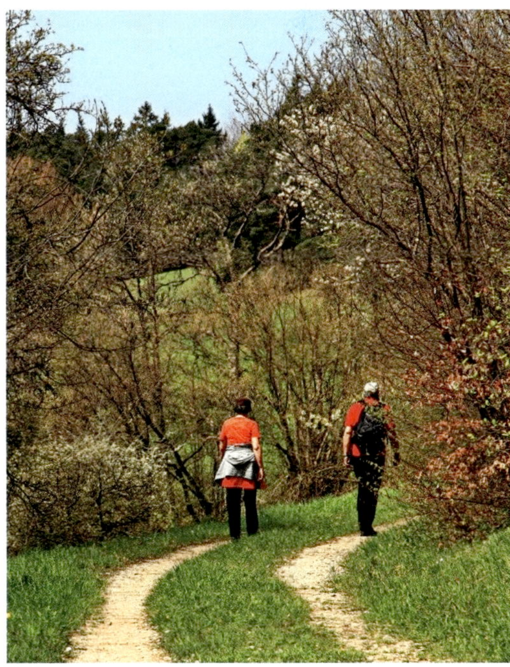

Unterwegs zum Irrenberg

Linke Seite: Bei der Wanderung hat man prächtige Blicke zum Albtrauf.

An einer Verzweigung mit einer großen **Tafel zum Irrenberg** können wir einen kurzen Abstecher nach links hinauf zu Schild 8 machen, kehren aber wieder hierher zurück. Die Tafel war der höchste Punkt der Tour, ab jetzt geht es nur noch bergab. Wir

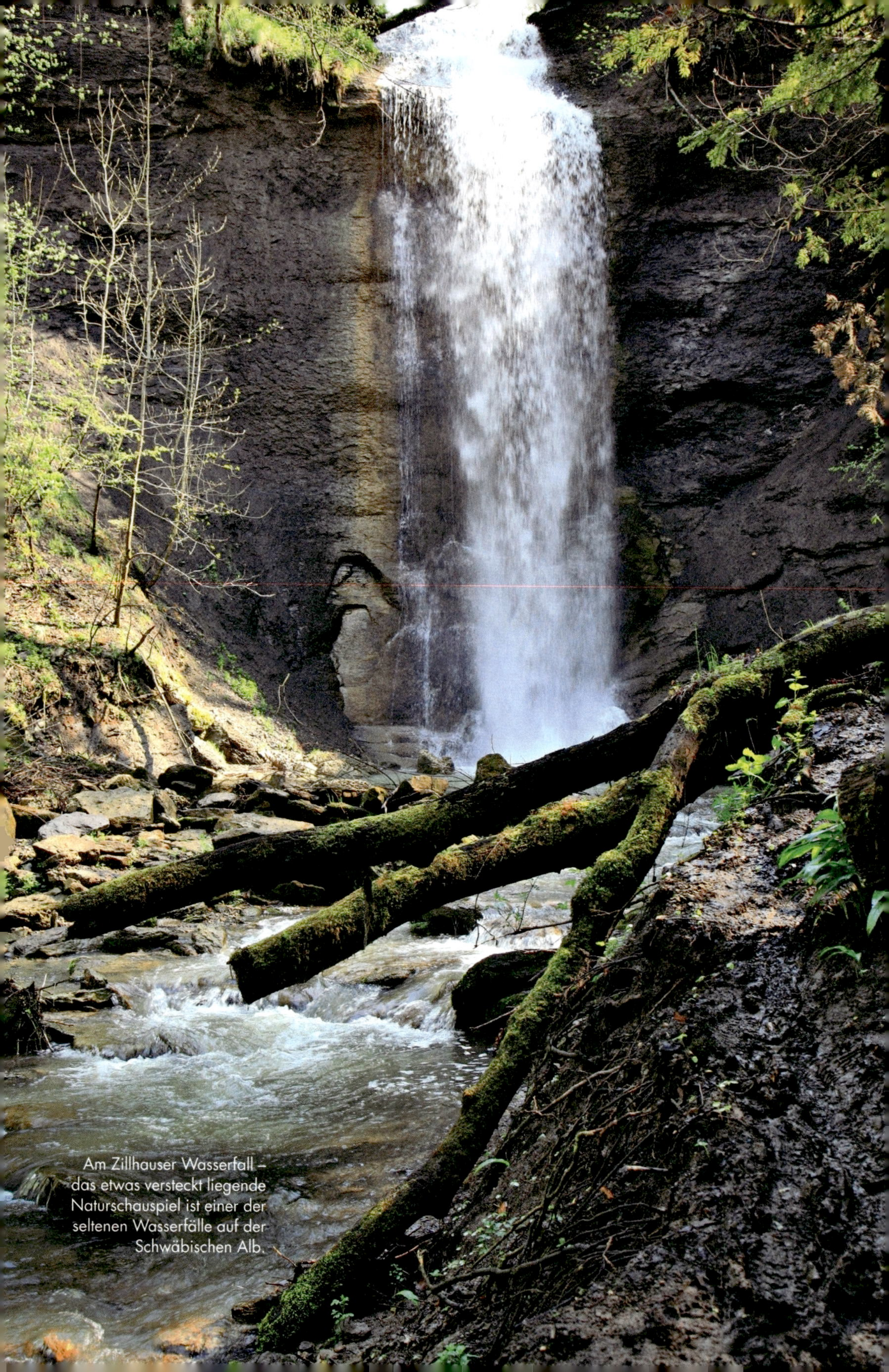

Am Zillhauser Wasserfall – das etwas versteckt liegende Naturschauspiel ist einer der seltenen Wasserfälle auf der Schwäbischen Alb.

wandern eben durch die Wiesen. Unterhalb des Irrenbergs zieht der Weg nach rechts, dann kommen wir in den Wald. Jetzt fällt es wieder.

Aussicht auf dem Rückweg Bei Tafel 9 werden wir nach rechts verwiesen. Es geht steil bergab, danach verlassen wir den Wald und haben wie auch schon auf dem Weg entlang des Irrenbergs einen prächtigen Blick auf die Kette der Albberge. Bei einem Querweg steht rechts Tafel 10. Wir gehen weiter am Waldrand entlang hinab. Unten überqueren wir im Wald den Bach und kommen hinauf zu dem Weg, den wir noch vom Hochsteigen her kennen. Wir halten uns links zum Wald und dem Tisch mit Bänken und der **Grillmöglichkeit** 3.

Hier biegen wir rechts ab. Ab jetzt fällt der Weg ständig. An der nächsten Verzweigung halten wir uns an den rechten, abwärts führenden Weg. Er bringt uns zu den ersten Häusern von Zillhausen, danach zur Durchgangsstraße Ufhofer Straße. Wir biegen links ab und wandern auf dem Weg zurück, den wir vom Anfang der Tour kennen.

Besonders im Frühjahr mutet die Gegend beim Aufstieg etwas dschungelartig an.

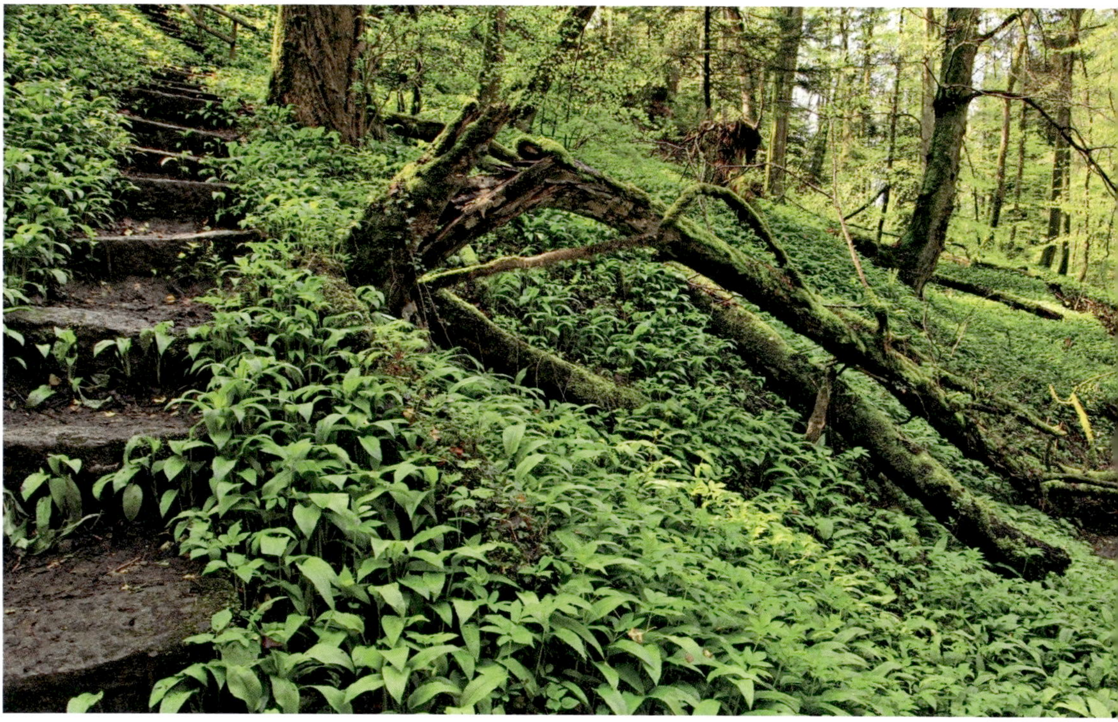

2 Von Jungingen zum Heufeld

Panoramaweg über dem Killertal

schwer · 11,3 km · 320 Hm · 3.20 Std.

Tourencharakter
Wir wandern auf Wegen und Pfaden. An den Steilabstürzen sollte man vorsichtig und an einzelnen Stellen schwindelfrei sein.

Tourenverlauf
Jungingen/Bahnhof – Bürgle 0.40 Std. – Hütte Köhlberg 0.50 Std. – Weilerwaldkopf 0.20 Std. – B32/Schlatt 0.60 Std. – Jungingen/Bahnhof 0.30 Std.

Höchster Punkt
Kurz bevor es vom Traufweg wieder bergab geht, 853 m

Ausgangspunkt/Endpunkt
Jungingen, Bahnhof, Bahnhofstraße, 595 m

Anfahrt
Auto: B27 bis Hechingen, dann B32 nach Jungingen; GPS 48.326141, 9.038616
Bus & Bahn: Bahn bis Jungingen (Hohenzollern);
Info: www.efa-bw.de

Einkehr
Jungingen, Schlatt

Karte
Wanderkarte W242 Sonnenbühl, 1:25 000, Landesamt für Geoinformation und Landentwicklung Baden-Württemberg (LGL) in Zusammenarbeit mit dem Schwäbischen Albverein e. V.

Informationen
www.jungingen.de

Aussicht ins Killertal haben wir bei dieser Wanderung zu Genüge, denn Aufstieg und Abstieg verlaufen teilweise durch schöne Wacholderheiden mit weitem Blick. Auf dem Rückweg wandern wir eben durch das Killertal, wobei ein Abstecher zu einem Wasserfall möglich ist.

Hinauf zum Bürgle Wir starten am Bahnhof der Hohenzollerischen Landesbahn (HzL). Von dort gehen wir mit dem Wanderzeichen in der Bahnhofstraße zur Durchgangsstraße (B32), der wir nach rechts folgen. Bald sehen wir rechts oben die Wallfahrtskirche, danach biegen wir mit dem Wanderzeichen links ab in die Kornbühlstraße. Wir halten uns gleich rechts, dann links. Danach biegen wir rechts ab in die Straße Sonnenhalde, zweigen aber kurz darauf nach links ab in den Rosensteig in Richtung »Bergle«.

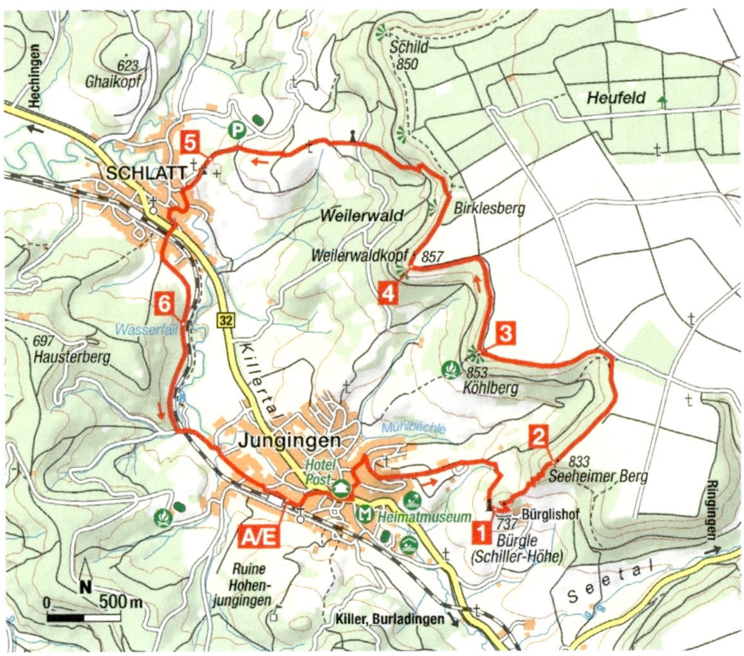

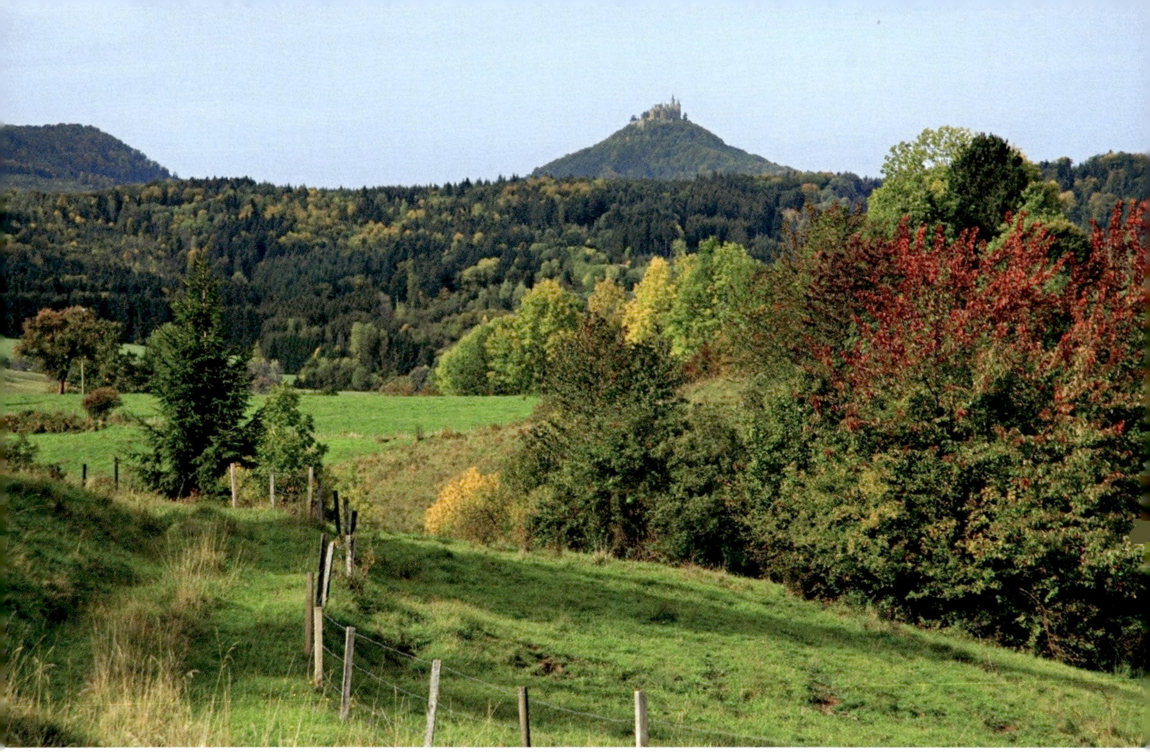

Bald verlassen wir Jungingen und wandern durch die Wiesen. Vor dem Wald werden wir nach rechts in Richtung »Bürgle« verwiesen. Nach rechts haben wir jetzt den ersten schönen Blick zum Hohenzollern. Gleich danach geht es nach rechts in den Wald.

Den Bergkegel mit der Burg Hohenzollern hat man immer wieder im Blickfeld.

Nach dem Wald zweigen wir links ab auf einen Steig. Er führt durch eine Wacholderheide, in der wir im Herbst auch Deutschen und Fransenenzian sehen, und mit prächtigem Blick ins Killertal und zum Hohenzollern bergauf. Oben auf dem Bürgle geht es an einem **Schillerdenkmal** 1 vorbei. Nun kommen wir wieder in den Wald und der Steig fällt ab zu einem unbewaldeten Sattel.

Über einen Burgenstandort zur Aussicht Wir steigen geradeaus wieder an in Richtung »Eineck«. Oben angelangt befinden wir uns am Standort der ehemaligen **Burg Eineck/Frundsburg** 2. Nun halten wir uns an die Beschilderung zum »Köhlberg«. Ab jetzt marschieren wir immer am Trauf entlang. Am Schluss führt uns der Weg am Wald entlang, wo wir über die Wiesen- und Felder des Heufelds schön zur Salmendinger Kapelle sehen können. Danach erreichen wir den Köhlersberg, wo wir wieder eine prächtige Aussicht haben. Vorbei an einer **Hütte** 3 und einer Grillstelle geht es weiter in Richtung »Weilerwaldkopf«.

Vor diesem weiteren Aussichtspunkt verlassen wir den Wald, wandern an seinem Rand entlang und gehen dort, wo der Wald etwas nach rechts zieht, wieder in ihn hinein. Kurz darauf erreichen wir den Aussichtspunkt **Weilerwaldkopf** 4. Wir folgen dem Pfad noch etwas, dann werden wir mit dem Wanderzeichen nach links in den Schlatter Kirchweg verwiesen. Nun fällt der Weg steil ab. Wir überqueren zwei Forstwege, dann kommen wir in die Wiesen, wieder mit einem herrlichen Blick zum Hohenzollern.

Weiter mit Aussicht, dann hinab ins Killertal Wir gehen geradeaus auf einem Wiesenweg hinab. Wo wir rechts unten den Sportplatz sehen, folgen wir einem schlecht erkennbaren Pfad hinab zur Zufahrtsstraße zum Sportplatz. Diese Straße kann nicht verfehlt werden, weil sie bereits sichtbar ist. Nun folgen wir der asphaltierten Zufahrtsstraße abwärts. Wir kommen an einem in einem Häuschen versteckten Wasserbehälter vorbei, gehen kurz durch ein Waldstück und danach auf die **Friedhofskirche** 5 zu.

Am schönsten ist die farbenprächtige Herbststimmung.

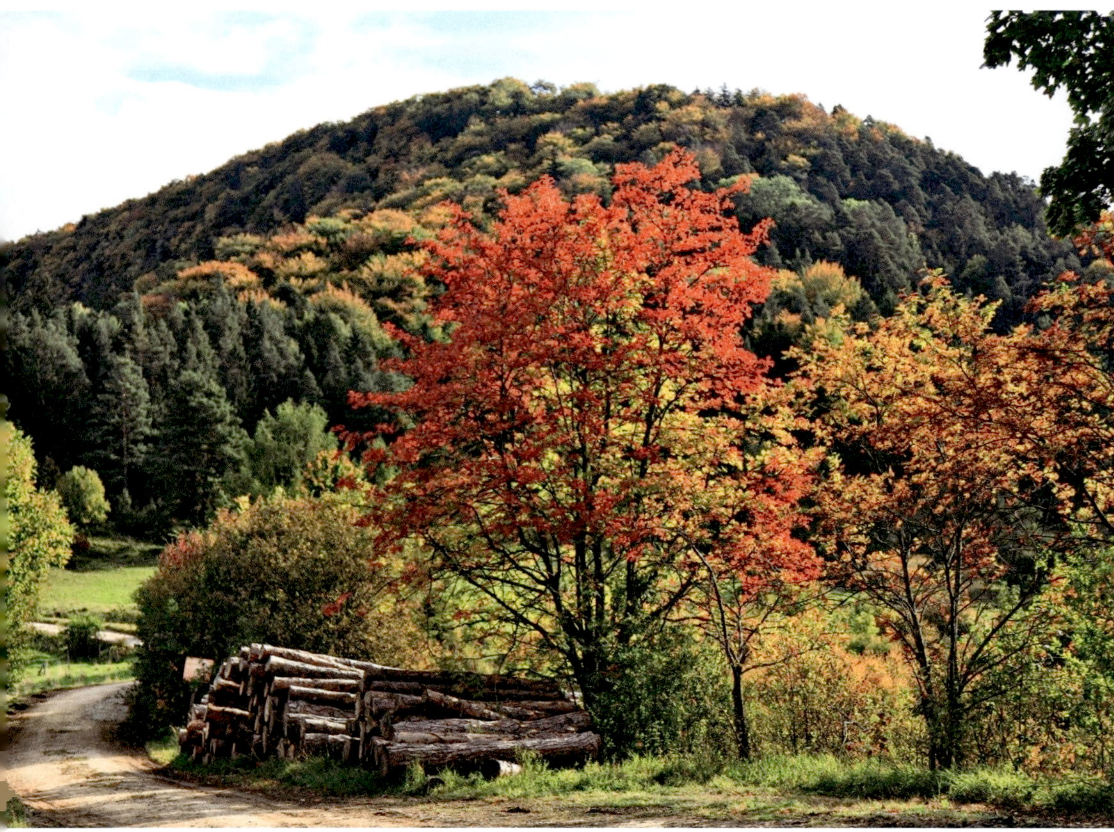

Zurück nach Jungingen Hier folgen wir dem links des Sträßchens verlaufenden Kreuzweg hinab zu den Häusern. Dort biegen wir rechts in die Wörthstraße ein, die uns hinab zum Rathaus bringt. Wir halten uns links, überqueren den Bach und spazieren zur Killertalstraße. Auf ihr gehen wir nach links weiter. Sie zieht nach rechts, dann spazieren wir mit dem Radwegschild nach »Jungingen« nach rechts, überqueren die Bundesstraße, danach die Bahnlinie und behalten unsere Richtung im Ständelweg bei.

Nach den Häusern zieht der Weg nach links. Wir gehen parallel zur Bahnlinie und mit Blick nach links zum Albtrauf, an dem wir vorhin gewandert sind. Nach einiger Zeit kann man nach links einen Abstecher zum **Weiler Schrofenwasserfall** 6 machen, danach geht es entlang der Bahnlinie weiter. Schließlich überqueren wir sie nach links und wandern auf das Gewerbegebiet von Jungingen zu. Dort gehen wir geradeaus weiter bis zur Trennung von Bahnhof- und Unterdorfstraße, hier zweigen wir rechts ab zum Bahnhof.

Blick ins Killertal

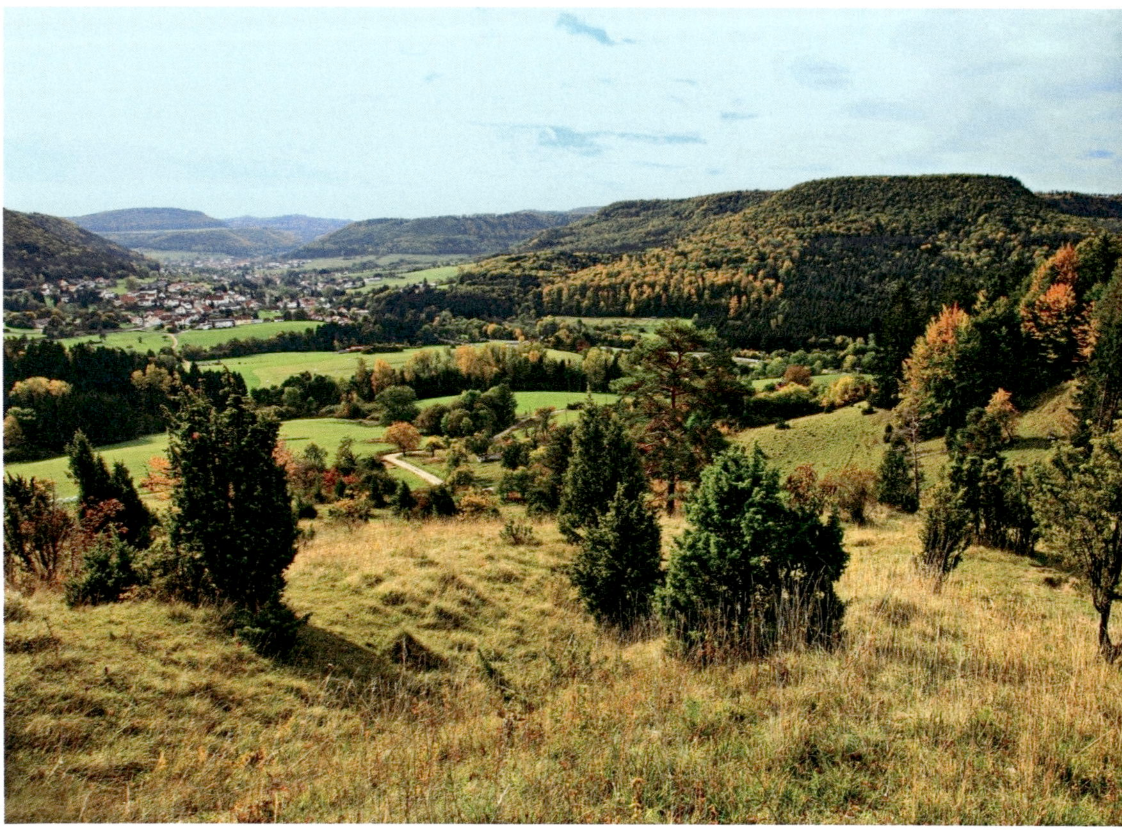

3 Um den Urselberg und den Urselhochberg

In das Gebiet der Wilden Urschel

mittel | 12,7 km | 350 Hm | 3.45 Std.

Tourencharakter
Wir wandern auf Forstwegen und Pfaden.

Tourenverlauf
Parkplatz – Mädlesfels 1.50 Std. – Urselberg 0.20 Std. – Imenberger Sattel 0.30 Std. – Elisenhütte 0.15 Std. – Ernsthütte 0.15 Std. – Parkplatz 0.35 Std.

Höchster Punkt
Mädlesfels, 774 m

Ausgangspunkt/Endpunkt
Pfullingen, Elisenweg 560 m

Anfahrt
Auto: B27, dann B312 nach Metzingen, B313 bis Pfullingen, dort im Elisenweg zum Ausgangspunkt; GPS 48.466274, 9.243447
Bus & Bahn: keine geeignete Verbindung

Einkehr
Waldcafé, Hofgut Übersberg Pfullingen

Karten
Wanderkarte W242 Sonnenbühl, 1:25 000, Landesamt für Geoinformation und Landentwicklung Baden-Württemberg (LGL) in Zusammenarbeit mit dem Schwäbischen Albverein e. V.; Wanderkarte mit Radwegen Reutlingen Bad Urach Blatt 52-538, 1:25 000, NaturNavi

Informationen
www.pfullingen.de

Wir wandern um den Urselberg und den Urselhochberg, die einst das Gebiet der sagenhaften wilden Urschel waren. Diese Wanderung führt uns aber zuerst zum Mädlesfels, der ebenfalls mit einer Sage verbunden ist. Die Landschaft beim Urselhochberg erinnert fast ein wenig an das Allgäu oder den Schwarzwald.

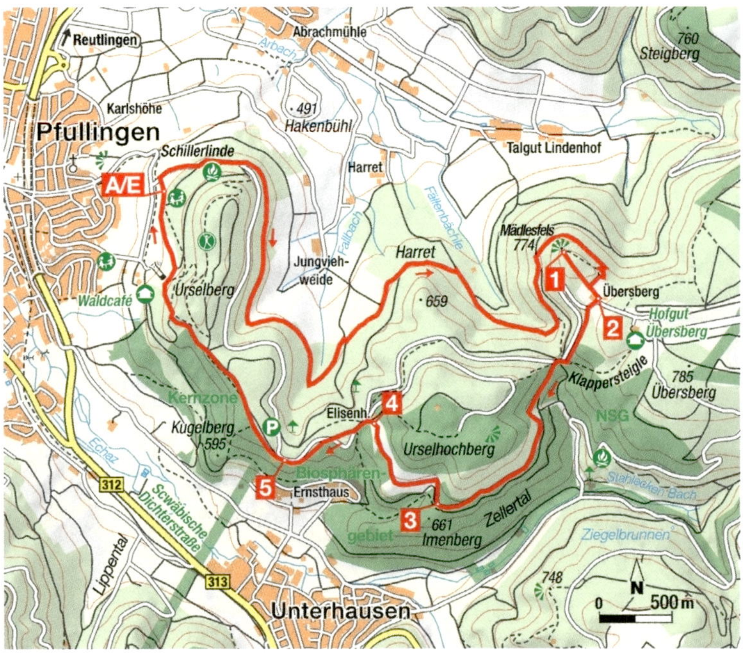

In den Wald Beim **Parkplatz** haben wir den ersten prächtigen Blick auf die Achalm. Wir folgen dann der Straße in den Wald hinein. Nachdem rechts der Wolfsgrubenweg abgeht und die Straße eine leichte Rechtskurve beschreibt, nehmen wir den links abzweigenden Waldweg, der den Windungen des Urselberges folgt.

Nach dem zweiten scharfen Taleinschnitt treffen wir auf den Sauhagweg, nach einem Rechtsknick geht es links am Waldrand weiter, jetzt sehen wir auch wieder zur Achalm. Wir sind nun auf dem Hörnlesweg, der nach einer Linkskurve auf den Harretweg trifft. Diesem folgen wir, nun mit den Zeichen blaues Dreieck und Burgenweg, nach rechts. Nun steigt es an. Den mit der blauen Raute rechts abzweigenden Weg nach »Übersberg« ignorieren wir und gehen geradeaus weiter in Richtung »Mädlesfels«. Wir überqueren den Mädchenhaldeweg, kurz danach geht der Weg in einen Pfad über, der uns, am Schluss im Zickzack, hinauf auf die Albhochfläche bringt.

Zum Mädlesfels Vor uns sehen wir schon das Hofgut Übersberg. Wir gehen rechts am Weidezaun entlang bis zu einem Querweg. Eigentlich müssen wir nach links zu den Gebäuden gehen, erst

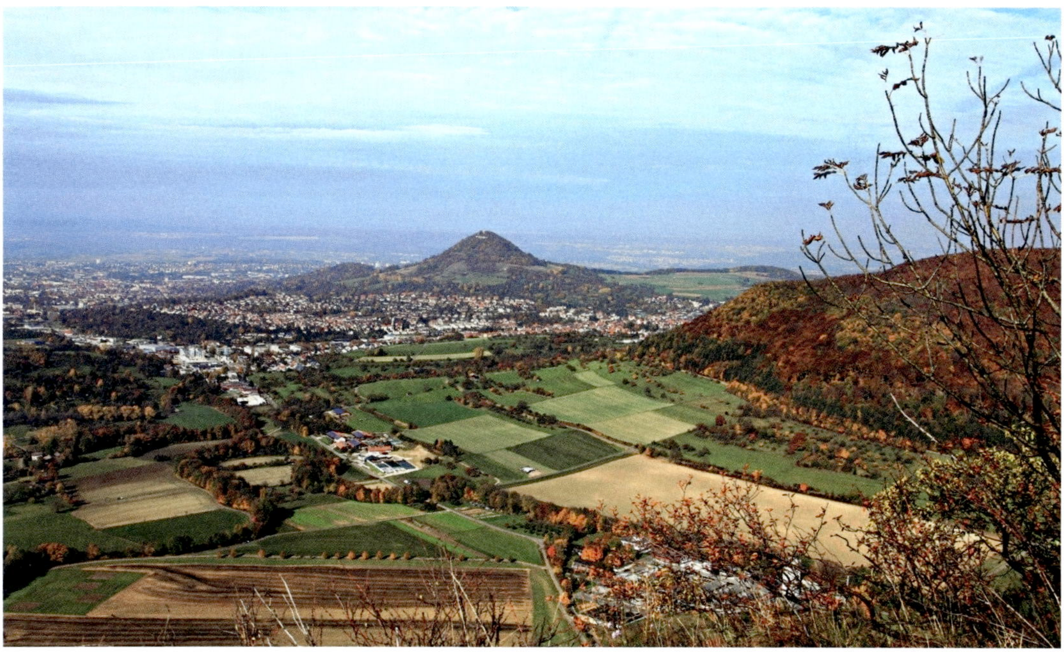

Auch einen prächtigen Blick auf die Achalm bei Reutlingen bietet diese Wanderung.

sollten wir aber einen Abstecher nach rechts zum aussichtsreichen **Mädlesfels** (774 m) 1 machen.

Danach gehen wir zum **Hofgut Übersberg** 2 und halten uns rechts. Nach kurzem Bergab auf dem Sträßchen zweigen wir mit dem blauen Dreieck links ab und gehen steil hinab, bis wir wieder auf die Straße treffen. Nach dem Sattel zweigen wir mit dem blauen Dreieck links ab (Imenbergweg).

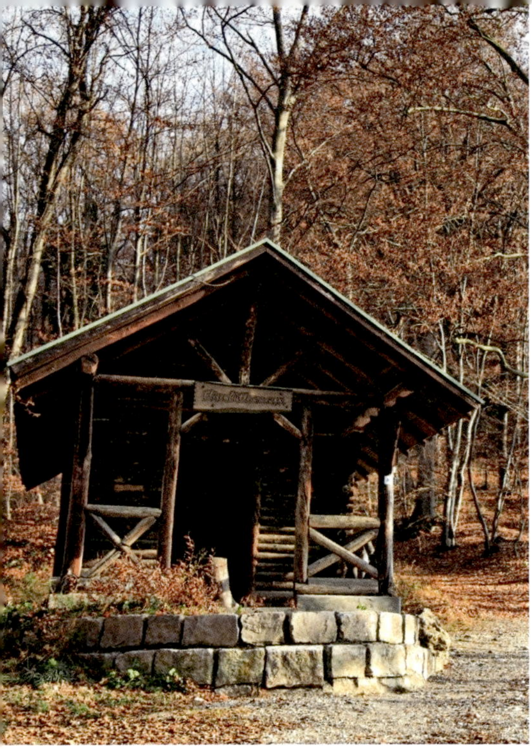

An der Elisenhütte

Aussichtsreich am Imenberg Vor einer Rechtskurve des Waldweges biegen wir mit dem Zeichen links ab, nun wandern wir mit prächtiger Sicht auf die gegenüberliegenden Höhen weiter bis zur **Verzweigung Imenberg** (660 m) 3. Hier gehen wir auf dem Wanderweg, der rechts vom abfallenden Sauhagweg verläuft, weiter. Er bringt uns relativ eben zur **Elisenhütte** (676 m) 4. Wir halten uns links zur Zufahrtsstraße, hier folgen wir dem blauen Dreieck, das die Straße abkürzt und uns auf einem Pfad zur **Ernsthütte** (663 m) 5 bringt. Nun haben wir auch wieder einen schönen Blick auf Unterhausen.

Wir gehen auf dem mit dem blauen Dreieck markierten Pfad in Richtung »Hörnle«, erst am Trauf entlang, dann durch den Wald bis zu einem breiten Weg (Alte Steige). Auf ihm wandern wir nach links und zweigen an seiner Linkskurve rechts ab auf einen Pfad. Immer bergab gehend, gelangen wir zurück zum Ausgangspunkt.

Der Mädlesfels

Als hier einmal ein hübsches Mädchen spazieren ging, traf sie auf einen Jäger. Er hatte nichts Gutes mit dem Mädchen im Sinn und verfolgte sie. So lief sie immer schneller und kam schließlich an den steilen Felsabhang. Der Jäger kam näher und wollte schon nach ihr greifen, da sprang sie voller Verzweiflung hinab in die Tiefe. Sie kam aber wundersamerweise wohlbehalten unten an und spazierte weiter. So glaubte der Jäger, dass auch er den Sprung wagen könne, und setzte ihr nach. Ihm aber war das Schicksal nicht so gnädig, denn er stürzte in den Tod.

Manche Erzählung besagt aber auch, dass der Jäger gar nicht gesehen habe, dass das Mädchen wohlbehalten weiterging, und sich aus Verzweiflung, weil er sich an ihrem Tod schuldig glaubte, selbst hinabgestürzt habe. In wiederum anderen Versionen der Geschichte soll dieses Mädchen eine der geisterhaften Nachtfräulein gewesen sein, die auf dem Urschelberg lebten. Sie habe auf dem Felsen gesessen, gestrickt und die herrliche Landschaft betrachtet, als der Jäger ihr zu nahe kommen wollte.

Der Name des Felsen kommt aber eher von der Mahd, ein Name, der öfters als Mädle umgedeutet wurde.

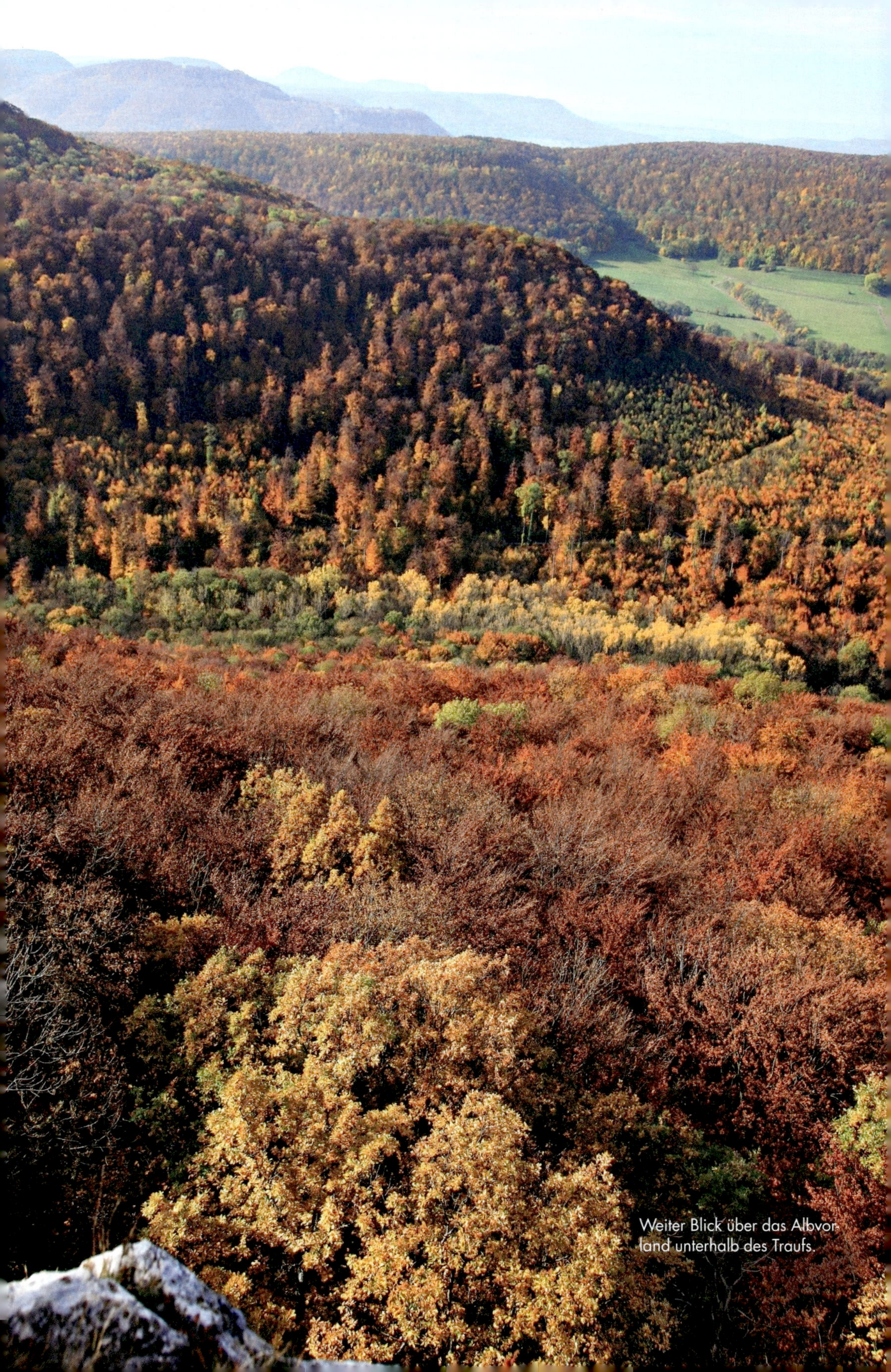

Weiter Blick über das Albvorland unterhalb des Traufs.

4 Ins Fachwerkparadies Trochtelfingen

Kreuze und Kapellen

leicht | 9,3 km | 120 Hm | 2.30 Std.

Tourencharakter
Wir wandern auf festen Wegen.

Tourenverlauf
Trochtelfingen/Parkplatz B313 – Trochtelfingen Kapelle 0.40 Std. – Ende Trochtelfingen 0.35 Std. – vor Alb-Gold 0.65 Std. – Parkplatz 0.10 Std.

Höchster Punkt
Nach Trochtelfingen, 770 m

Ausgangspunkt/Endpunkt
Trochtelfingen, Parkplatz an der B313 am Abzweig zu Alb-Gold, 700 m

Anfahrt
Auto: B27, dann B464 nach Reutlingen. Weiter auf der B313 über Pfullingen und Großengstingen bis kurz vor Trochtelfingen. Parkmöglichkeiten südlich des Abzweigs von der B313 zur Firma Alb-Gold und bei Alb-Gold; auch in Trochtelfingen kann gestartet werden; GPS 48.327644, 9.247340
Bus & Bahn: Bahn bis Trochtelfingen-Alb-Gold oder Trochtelfingen; Info: www.efa-bw.de

Einkehr
Trochtelfingen, Alb-Gold

Karte
Freizeitkarte F523 Tübingen Reutlingen, Landesamt für Geoinformation und Landentwicklung Baden-Württemberg (LGL)

Informationen
www.trochtelfingen.de

Trochtelfingen mit seinen zahlreichen Fachwerkhäusern besuchen wir in der Mitte der Tour. Davor können wir noch zur Burgkapelle aufsteigen. Ansonsten wandern wir über die mit einem Wechsel von Wald, Feldern und Wiesen interessant strukturierte Albhochfläche.

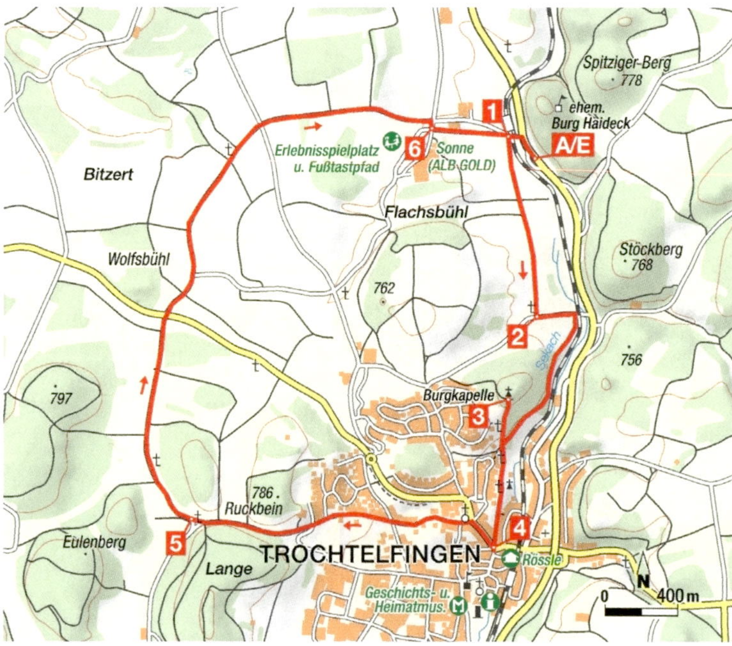

Über die Burgkapelle nach Trochtelfingen Gleich am Abzweig von der B313 zu Alb-Gold überqueren wir die Bahnlinie. Unmittelbar danach biegen wir mit dem Radwegschild links ab ❶. Nun wandern wir mit leichtem Auf und Ab durch die Wiesen bis zu einem **Flurkreuz** ❷. Hier halten wir uns links, vor Bahn und Bundesstraße rechts, woraufhin wir in den Wald gelangen.

Kurz vor den ersten Häusern von Trochtelfingen können wir nach rechts einen Abstecher zur **Burgkapelle** ❸ machen, indem wir den Kreuzwegstationen folgen. Ansonsten zweigen wir hier links von dem Asphaltweg ab und spazieren entlang der Kreuzwegstationen zu einer weiteren Kapelle. Danach geht es erst auf einem schmalen Schotterpfad, dann im Mauritiusweg zu einem Platz, wo links die Marktstraße abgeht. Später folgen wir der nach rechts führenden Straße Brechgrube.

Sehenswertes Zentrum Zuerst aber empfiehlt es sich, zur Marktstraße zu gehen und ihr nach rechts in das historische **Zentrum** ❹ von Trochtelfingen zu folgen. Der Ort wurde Anfang des 13. Jahrhunderts zur Stadt ernannt und besitzt Festungsbauten aus dem 14. Jahrhundert und viele schön renovierte Fach-

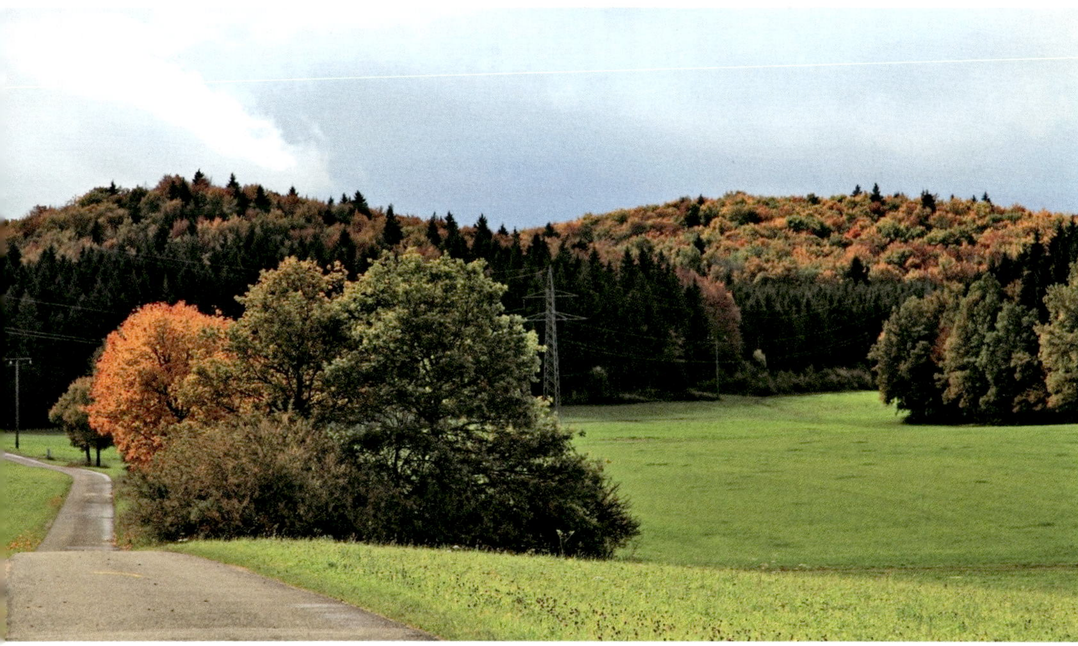

Unterwegs wandert man durch eine zwar unspektakuläre, aber trotzdem schöne Landschaft zwischen Wiesen und Wald.

werkhäuser; sehenswert sind außer diesen beispielsweise der Hohe Turm, die Kirche (Fresken, Anfang 14. Jh.; Holzskulpturen, 1430) und der Stadtbrunnen mit Steinfigur (1779). Der Stadtkern ist seit 1979 denkmalgeschützt.

Danach kehren wir wieder zurück und folgen der Straße Brechgrube. Nach etwas Anstieg zweigen wir vor der Kirche links in die Schillerstraße ab. Sie bringt uns zur querenden Hohenbergstraße. Etwas nach rechts versetzt gehen wir auf ihrer anderen

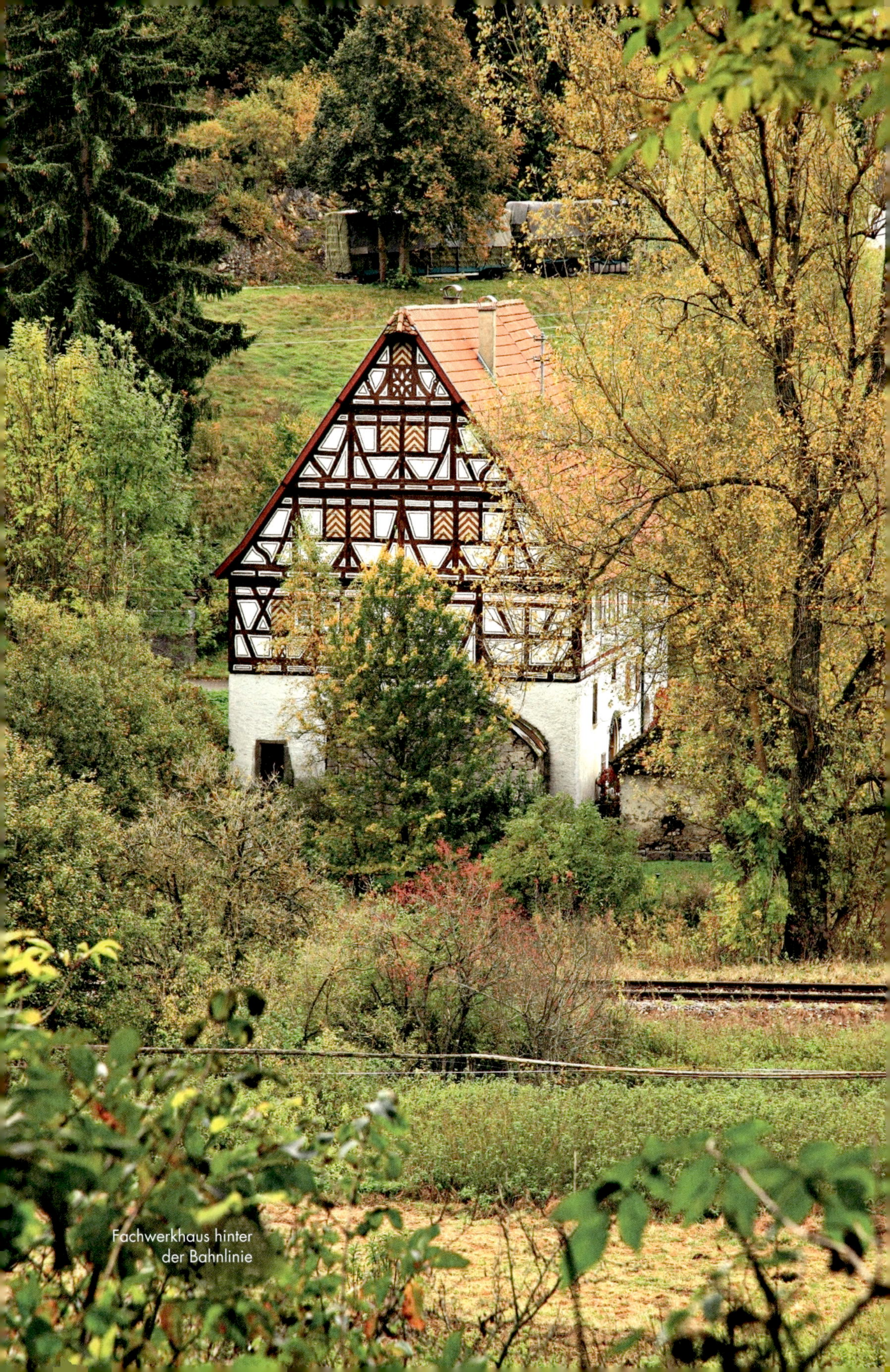
Fachwerkhaus hinter
der Bahnlinie

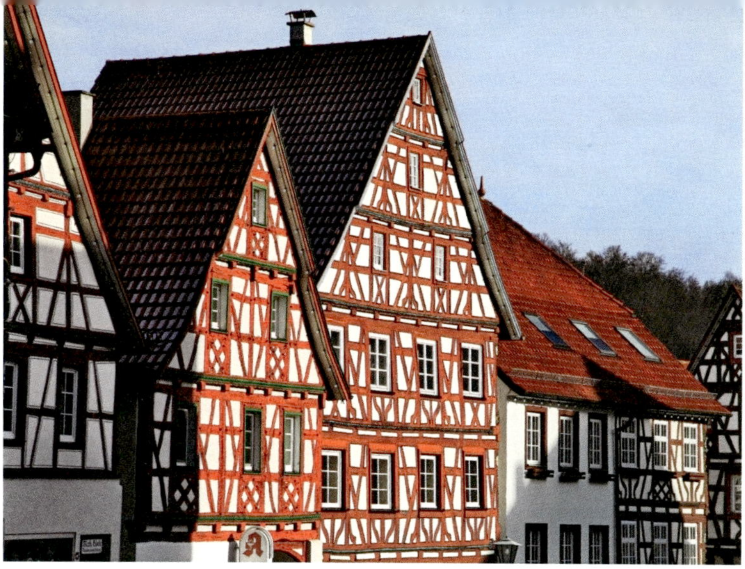

Trochtelfingen ist ein wahres Fachwerkparadies.

Seite links vom Sportplatz im Grafentalweg geradeaus weiter. Wo rechts der Weg Im Grafental abgeht, zweigen wir in Gehrichtung rechts ab und verlassen bald Trochtelfingen.

Vorbei an Wiesen und Waldstücken kommen wir zu einem **Flurkreuz** 5 im Grafental. Hier zieht der Weg nach rechts. Nun wandern wir durch das flache Grafental, überqueren die Landstraße K6736 und spazieren dahinter geradeaus weiter. Jetzt geht es geradeaus auf ein Feldkreuz zu.

Hier stand einst auch die mächtige Runde Buche. Wir wandern weiterhin geradeaus und überqueren nach etwas Bergab ein Sträßchen. Hinter ihm liegt links eine Anpflanzung von Weißdorn, die zu Arzneizwecken verwendet wird. Rechts geht ein albtypisches Trockental ab, hier sehen wir auch eine kleine Felsformation.

Alb-Gold

Der Besuch der Firma Alb-Gold lohnt sich. Sie hat nicht nur einen bemerkenswerten Kräutergarten angelegt, sondern man kann hier auch einkaufen, einkehren oder einen Blick auf die Produktion werfen.

Wir bleiben weiter auf dem Sträßchen. Nach einem Waldstück und vor der Firma Alb-Gold liegt links eine schöne Baumgruppe, davor weist der Boden durch Dolinen eine recht unruhige Oberfläche auf. Nun kann man entweder nach rechts zu **Alb-Gold** 6 gehen, den Kräutergarten oder die Produktion besichtigen, einkaufen oder einkehren, oder gleich geradeaus zurück zum Ausgangspunkt spazieren.

5 Über die Gutenberger Höhlen zum Wasserfall

Hinein in die Erde und wildes Wasser

mittel | 12,1 km | 300 Hm | 3.40 Std.

Tourenverlauf
Oberlenningen – Abzweig Ruinen 0.10 Std. – Kreuzung 0.55 Std. – Krebstein 0.35 Std. – Gutenberger Höhle 0.30 Std. – Gutenberg/Hauptstraße 0.20 Std. – Oberlenningen 1.10 Std.

Höchster Punkt
Waldende nach Aufstieg, 750 m

Ausgangspunkt/Endpunkt
Lenningen-Oberlenningen, Freibad, Heerweg, 465 m

Anfahrt
Auto: A8 bis Ausfahrt Kirchheim unter Teck, dann durchs Lenniger Tal. In Oberlenningen der Beschilderung zum Freibad folgen; GPS 48.550054, 9.474624. Ausweichparkplätze nach Krebststein und in Gutenberg. Bus & Bahn: S-Bahn bis Kirchheim unter Teck, Regionalbahn bis Oberlenningen; Info: www.efa-bw.de

Einkehr
Oberlenningen

Karten
Wanderkarte Kirchheim unter Teck, 1:25 000, Hrsg.: Schwäbischer Albverein e. V., Kartographie: Landesamt für Geoinformation und Landentwicklung Baden-Württemberg (LGL); Wanderkarte mit Radwegen Blatt 54-539 Göppingen Kirchheim unter Teck, 1:25 000, NaturNavi

Informationen
www.lenningen.de

Die beiden Höhlen oberhalb von Gutenberg sind die nächsten, die man vom Mittleren Neckarraum auf der Schwäbischen Alb erreichen kann. Nach den Höhlen geht es durch die Wiesen des Lenninger Tals, wobei wir gleich nach Gutenberg an einem prächtigen Sinterwasserfall vorbeikommen.

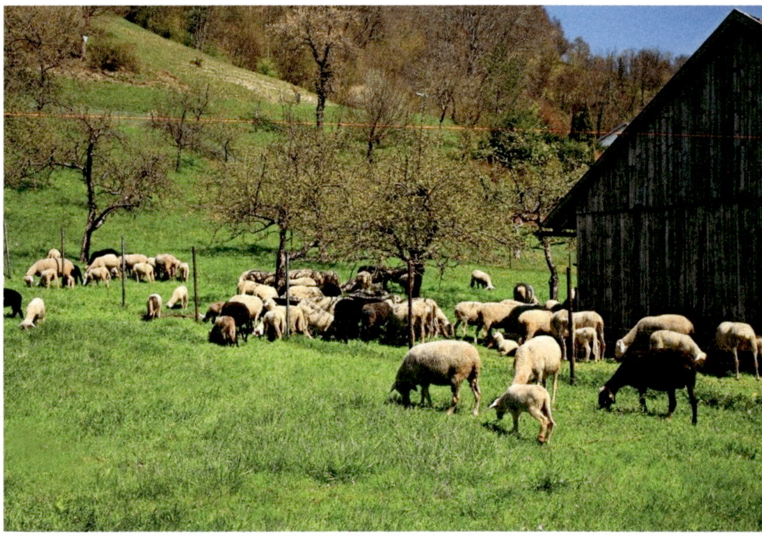

Zu Beginn ein steiler Anstieg Wir folgen vom **Freibadparkplatz** aus dem Heerweg noch kurz bis zum Heinrich-Scheuffelen-Platz. Hier halten wir uns links und wandern dann gleich wieder rechts in den Wielandsteinweg. Er steigt gleich recht kräftig an und bringt uns nach den letzten Häusern zum Wald. Kurz danach hängt der Weiterweg von der Begehbarkeit der Route ab ❶.

Variante mit den Ruinen Wielandstein Die interessante Variante (gestrichelte Variante) war im Begehungsjahr wegen Felssturzgefahr gesperrt. Sollte sie wieder begehbar sein, biegen wir links ab und folgen dem Pfad zu den **Ruinen Wielandstein**. Hinter ihnen steigen wir weiter hinauf. Nach dem Wald gehen wir noch etwas geradeaus weiter bis zu einer **Kreuzung** ❷. Ab hier hat man zwei Möglichkeiten: Entweder geht man geradeaus auf dem Sträßchen weiter oder man wandert kurz nach rechts in den Wald und folgt dort ❸ dem querenden Fußpfad zeichenlos nach links.

Tourencharakter

Der Aufstieg über die Ruinen Wielandstein verläuft bis zur Albhochfläche auf Pfaden, davor und danach auf Forst- und Feldwegen. Der Abstieg von der Gutenberger Höhle findet ebenfalls auf einem schmalen Pfad statt, danach geht es auf asphaltiertem Weg zurück.

Variante ohne Ruinen Ist der Weg zu den Ruinen Wielandstein immer noch gesperrt, geht man geradeaus weiter. Nach einiger Zeit trifft man auf die Oberlenninger Steige. Ihr folgt man nach links. Sie steigt immer an und bringt uns bis kurz vor den Waldrand. Hier hat man ebenfalls die oben beschriebenen zwei Möglichkeiten. Man kann geradeaus gehen und sich nach dem Wald an der **Kreuzung** ❷ – wo die Wanderer vom Wielandstein herkommen – rechts halten. Schöner ist es aber, man folgt kurz nach dem **Waldrand** ❸ dem unmarkierten Pfad nach rechts. Er wird nach dem Ende des linker Hand eingezäunten Bereichs breiter und bringt uns aus dem Wald heraus. Wir gehen noch geradeaus weiter bis zu einem **querenden Sträßchen** ❹, das von der vorher erwähnten Kreuzung herkommt. Hier biegen wir rechts ab.

Idylle im Lenninger Tal

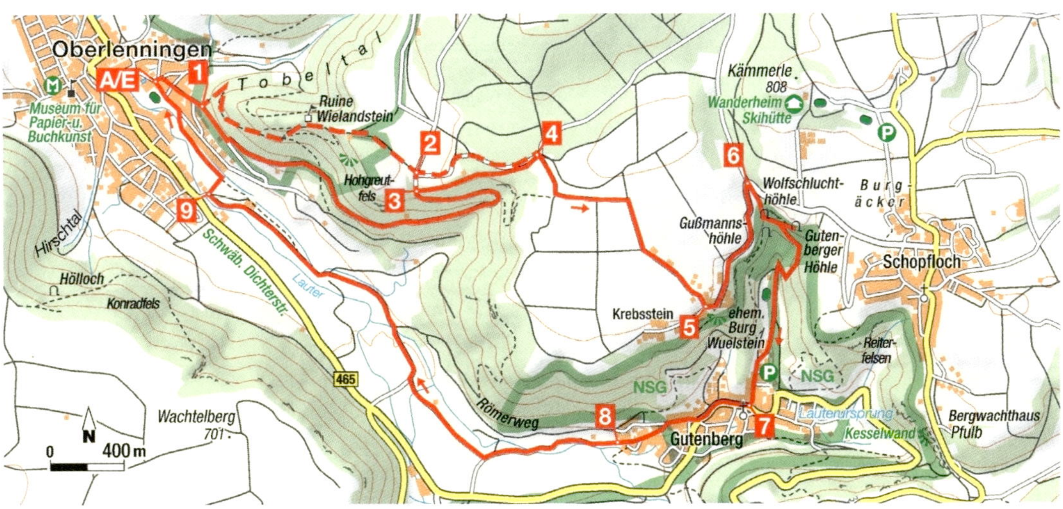

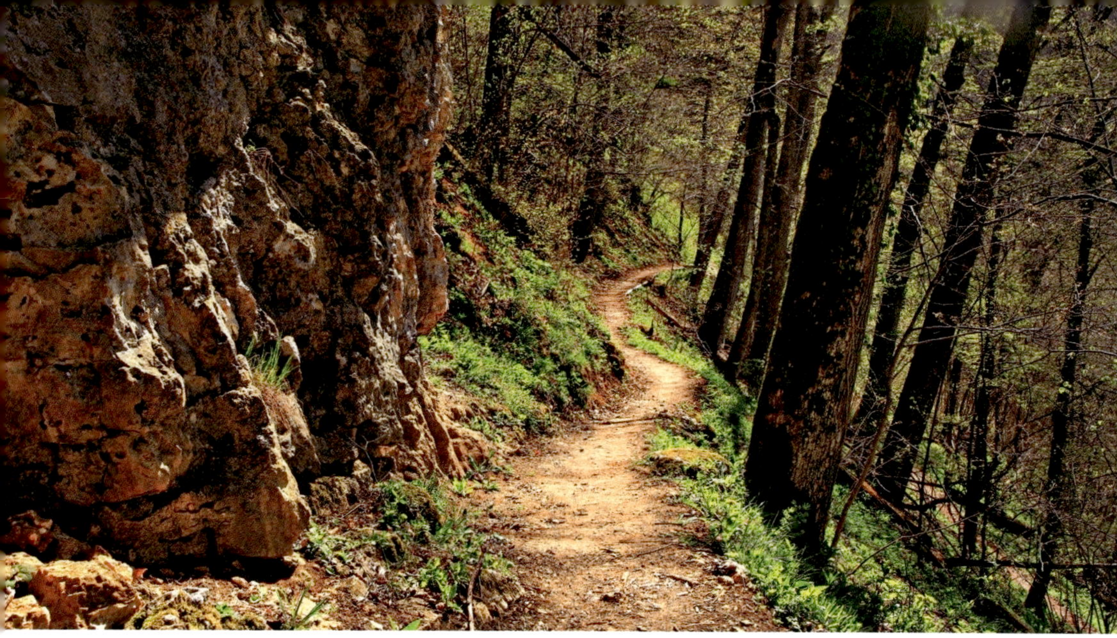

Ein Wanderweg wie im Bilderbuch, er zieht sich als schmaler Pfad eben durch den Buchenwald.

Erst eben, dann hinab zur Ruine Nach einer Links- und dann einer Rechtskurve passieren wir einen **Wasserbehälter**. Etwas später kommen wir nach **Krebsstein** 5. Wir biegen an der querenden Straße links, dann gleich noch einmal links ab. »Gutenberger Höhle« ist hier bereits angeschrieben. Wir verlassen den Ort und wandern danach durch Streuobstwiesen bis zu einer ausgeprägten Linkskurve. Links davon befindet sich der Wanderparkplatz **Gutenberger Höhle** 6.

Hier biegen wir rechts ab und folgen dem Wanderzeichen rote Raute. Kurz darauf kommen wir zu einem Geländer, das den Steilabfall absichert. Wir gehen nach links hinab bis zu einer Verzweigung. Nach rechts gelangt man zur **Gußmannhöhle**, nach links zur **Gutenberger Höhle**. Von beiden Höhlen kann man nach Gutenberg absteigen. Wir halten uns links und kommen etwas später zu dem mächtigen Vorraum der **Gutenberger Höhle**. Wir können uns das mächtige Höhlenportal ansehen, vielleicht auch die Höhle besichtigen. Rasten kann man unter dem Höhlendach an Tischen und Bänken.

Danach gehen wir kurz zurück und halten uns an der Verzweigung links. Gleich danach hat man ebenfalls die Möglichkeit, zur Gußmannhöhle zu gelangen. Für den Rückweg spazieren wir aber nach links weiter. Kurze Zeit später müssen wir einen wilden **Bachlauf** überqueren, danach wandern wir weiter auf dem schmalen Pfad und erreichen schließlich die **Gutenberger Sportplätze**.

Zum Sinterwasserfall Ab jetzt geht es fast eben und auf asphaltierten Wegen weiter. Wir folgen der Schillerstraße. Nach der Schlossberghalle kommen wir an einem Parkplatz vorbei, außerdem mündet hier von rechts der von der Gußmannhöhle kommende Weg ein. Wir erreichen bald die querende **Hauptstraße/ B465** 7, wo wir rechts abbiegen.

An der Linkskurve bald danach zweigen wir rechts ab in die Grünenbergstraße. Ihr folgen wir aus Gutenberg hinaus. Nach den letzten Häusern kommen wir am **Sinterwasserfall der Lauter** 8 vorbei. Insbesondere im Frühjahr führt sie viel Wasser und der Wasserfall zeigt seine ganze Kraft.

Nun wandern wir auf dem auch als Radweg genutzten Weg weiter. Nach einiger Zeit folgen wir dem Radwegschild, das uns nach rechts nach »Oberlenningen« weist. Am Querweg nach der Kläranlage halten wir uns rechts, danach noch einmal vor dem querstehenden **Haus Nr. 71** 9. Hier geht es kurz hinauf zum Kanal. Vor ihm biegen wir links ab. Nun wandern wir immer geradeaus nach Oberlenningen hinein. Auch dort behalten wir unsere Richtung bei und sind bald zurück am Freibad.

Das Eingangsportal der Gutenberger Höhle bietet sich auch für eine Rast an.

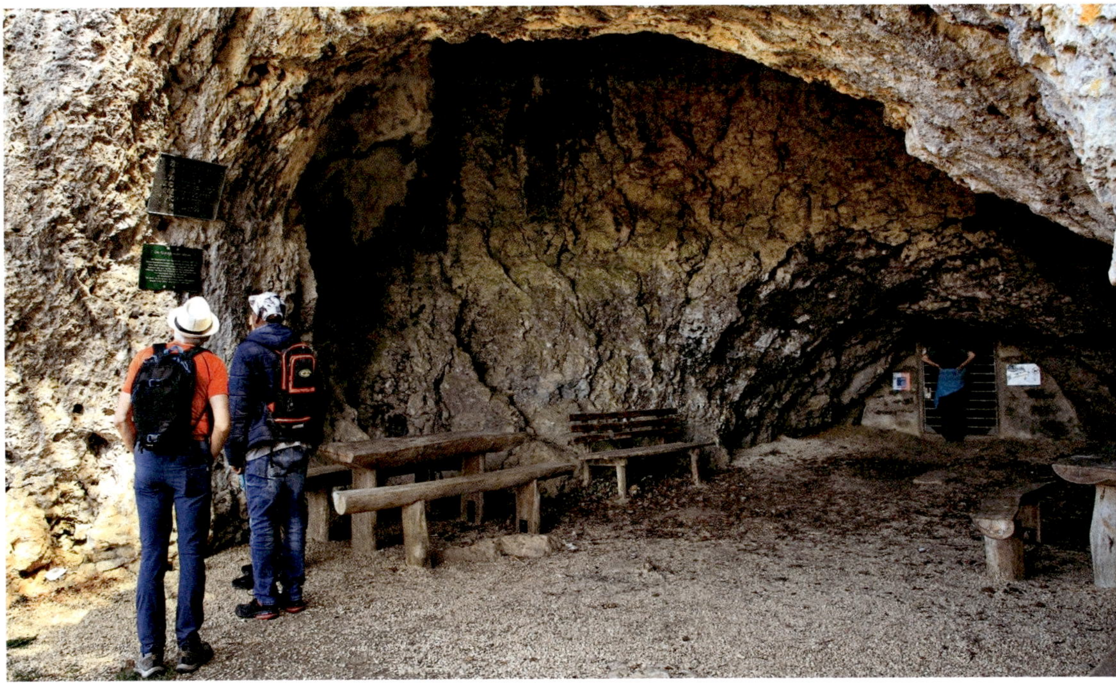

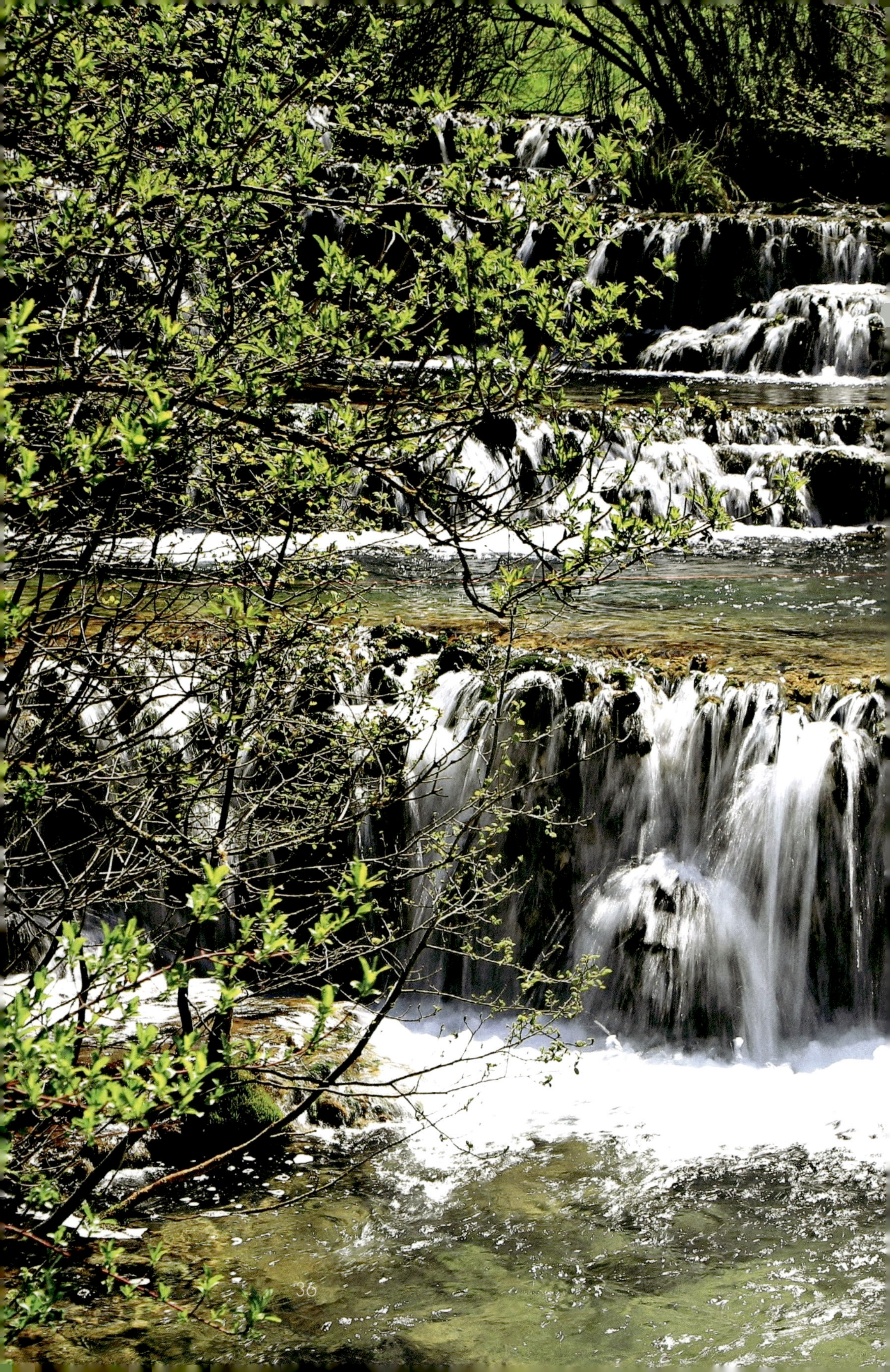

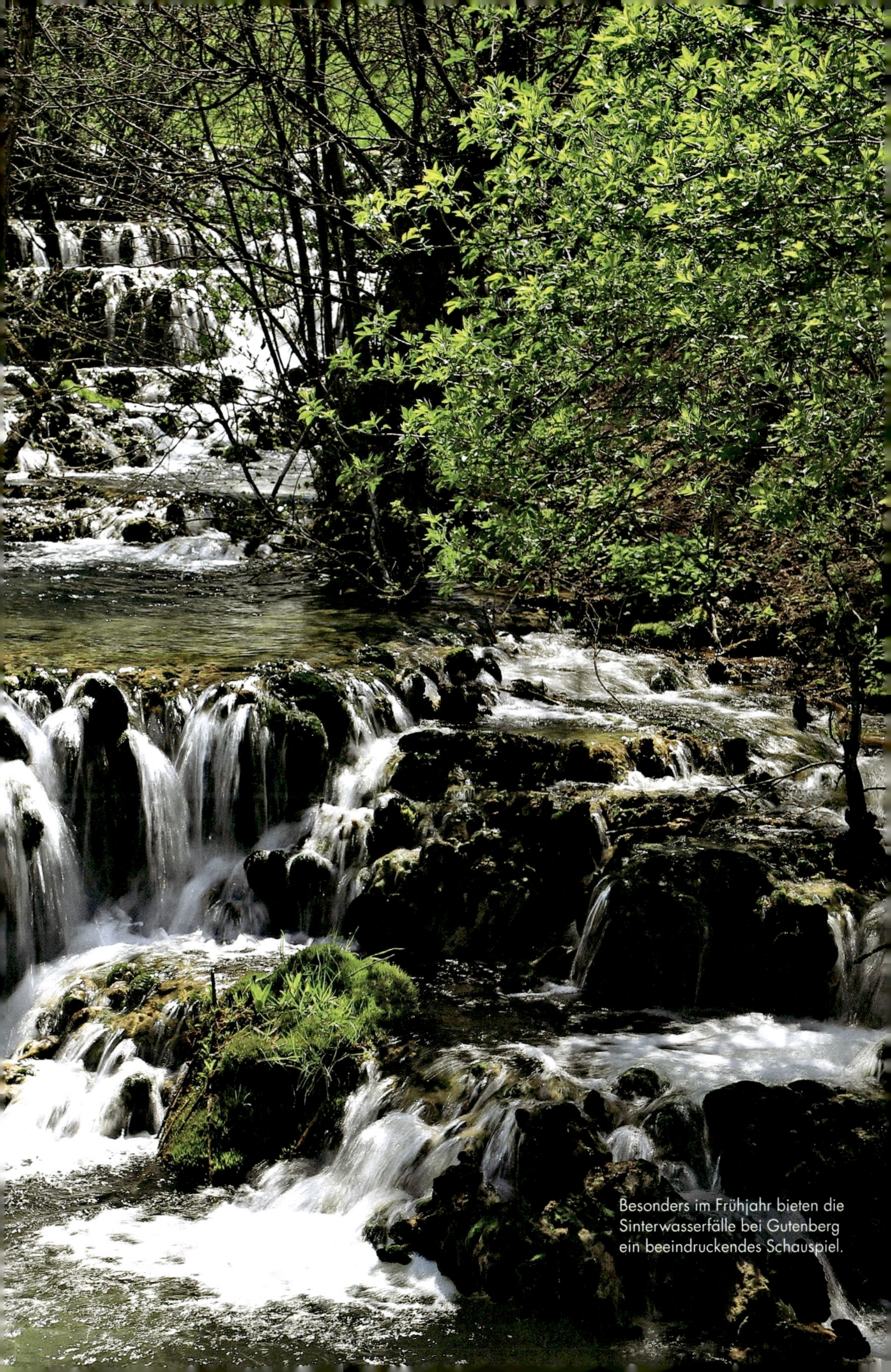

Besonders im Frühjahr bieten die Sinterwasserfälle bei Gutenberg ein beeindruckendes Schauspiel.

6 Über die Ruine Sperberseck zur Kleinen Schrecke

Wilde Natur beim Lenninger Tal

schwer | 14,6 km | 360 Hm | 4.20 Std.

Tourenverlauf
Schlattstall/Parkplatz – Ruine Sperberseck 1.15 Std. – Strohweiler 1.30 Std. – Schreckenfels 0.40 Std. – Goldloch 0.55 Std. – Parkplatz 0.20 Std.

Höchster Punkt
Nach dem Aufstieg in der Freifläche, 785 m

Ausgangspunkt/Endpunkt
Lenningen-Schlattstall, 507 m

Anfahrt
Auto: A8 bis Ausfahrt Kirchheim unter Teck-Ost, B465 durch das Lenninger Tal bis zum rechts liegenden Schlattstall. Der Parkplatz liegt hinter dem Abzweig, noch vor dem Ort; GPS 48.528981, 9.496658. Ausweichparkmöglichkeiten findet man in Schlattstall.
Bus & Bahn: S-Bahn bis Kirchheim (Teck), Regionalbahn oder Bus bis Oberlenningen, Bus nach Schlattstal; Info: www.efa-bw.de

Einkehr
Schlattstall

Karten
Wanderkarte Kirchheim unter Teck, 1:25 000, Hrsg.: Schwäbischer Albverein e. V., Kartographie: Landesamt für Geoinformation und Landentwicklung Baden-Württemberg (LGL); Wanderkarte mit Radwegen Münsingen Laichingen Blatt 54-537, 1:25 000, NaturNavi

Informationen
www.lenningen.de

Bei dieser Tour steigen wir zuerst hoch zur Ruine Sperberseck, von der jedoch nur noch wenige Mauerreste zu sehen sind. Beeindruckender sind danach die wilden Felsformationen der Großen und der Kleinen Schrecke sowie das Goldloch, beides auch Schauplatz von Sagen.

Hinauf zur Ruine Vom ersten **Parkplatz vor Schlattstall** gehen wir zur nach Gutenberg führenden B465 und folgen ihr mit dem Wanderzeichen rote Gabel nach rechts. Wo wir links einen Kanal abgehen sehen und die Straße eine leichte Linkskurve macht, zweigen wir auf den rechts abgehenden Naturweg ab. Auf ihm wandern wir am Waldrand und etwas über der Straße entlang, dann bringt er uns wieder hinab zur Straße.

Etwas nach rechts versetzt biegen wir gleich darauf mit dem Wanderzeichen rote Gabel in Richtung »Sperberseck« rechts

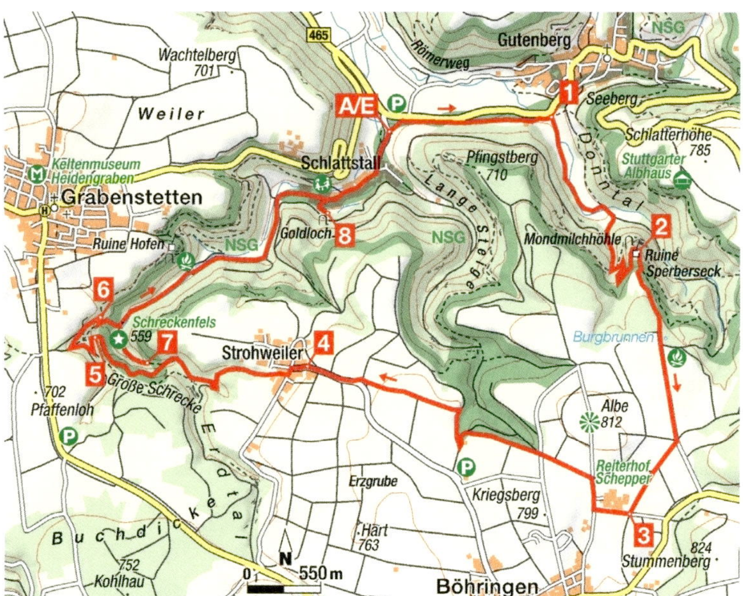

ab 1. Wir wandern nun entlang des Baches durch das Donntal. Nachdem wir den Bach nach rechts überquert haben, kommen wir an das Ende der Lichtung. Hier halten wir uns an der Verzweigung vor dem Wald rechts (»Sperberseck«), im Wald dann mit dem gelben Dreieck links. Nun steigt es im Zickzack an. Schließlich können wir nach links einen Abstecher zur **Ruine Sperberseck** 2 machen.

Tourencharakter

Die Wanderung verläuft auf Forst- und Feldwegen sowie auf Pfaden. Für den Weg durch die Kleine Schrecke ist Trittsicherheit erforderlich. Der alternative Abstieg durch die Große Schrecke ist zwar erlebnisreich, aber ausgesetzt und erfordert ebenfalls Trittsicherheit, dazu Schwindelfreiheit und etwas alpine Erfahrung. Bei Nässe, Eis und Schnee sollte man diesen auf keinen Fall begehen.

Über die Hochfläche Anschließend folgen wir dem Wanderweg weiter. Wir verlassen kurzzeitig den Wald und wandern über eine kleine Lichtung wieder in diesen hinein, kurz danach kommen wir aber hinaus in die Wiesen und Felder vor Böhringen. Wir gehen bis zu einer Kreuzung; hier nehmen wir den zweiten nach rechts abgehenden Weg, der uns zu einem großen **Hof** 3 bringt.

Wir biegen vor ihm rechts ab, nach ihm noch einmal. Kurz danach orientieren wir uns links und wandern immer geradeaus

Am geheimnisvollen Goldloch

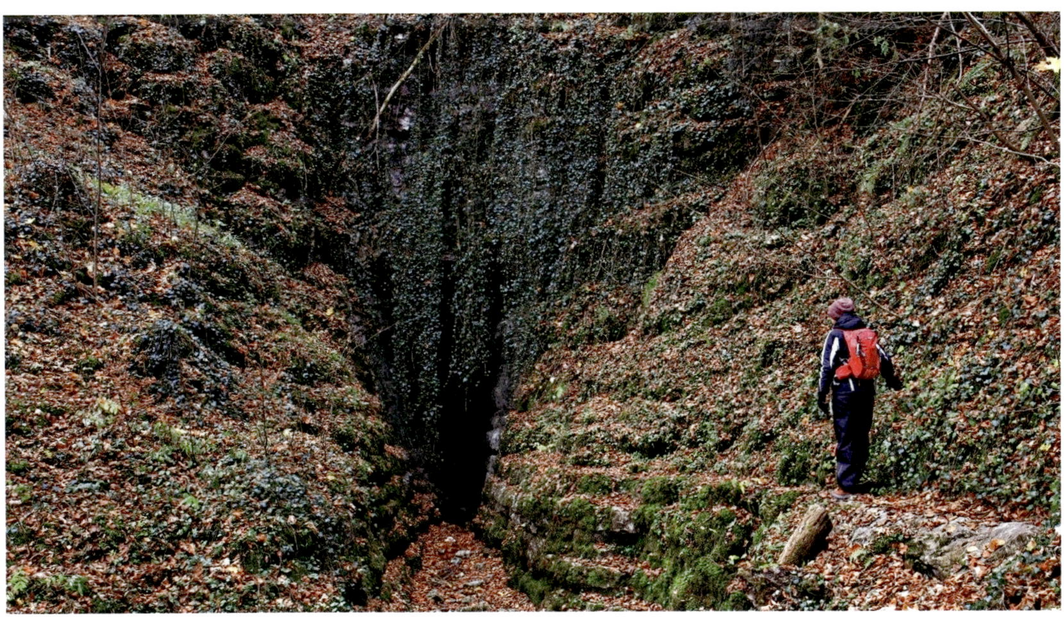

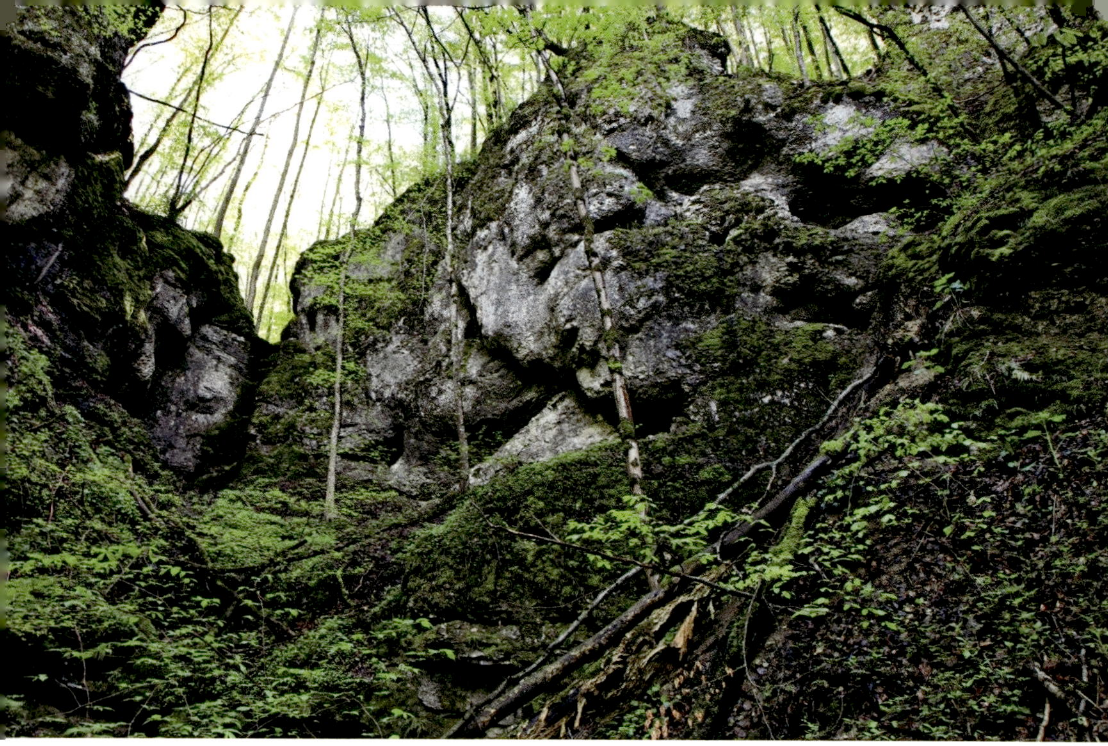

Die Große wie die Kleine Schrecke sind beeindruckende wilde Felsmassive.

weiter, schließlich am Waldrand entlang. Unser Weg zieht letztlich nach links, hier endet der Wald. Nun haben wir zwei Möglichkeiten. Wir können entweder vor zum Sträßchen gehen und auf ihm rechts nach **Strohweiler** ❹ spazieren. Schöner ist es aber, wenn wir nach dem Waldstück in spitzem Winkel rechts abbiegen. Nach etwa 250 Metern halten wir uns links auf einen anfangs unscheinbaren Wiesenweg. Er geht in einen Schotterweg über, der uns zur Straße bringt, auf der wir nach Strohweiler gehen.

Ruine Sperberseck

Die Burg Sperberseck wurde im 11. Jahrhundert von Berthold von Sperberseck erbaut. Er war herzoglicher Fahnenträger und starb als Mönch im Kloster Zwiefalten. Die Burg wurde 1525 im Bauernkrieg zerstört. Von der einst etwas über 20 Meter langen und drei Meter starken Schildmauer ist noch ein großes Mauerstück über dem breiten Graben erhalten.

Im Ort biegen wir an der Kreuzung mit dem Brunnen links in die Grabenstätter Straße ab. Vor dem **Fachwerkhaus mit dem Türmchen** halten wir uns rechts in Richtung »Schröcke«, auch die Wanderwegbezeichnung 8 sehen wir ab und zu. Wir kommen in den Wald, hier bleiben wir nach der scharfen Rechtskurve auf dem oberen, breiteren Weg. Er zieht nach links, danach nehmen wir den rechts abgehenden Pfad, der durch ein felsiges Trockental führt. Er ist später mit dem gelben Drei-

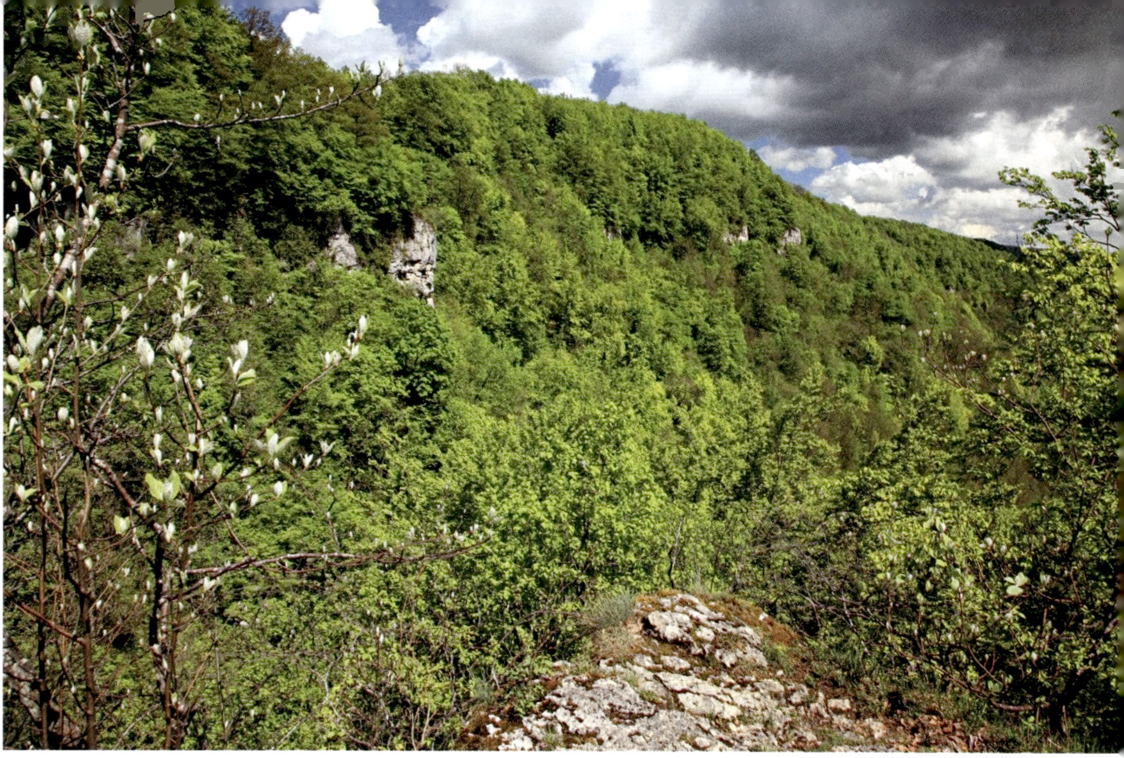

eck markiert, ehe das Zeichen zur roten Gabel wechselt. Es geht erst etwas abwärts, dann vor einem senkrecht abfallenden Fels mit einem torartigen Durchblick nach links hinauf. An der Verzweigung gleich darauf halten wir uns mit dem gelben Dreieck rechts.

Vom Schreckenfels bietet sich eine schöne Aussicht auf die waldreiche Umgebung.

Kleine und Große Schrecke

Die beeindruckenden Felsformationen der Kleinen und der Großen Schrecke oberhalb des malerisch im Lenninger Tal gelegenen Schlattstalls haben nicht umsonst diesen Namen – er kommt vom mittelhochdeutschen »schrecken«, also »in Schrecken versetzen«. So ist es tatsächlich: Aus einer wilden Waldschlucht mit riesigen romantisch bemoosten Felsen und engen Felswänden winden sich schmale Pfade empor, die bei Nässe recht schmierig und rutschig sein können. Hier gibt es auch mehrere Kleinhöhlen und Höhlenruinen, etwa die 28 Meter lange Wasserfallhöhle oder die 84 Meter lange Große Schreckenhöhle. Besucht man dieses eindrucksvolle Stück Schwäbische Alb bei einer Wanderung mit Kindern, kann man ihnen erzählen, dass vor langer Zeit hier ein Riese mit seinen ungeheuren Kräften gehaust haben soll. Besonders beeindruckend ist ein Besuch bei trübem Wetter, bei oder nach leichtem Regen (wobei es dann in der Großen Schrecke recht rutschig und gefährlich sein kann). Dann glänzen die Steine und das Blattwerk, und die Farben erscheinen fast unwirklich intensiv. Wegen ihrer Einmaligkeit ist die Gegend seit 1987 als Naturschutzgebiet ausgewiesen.

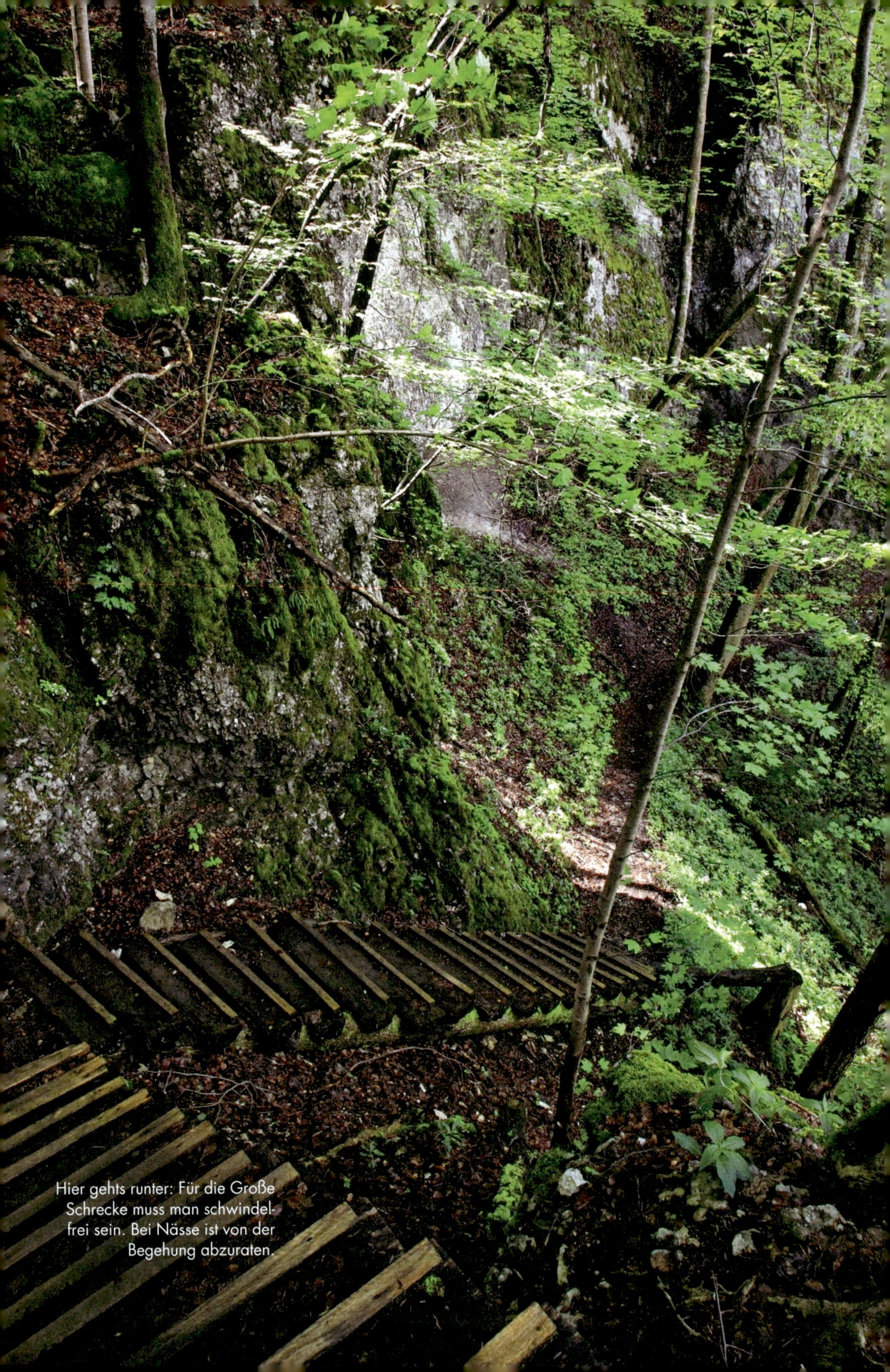

Hier gehts runter: Für die Große Schrecke muss man schwindelfrei sein. Bei Nässe ist von der Begehung abzuraten.

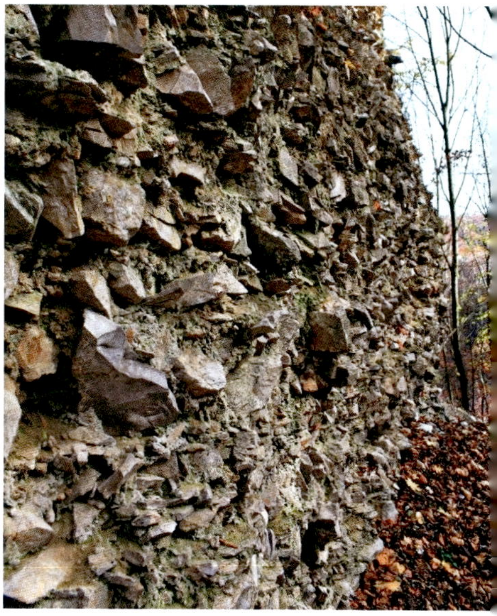

Mauerrest der Ruine Sperberseck

Große oder Kleine Schrecke Zwischen den Wanderwegmarkierungen gelbes Dreieck und rote Gabel zweigt nach rechts ein Steig ab. Er führt durch die Große Schrecke und ist sehr interessant und erlebnisreich, man sollte ihn aber nur begehen, wenn man trittsicher und schwindelfrei ist und nach Möglichkeit auch etwas alpine Erfahrung mitbringt. Bei Nässe, Eis und Schnee ist von ihm dringend abzuraten. Unten hält man sich links; später mündet der Weg ein, der von der Kleinen Schrecke kommt.

Ansonsten gehen wir auf dem schmalen Pfad am Steilhang entlang, auch hier ist achtsames Gehen angesagt. Der Weg fällt ein wenig und wir erreichen den **Schreckenfels** 5, der uns einen beeindruckenden Blick auf die Wälder ringsum bietet.

Der Weg führt jetzt nach links weiter, bis wir auf einen querenden breiten Weg stoßen. Hier halten wir uns kurz rechts und werden bald zur »Kleinen Schrecke« nach rechts verwiesen. Zuerst steigen wir auf einem schmalen Steig in Serpentinen hinab, dann erreichen wir den Grund des scharf eingeschnittenen **Tals** 6. Hier orientieren wir uns links.

Gemütlicher Rückweg Wer jedoch einen Blick von unten auf das massige Felsmassiv der **Großen Schrecke** werfen will, macht einen Abstecher nach rechts und steigt etwas an bis zum Talschluss, wo es nach rechts steil hinauf geht 7. Dann wandert man wieder zurück zum Abzweig und geradeaus weiter. Dieser Abstecher ist etwa 600 Meter lang und bringt 20 Höhenmeter zusätzlich mit sich.

Der Schatz im Goldloch

Hinter dem Goldloch soll sich ein großes Höhlensystem verbergen. Von diesem und einem Goldschatz erzählt eine alte Sage. Um 1825 wurde der Eingang der Höhle von Goldsuchern tatsächlich erweitert. Dass sie aber Gold gefunden hätten, davon ist nichts bekannt.

Danach wandern wir durch den Wald und die Streuobstwiesen nach Schlattstall. Im Ort werden wir nach rechts erst zur Lauterquelle, danach zum **Goldloch** 8 verwiesen. Danach gehen wir zurück zur Straße und folgen ihr nach rechts zum Ausgangspunkt.

7 Von Hengen an den Rand des Truppenübungsplatzes

Wilde Wälder, weite Felder

mittel | 10,4 km | 170 Hm | 2.50 Std.

Tourenverlauf
Hengen/Parkplatz Dicke – Sportplatz 0.15 Std. – Brucktal 0.35 Std. – Schild zum Truppenübungsplatz 1 Std. – Schild Zimmerschlag 0.40 Std. – Parkplatz Dicke 0.20 Std.

Höchster Punkt
Verzweigung bei Ramschel, 758 m

Ausgangspunkt/Endpunkt
Bad Urach-Hengen, Parkplatz Dicke, südlich der L245, 756 m

Anfahrt
Auto: B27 und B312 bis Metzingen, B313 bis Bad Urach, B28 bis zum Abzweig nach Hengen auf die L245; GPS 48.485240, 9.475330
Bus & Bahn: S-Bahn und R-Bahn bis Oberlenningen oder Bahn bis Metzingen oder Bad Urach, weiter mit dem Bus bis Haltestelle Hengen Rathaus; Info: www.efa-bw.de

Einkehr
Hengen

Karten
Wanderkarte W243 Bad Urach, 1:25 000, Hrsg.: Schwäbischer Albverein e. V., Kartographie: Landesamt für Geoinformation und Landentwicklung Baden-Württemberg (LGL); Wanderkarte mit Radwegen Münsingen Laichingen Blatt 54-537, 1:25 000, NaturNavi

Informationen
www.bad-urach.de

Diese Tour zeigt uns völlig gegensätzliche Landschaften der Schwäbischen Alb. Zuerst wandern wir durch ein schönes Waldgebiet, dann durch die Wildnis des ehemaligen Truppenübungsplatzes. Anschließend steigen wir durch einen Wirtschaftswald hinauf auf die Albhochfläche, wo wir durch eine Felderlandschaft zurückgehen.

Idyllische Hülbe Wir nehmen am **Wanderparkplatz Dicke** den Weg, der mit dem Wanderzeichen gelbes Dreieck rechts am Parkplatz vorbeiführt. Kurz danach liegt links des Weges mit dem **Hengener Golach** (1) eine der schönen urtümlichen Hülben – hierbei handelt es sich um Wasserlöcher auf dem vulkanischen, wasserundurchlässigen Untergrund der Schwäbischen Alb. Wir behalten vorerst unsere Richtung bei, egal, wie der Weg beschaffen ist.

Durch den Wald steil bergab Schließlich kommen wir zum rechts liegenden Sportplatz. Dort gehen wir am **Wanderschild Buch** (748 m) (2) geradeaus weiter, immer rechts des Waldes. Am Schild Buch (730 m) führt uns der Weg in den Wald. Es folgt das

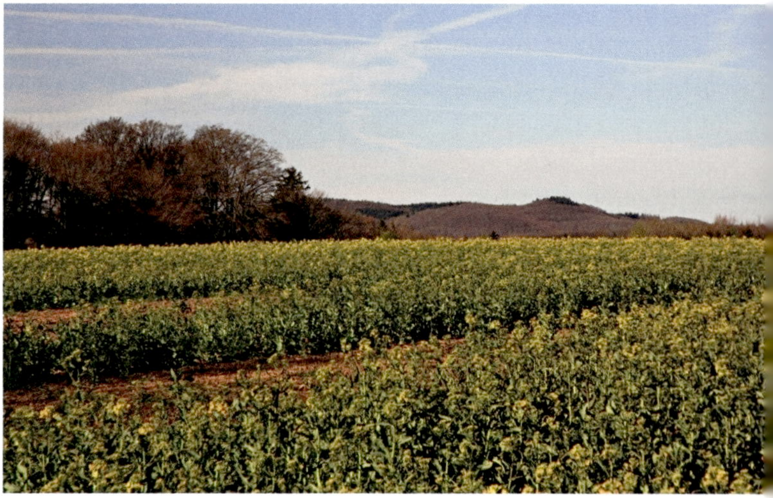

Schild **Kesselberg** (715 m) ❸, an dem wir uns rechts halten und etwas ansteigen. Beim Schild Buch (725 m) orientieren wir uns links. An der nächsten Verzweigung gehen wir noch einmal nach links, gleich darauf an der Linkskurve werden wir aber auf einen rechts abgehenden schmalen Pfad verwiesen, der nun steil bergab führt.

In Serpentinen kommen wir zu einem querenden Weg. Auf ihm halten wir uns links und wandern mit dem gelben Dreieck immer geradeaus und hoch über der Straße weiter, bis wir im **Brucktal** zu einem querenden breiten Weg ❹ gelangen.

Tourencharakter

Am Anfang der Tour wandern wir zum Teil auf Pfaden. Vor allem der Abstieg bis zum Weg im Brucktal entlang des Truppenübungsplatzes ist steil und rutschig, deshalb sollte man die Tour auch nicht bei Regen, Schnee und Eis begehen. Ansonsten wandern wir auf festen Feld- und Waldwegen. Im Brucktal bewegen wir uns im Gebiet des ehemaligen Truppenübungsplatzes. Wegen Munitions- und Kampfmittelrückständen darf man hier den Weg nicht verlassen, daran sollte man sich schon aus eigenem Interesse halten.

In der Kernzone des Biosphärengebiets Schwäbische Alb Hier betreten wir nicht nur die Kernzone des Biosphärengebiets Schwäbische Alb mit der Region Fischburger Tal – Hirschkopf – Scheibe, sondern wandern auch eine Weile im Brucktal über den ehemaligen Truppenübungsplatz Münsingen. Als Zeichen orientieren wir uns an der gelben Gabel. Die Warnung, dass man wegen Munitions- und Kampfmittelrückständen den Weg nicht verlassen darf, sollten wir unbedingt beachten.

Linke Seite: Auf der Albhochfläche reicht der Blick weit.

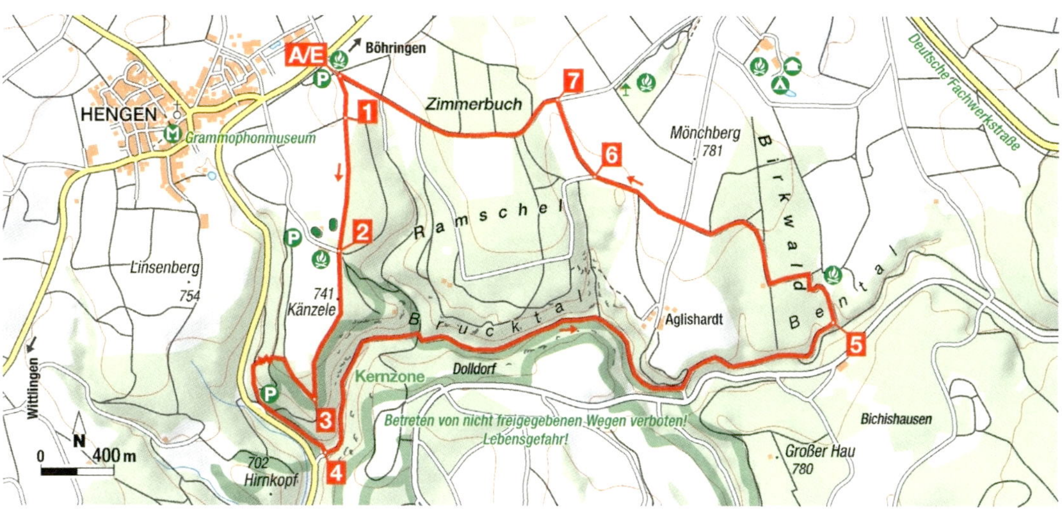

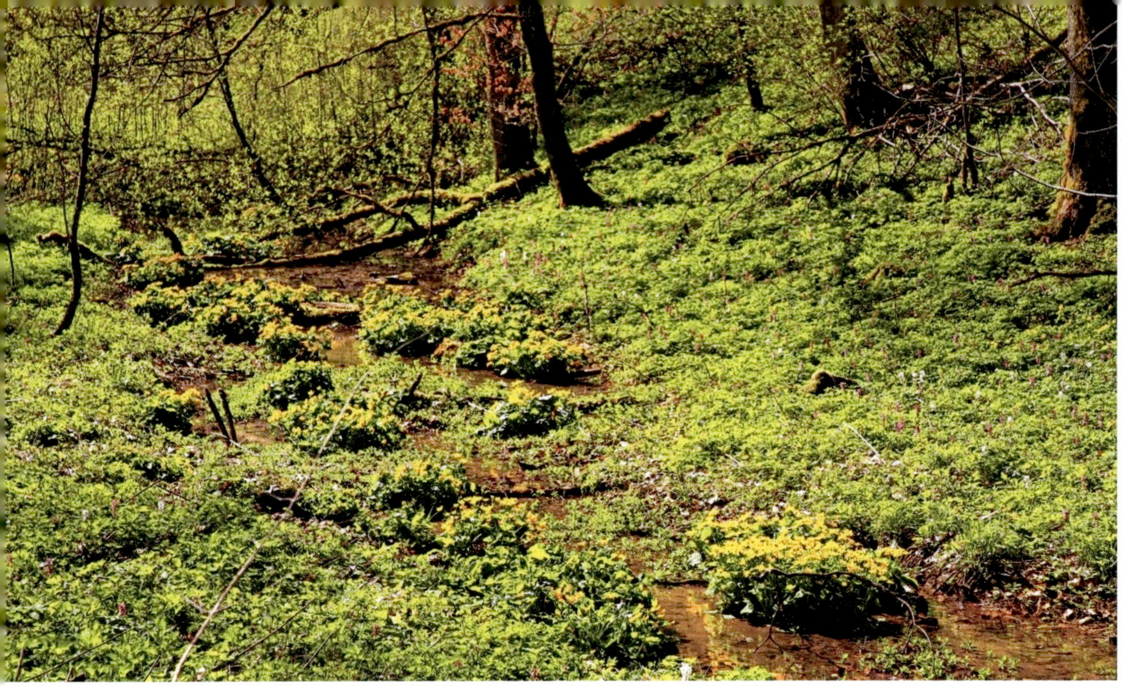

Im Brucktal finden wir eine unberührte Natur.

Die Natur links und rechts zeigt sich hier von ihrer wildesten Seite. Da wegen der Gefährlichkeit des Untergrunds auch keine Waldpflege stattfindet, liegt hier jede Menge Totholz. Es vermodert langsam und ist dick mit Moos überzogen – für uns Menschen ein idyllischer Anblick, für die Natur und Abertausende von Pilzen und Kleinstlebewesen ein wichtiger Lebensraum. Außer Totholz sehen wir auch immer wieder mächtige Felsklötze links und rechts des Weges, das größte und beeindruckendste Felsmassiv davon ist der Rappenfels.

Nach einiger Zeit verläuft rechts des Weges die Panzerringstraße. An der Verzweigung bei der **Informationstafel zum Ehemaligen Truppenübungsplatz Münsingen** 5 gehen wir, nun wieder mit dem gelben Dreieck, nach links hinauf. Der Weg beschreibt weite Schwünge, an einer links liegenden Hütte halten wir uns rechts und verlassen nach einiger Zeit den Wald.

Rückweg durch die Felder Nun wandern wir durch Felder. Links des Weges sehen wir das Hofgut Aglishardt, dahinter die Landschaft des ehemaligen Truppenübungsplatzes. An der **Verzweigung bei Ramschel** (758 m) 6 nehmen wir den rechten Weg. Kurz danach am nächsten querenden Weg treffen wir auf das **Schild Zimmerbuch** (765 m) 7. Hier biegen wir links ab und wandern, vorbei am Schild Zimmerbuch (757 m), durch Wald und Freiflächen zurück zum **Ausgangspunkt**.

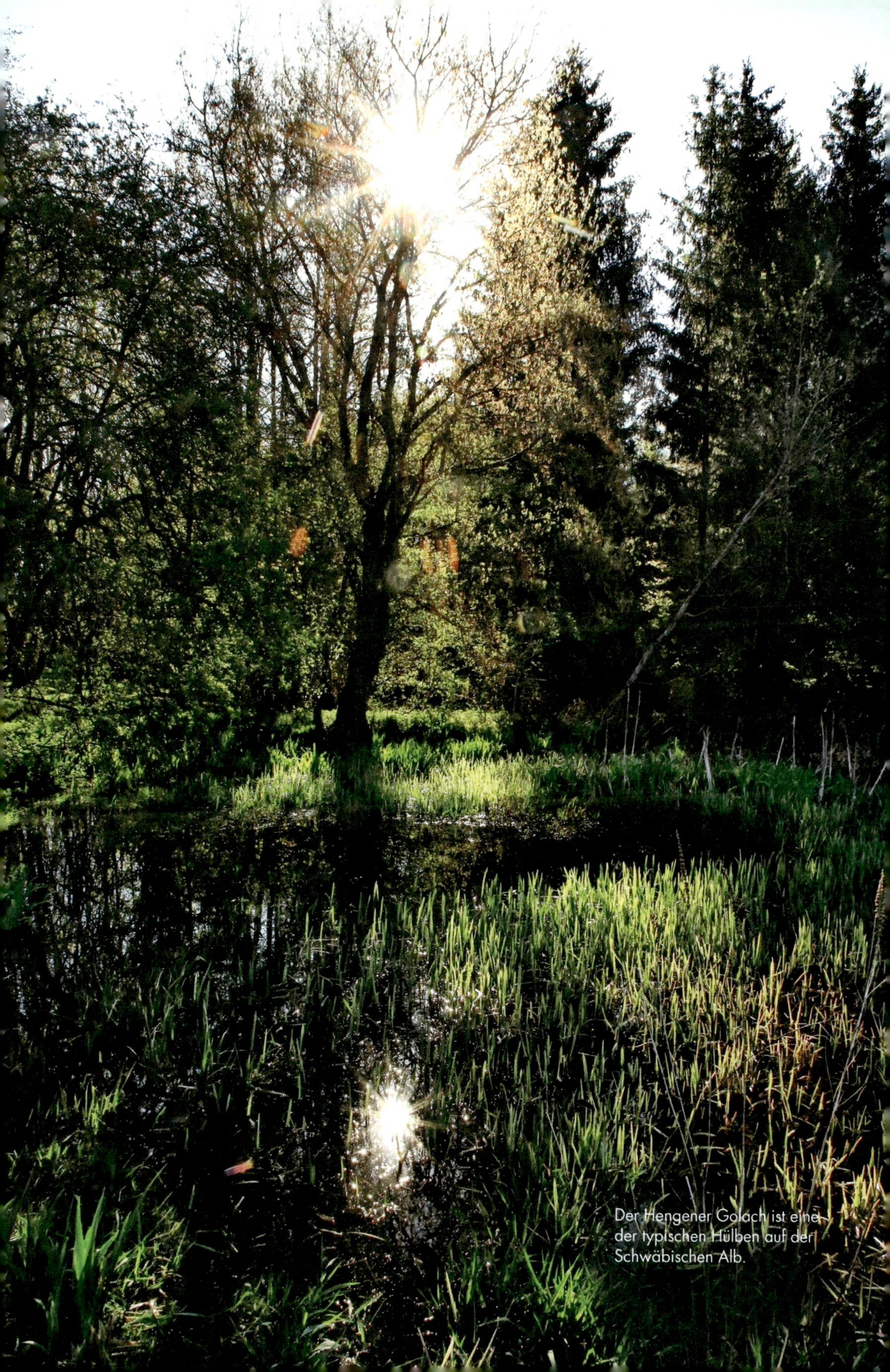

Der Hengener Golach ist eine der typischen Hülben auf der Schwäbischen Alb.

8 Ruine Hohenwittlingen und der Sirchinger Wasserfall

Interessante Geschichte und tosendes Wasser

schwer | 12,8 km | 380 Hm | 4 Std.

Tourenverlauf
Bad Urach/Wanderparkplatz Rulaman – Wolfschlucht 0.20 Std. – Hofgut Hohenwittlingen 0.25 Std. – Ruine Hohenwittlingen 0.25 Std. – Baldeck 0.45 Std. – Ermstal 0.20 Std. – Georgenau 1.15 Std. – Parkplatz 0.30 Std.

Höchster Punkt
Vor dem Hofgut Hohenwittlingen, 690 m

Ausgangspunkt/Endpunkt
Bad Urach, Wanderparkplatz Rulaman an der B465 im Seeburger Tal, kurz vor Georgenau, 540 m

Anfahrt
Auto: B27 und B312 bis Metzingen, weiter auf der B28 bis Bad Urach, danach auf der B465 bis zum Ausgangspunkt; GPS 48.470694, 9.420993
Bus & Bahn: Mit der Ermstalbahn bis Haltestelle Bad Urach Bahnhof. Weiter mit dem Bus in Richtung Laichingen bis Ausstieg Wittlingen; Info: www.naldo.de, www.efa-bw.de

Einkehr
Wittlingen, Bad Urach

Karte
Wanderkarte W243 Bad Urach, 1:25 000, Hrsg.: Schwäbischer Albverein e. V., Kartographie: Landesamt für Geoinformation und Landentwicklung Baden-Württemberg (LGL)

Informationen
www.bad-urach.de

Diese Wanderung bietet mehrere Höhepunkte. Der erste ist der Urgeschichtspfad gleich zum Einstieg. Dann geht es über die »Rulamanhöhle« hinauf zur Ruine Hohenwittlingen. Von dort aus wandert man vorbei an Felsen und Aussichtspunkten durch den Wald. Auf dem Rückweg erlebt man den Sirchinger Wasserfall.

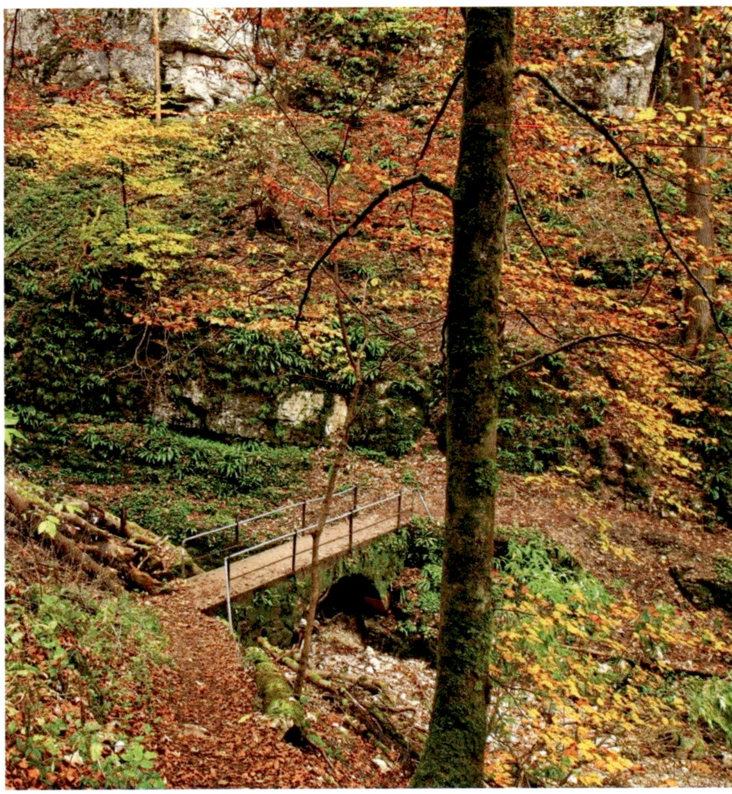

Durch die wilde Wolfschlucht Auf dem Weg von Bad Urach nach Seeburg geht links die Straße nach Wittlingen ab. Danach liegt links der Straße ein kleiner **Parkplatz**. Hier werden wir von einer Weltkugel erwartet, die uns auf den interessanten Urgeschichtspfad Rulamanweg einstimmt. Auf seinen Informationstafeln ist die Vorgeschichte und Entwicklung des Menschen erklärt. Die Richtung ist mit »Rulamanhöhle Ruine Hohenwittlingen Wolfsschlucht« angegeben. Nun geht es mit dem Wanderzeichen gelbe Gabel entlang des Baches in den Wald hinein. Nach der letzten Tafel wird der Weg steiler und die Schlucht, die in die wilde Wolfschlucht übergeht, immer dramatischer.

Tourencharakter

Wir wandern auf festen Wegen, aber auch auf Pfaden. Durch die Wolfschlucht, bei der Ruine Baldeck und am Sirchinger Wasserfall sind sie steil und bei Feuchtigkeit rutschig. Dann sollte man die Tour nicht unternehmen, ebenso bei Eis und Schnee.

An der Tafel **Wolfschlucht** (603 m) 1 ignorieren wir, dass es nach rechts zur Schillerhöhle und zur Ruine Hohenwittlingen geht – dies wäre der kürzeste, aber nicht so interessante Weg – und behalten unsere Richtung bei. Wir erreichen bald eine **Brücke**, hinter der man an den moosüberzogenen Kalksinterterrassen einen Wasserfall sieht, der über die Felsbänke herabrieselt. Dann geht es im Zickzack hinauf zu einer Engstelle, an der man sich beim Besteigen der Treppenstufen an einem Seil festhalten kann. Danach folgt eine eiserne Treppe. Anschließend wandern wir auf dem breiten **Waldweg** 2 nach links weiter. Bald geht es nach rechts aus dem Wald, danach liegt links der **Parkplatz Hohenwittlingen** 3.

Linke Seite: Der Aufstieg in der Wolfschlucht führt durch einen unberührt wirkenden Wald.

Auf dem Weg zur Ruine Hohenwittlingen ist der Weg sogar einmal seilgesichert.

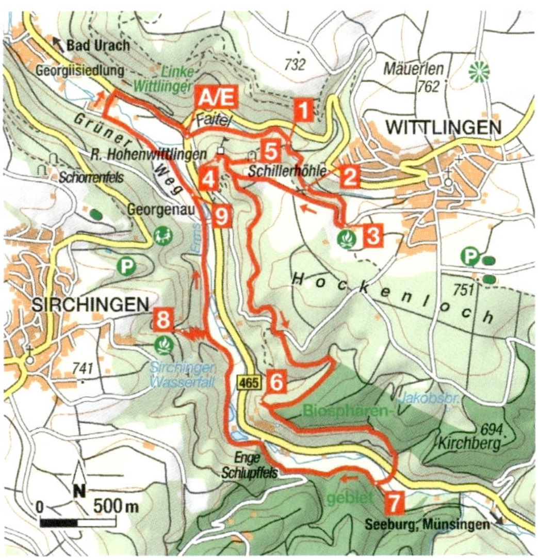

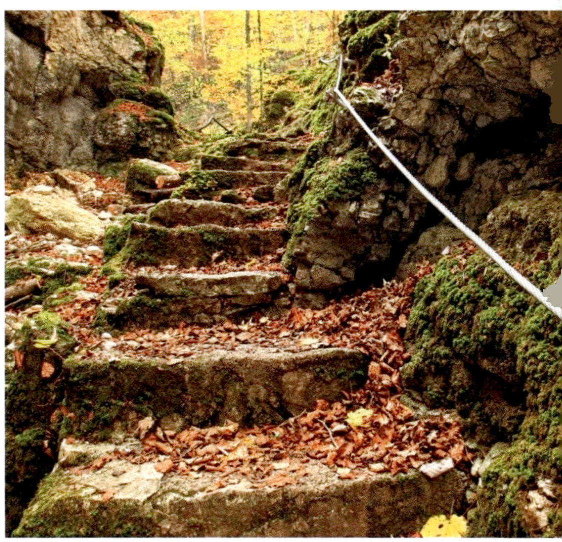

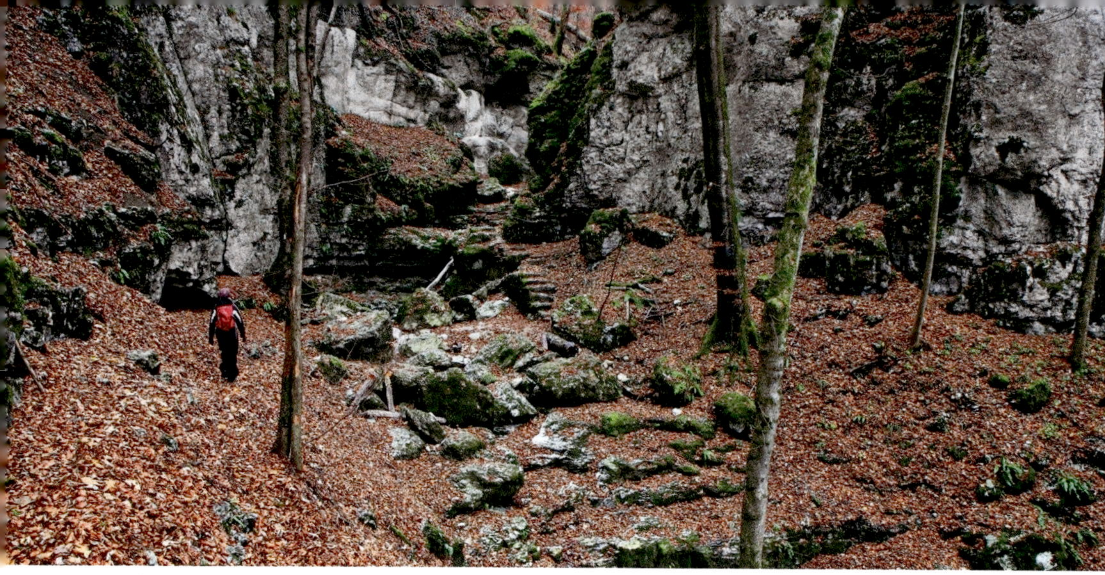

Obwohl hier ein Premiumwanderweg durchführt, ist die Einsamkeit inmitten der grandiosen Szenerie zum Greifen nah.

Über die Ruine Hohenwittlingen Dort biegen wir rechts ab und wandern auf dem Sträßchen zum **Hofgut Hohenwittlingen**. Hier wohnte der Dichter des Kinderbuchs »Rulaman«, David Friedrich Weinland. Nach dem Hofgut kommen wir in den Wald und wandern bergab auf die Ruine Hohenwittlingen zu. Noch vor ihr gelangen wir zu einer Verzweigung und einem Wanderschild. Hier ginge es links steil bergab in Richtung »Grüner Weg Georgenau«. Wir marschieren aber noch vor der hoch aufragenden Ruine nach rechts weiter und erreichen gleich darauf eine

Ruine Hohenwittlingen

Die 1248 erstmals genannte Ruine Hohenwittlingen (677 m) wurde mutmaßlich um 1090 erbaut. Besitzer waren unter anderen die Grafen von Achalm-Urach und Herzog Friedrich II. von Schwaben, ab etwa 1251 die Württemberger. Um 1300 wurde sie als eine der »Hauptburgen« des Grafen Eberhard I. genannt. 1310/11 im Reichskrieg der Habsburger gegen Graf Eberhard von Württemberg gehörte sie zu den wenigen Burgen, die von den Angreifern nicht erobert werden konnten: 1558, während der Reformationszeit, versteckte sich hier der Reformator Johannes Brenz – er wurde wegen Aufwiegelung von den Truppen des Kaisers gesucht und in Schwäbisch Hall auch fast erwischt. 1575 brannte sie aus, wurde jedoch wiederhergestellt und als Gefängnis für »Wilderer und andere Bösewichter« verwendet. Nach dem Dreißigjährigen Krieg verfiel sie. Trotzdem wurde sie weiterhin als Zufluchtsort bei Gefahr genutzt und es wurde berichtet, dass die Wittlinger Bauern ihr Vieh so abrichteten, dass es von selbst zur Burg zog, wenn sie es im Falle einer Gefahr freiließen. Im 19. Jahrhundert diente die Burg wie so viele andere als Steinbruch. Beeindruckend ist heute vor allem die über 20 Meter lange Schildmauer, von der aus man einen herrlichen Blick hinab ins Tal hat.

aus Tuffsteinen gemauerte Schutzhütte, die uns bei schlechtem Wetter Unterstand bietet. Danach kann man nach rechts einen Abstecher zur Schillerhöhle machen, sich das aber auch für nach der Ruinenbesichtigung aufheben.

Nun gehen wir nämlich noch ein Stück weiter bis zum Eingang der **Ruine Hohenwittlingen** 4. Es empfiehlt sich eine Besichtigung der Ruine. Anschließend gehen wir ein Stück zurück. Jetzt kann man wie bereits erwähnt nach links hinab zur **Schillerhöhle** 5 steigen.

Schillerhöhle

Die 91 Meter lange Schillerhöhle (auch Schillerloch, Schillingsloch oder Rulamanhöhle) diente David Friedrich Weinland vermutlich als Vorbild für die Tulkahöhle in seinem Roman »Rulaman«. Dies ist der Titel eines Jugendromans, der 1878 erschienen ist und auf der Schwäbischen Alb spielt. Er erzählt die Geschichte des Titelhelden Rulaman, eines Nomadenjungen aus der Steinzeit. Auch die Höhle spielt darin eine Rolle: Sie träg im Roman den Namen Tulkahöhle und ist der Wohnsitz von Rulamans Sippe, den Aimats.

Eine Ruine, die man nicht sieht Danach wandern wir weiter zurück, ignorieren den Abzweig zum »Grünen Weg « und folgen dem mit der gelben Gabel markierten Weg in Richtung »Seeburg«. Es geht immer wieder leicht bergauf und bergab. An der Verzweigung nach der Ruine nehmen wir den mittleren Weg (»Seeburg Baldeck«). Nach einem querenden Forstweg gehen wir auf dem breiten Weg geradeaus abwärts und kommen zu einer ausgeprägten Rechtskurve. Wir behalten unsere Richtung bei und folgen weiter der gelben Gabel. Bald weist uns der gelbe Winkel nach rechts. Es geht im Zickzack hinab zu zwei Felsmassiven. Das rechte trägt die **Ruine Baldeck** 6, von der man aber nichts mehr erkennt. Dafür bietet sich ein schöner Blick hinab ins Ermstal. Die Mitte des 13. Jahrhunderts erbaute Burg Baldeck wurde im 16. Jahrhundert zerstört.

Eingangsportal zur Schillerhöhle

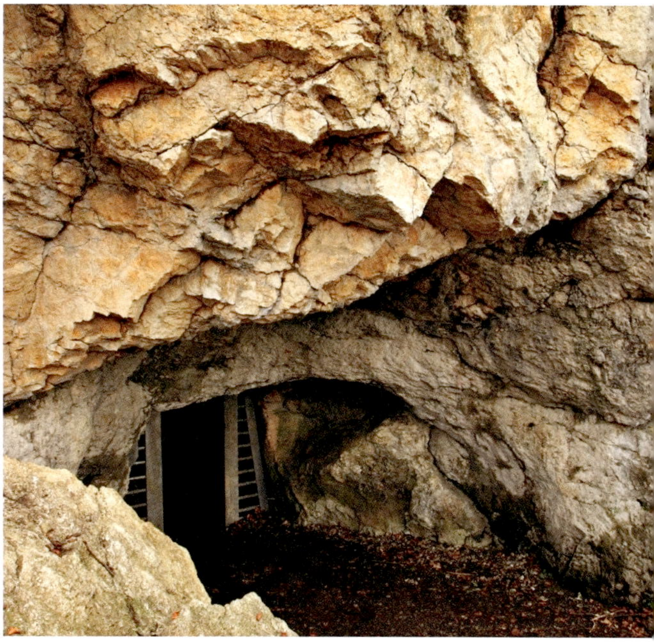

Danach spazieren wir auf dem Pfad zu dem anderen Felsen (Rabenfelsen) und folgen dem schmalen Weg

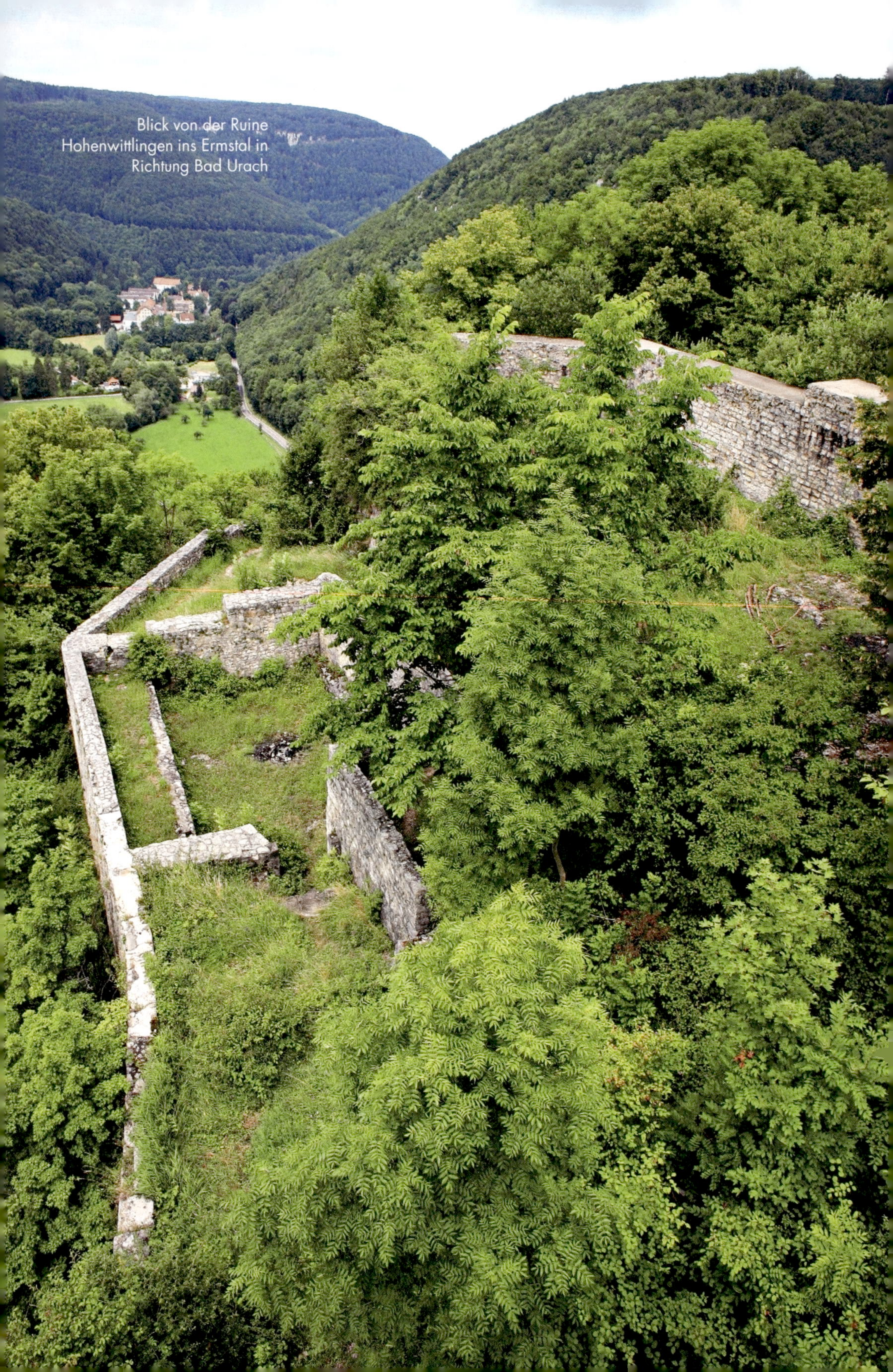

Blick von der Ruine
Hohenwittlingen ins Ermstal in
Richtung Bad Urach

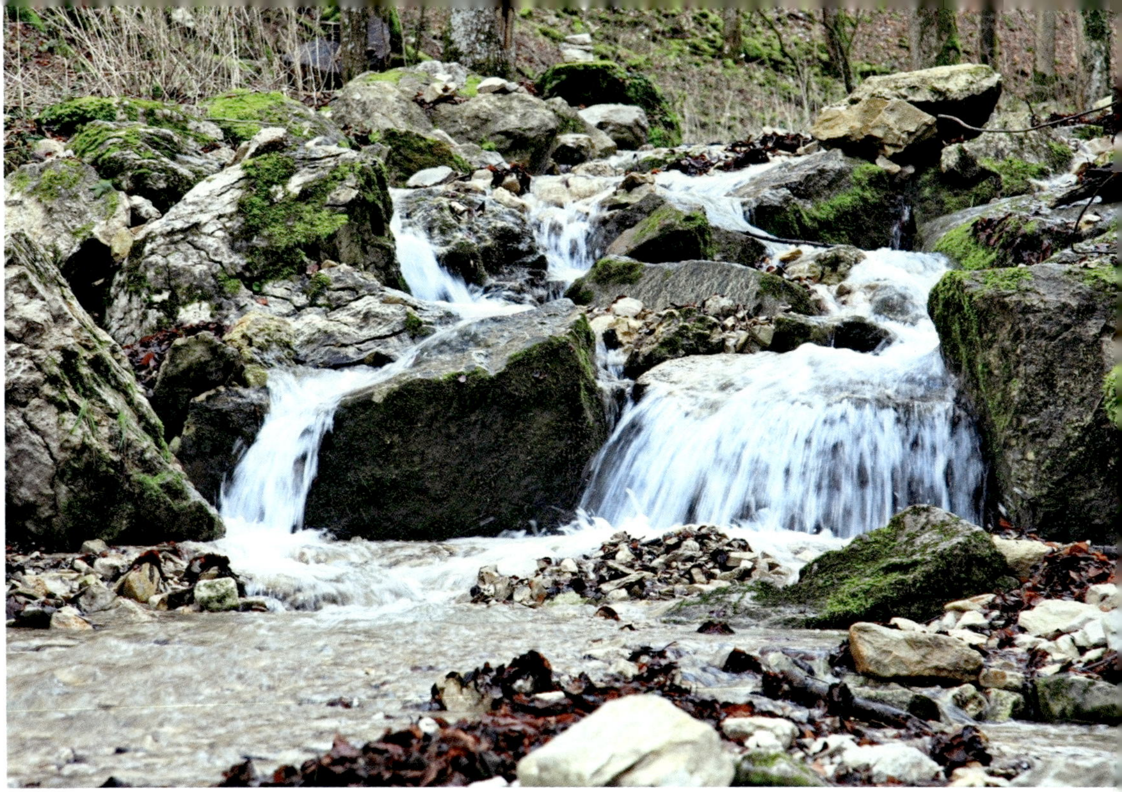

Nach der Schneeschmelze oder starken Regenfällen ist der Sirchinger Wasserfall besonders beeindruckend.

weiter. Bald trifft er wieder auf den Pfad, den wir verlassen haben. Auf ihm wandern wir zu einem breiten Forstweg, dem wir nach rechts abwärts folgen. Wo er eine scharfe Rechtskurve beschreibt, steigen wir links abzweigend auf einem Zickzackpfad hinab zur Straße.

Durch das Ermstal zum Wasserfall Hinter ihr gehen wir über die Wiese, überqueren die Erms und begeben uns zu dem **Forstweg (Grüner Weg)** auf der anderen Talseite 7. Hier halten wir uns rechts. Der Weg führt an den Fischteichen entlang – von denen man einen prächtigen Blick zur Ruine Baldeck hat. Etwas später liegt links oben der **Sirchinger Wasserfall** 8. Bei diesem rund vier Meter hohen Wasserfall hat sich das Wasser wie beim Uracher Wasserfall eine Tuffsteinnase erschaffen.

Wir wandern weiter und lassen einen Hof sowie die Ansiedlung **Georgenau** 9 rechts liegen. Bei dieser wandern wir auf dem eben weiterführenden Weg links der Häuser weiter. Vor den nächsten Häusern biegen wir am Schild (516 m) rechts ab, vor der B465 noch einmal. Nun wandern wir neben der Bundesstraße nach rechts. Nach dem Abzweig nach Wittlingen liegt links unser Ausgangspunkt.

9 Von Seeburg nach Münsingen

Durch die Trailfinger Schlucht

mittel | 11,5 km | 260 Hm | 3.15 Std.

Tourencharakter
Wir wandern auf Pfaden und geschotterten Wegen.

Tourenverlauf
Seeburg – Rietheim 0.45 Std. – B465 0.40 Std. – Münsingen Freibad 0.30 Std. – Trailfinger Schlucht 0.40 Std. – Seeburg 0.40 Std.

Höchster Punkt
Landstraße vor der Trailfinger Schlucht, 766 m

Ausgangspunkt/Endpunkt
Bad Urach-Seeburg, Gruorner Straße, beim Rathaus, 600 m

Anfahrt
Auto: B27 bis Metzingen, dann B465 über Bad Urach nach Seeburg; GPS 48.446605, 9.457737. Alternativparkmöglichkeiten im Trailfinger Weg, auf dem wir am Schluss zurückkommen, oder am Münsinger Freibad.
Bus & Bahn: Bahn bis Bad Urach, Bus bis Seeburg; Info: www.efa-bw.de

Einkehr
Bad Urach, Münsingen

Karten
Wanderkarte W243 Bad Urach, 1:25000, Hrsg.: Schwäbischer Albverein e. V., Kartographie: Landesamt für Geoinformation und Landentwicklung Baden-Württemberg (LGL); Wanderkarte mit Radwegen Münsingen Laichingen Blatt 54-537, 1:25000, NaturNavi

Informationen
www.bad-urach.de

Wälder, Aussicht und Wacholderheiden sind die bestimmenden Landschaftselemente dieser Tour. Wir starten in Seeburg, steigen durch den Wald hinauf und wandern durch eine Wiesenlandschaft mit Wacholdern und teilweise schönem Fernblick bis vor Münsingen. Beim letzten Stück wandern wir durch die idyllische Trailfinger Schlucht.

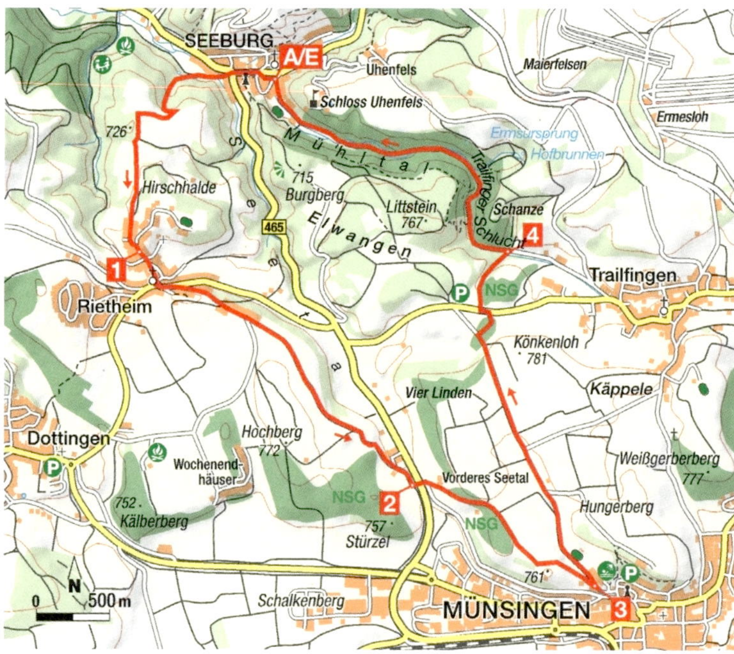

Durch den Wald nach Rietheim Wir gehen vom **Wanderparkplatz beim Rathaus** zur Verzweigung der B465 und der Straße nach Hengen. Hier folgen wir dem Wanderzeichen gelbe Gabel auf dem Grünen Weg nach Westen zum Wald, als Richtung ist »Grüner Weg Bad Urach Rietheim« angegeben. Kurz danach zweigen wir mit der gelben Gabel links ab auf den im Wald steil ansteigenden Pfad in Richtung »Rietheim«.

Am Waldrand halten wir uns rechts. Wir gehen über die Wiese zum nächsten Waldrand und biegen dort links ab. Das Sträßchen bringt uns nach **Rietheim** ❶. An der Verzweigung vor dem Rathaus orientieren wir uns nach rechts und gehen am Rathaus vorbei zur Kirche. Dort spazieren wir mit dem gelben Dreieck auf der Durchgangsstraße kurz nach links, dann zweigen wir durch die Lücke in der Stützmauer rechts ab und wandern auf einem Wiesenweg hinauf zum Wasserbehälter. Hier führt uns das gelbe Dreieck nach links weiter, nun auf einem festen Weg. Es geht an Scheunen vorbei, danach über

Gedenkstätte

Auf dem Weg passieren wir auch eine kleine Gedenkstätte für britische und kanadische Flieger. Diese waren auf dem Rückflug von einem Angriff auf Augsburg am 26. Februar 1944 am nahen Uhenfels abgestürzt.

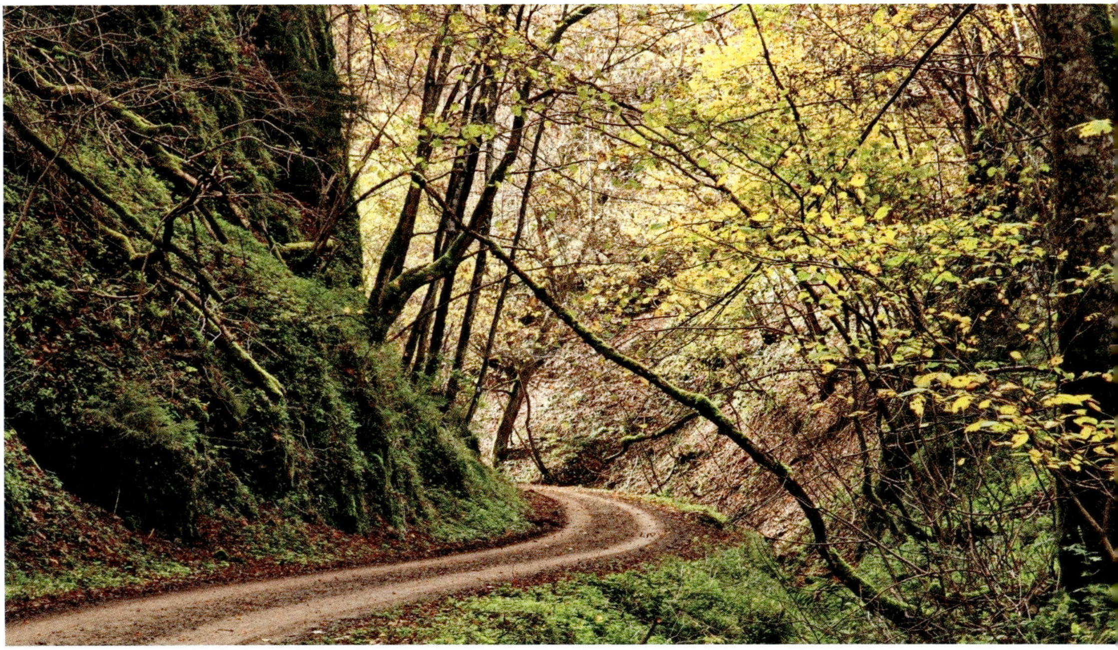

Auch wenn durch die Trailfinger Schlucht ein fester Weg führt, gibt sich die Natur hier recht wild.

die Hochfläche durch die Wiesen und schließlich hinab zu einem Hof. Nach ihm überqueren wir die **B465** ❷, dahinter steigt der Weg wieder an.

Wildromantisch in der Trailfinger Schlucht Oben angekommen führt der markierte Wanderweg nach rechts weiter, erst durch die Wiesen, dann links an einem Wäldchen vorbei zu den ersten Häusern von Münsingen. Dort stoßen wir oberhalb des **Freibads** ❸ auf ein Sträßchen, den Alten Seeburger Weg. Auf ihm gehen wir, immer noch mit dem gelben Dreieck, nach links. Es steigt an und wir passieren einen Parkplatz. Wo der Weg wieder abfällt, folgen wir dem Zeichen nach rechts in Richtung »Seeburg Talweg«.

Wir kommen hinab zur Landstraße. Etwas nach links versetzt geht es mit dem Zeichen über die Wiesen hinab zum Wald und dort auf einem Pfad hinab in die **Trailfinger Schlucht** ❹. Hier halten wir uns links. Der Weg ist nun bis Seeburg ein breiter Forstweg, die Schlucht selbst aber recht romantisch: tief eingeschnitten, mit bemoosten Baumstämmen und Farnen und teilweise mächtigen Felsen. Nach einiger Zeit wandern wir an einem Wehr mit einem kleinen Wasserbecken vorbei, hier befinden sich der Ermsursprung und das Kraftwerk.

Später kommen wir zu den ersten Häusern von Seeburg, wo wir im Trailfinger Weg zur Durchgangsstraße und unserem Ausgangspunkt wandern.

Wie eine Zahnreihe zeigt sich die Felsengalerie um Seeburg.

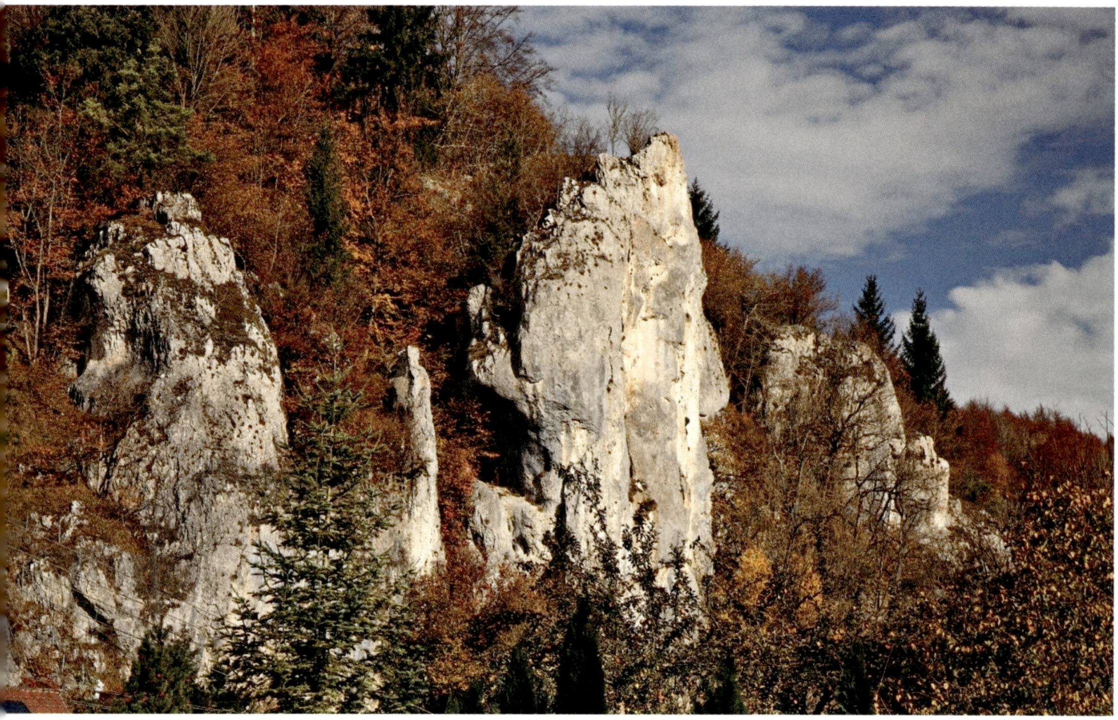

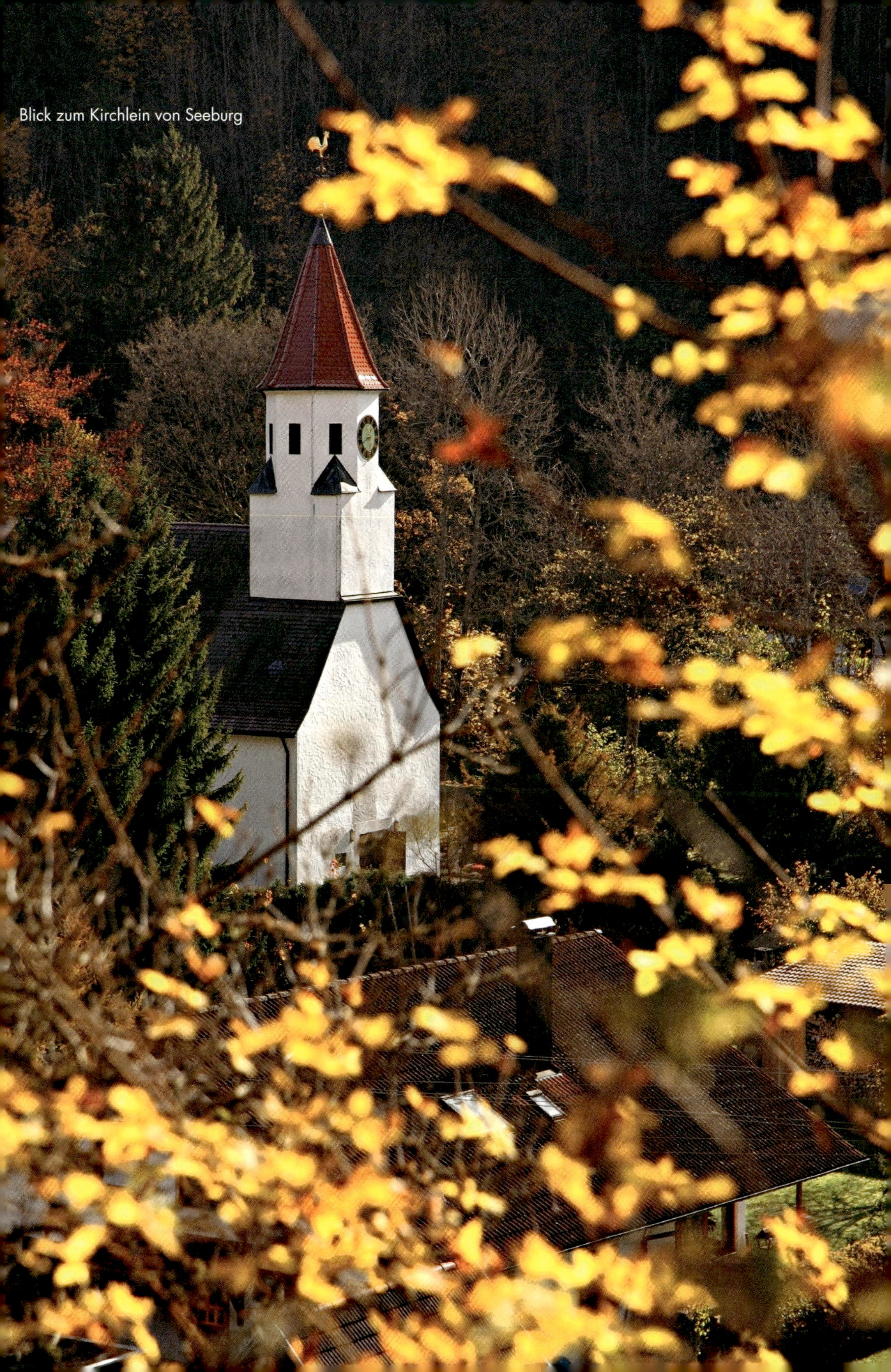

Blick zum Kirchlein von Seeburg

10 Über Schloss Grafeneck ins Lautertal

Waldwanderung ins liebliche Tal

mittel | 10,4 km | 200 Hm | 2.50 Std.

Tourenverlauf
Marbach/Parkplatz – Schloss Grafeneck 0.25 Std. – Waldrand 1.30 Std. – Dapfen 0.35 Std. – Parkplatz 0.20 Std.

Höchster Punkt
Etwa in der Mitte des Waldes, 830 m

Ausgangspunkt/Endpunkt
Marbach, Parkplatz Am Dolderbach 11, vor der Landesreitschule, 660 m

Anfahrt
Auto: B27 und B312 nach Metzingen, B313 nach Bad Urach, B465 nach Münsingen, davor noch rechts ab nach Marbach; GPS 48.382690, 9.421976
Bus & Bahn: Bad bis Reutlingen oder Bad Urach, weiter mit dem Bus nach Marbach Haltestelle Schelmenbühl; Info: www.efa-bw.de

Einkehr
Marbach, Dapfen, Schelmenbühl

Karte
Wanderkarte W243 Bad Urach, 1:25 000, Hrsg.: Schwäbischer Albverein e. V., Kartographie: Landesamt für Geoinformation und Landentwicklung Baden-Württemberg (LGL)

Informationen
www.gomadingen.de

Große Stücke dieser Wanderung verlaufen im Wald. Am Anfang besuchen wir das Schloss Grafeneck, das an das dunkelste Kapitel der deutschen Geschichte erinnert. Danach wandern wir eine Weile durch den Wald, bis es durch Wiesen hinab ins Lautertal geht. Dort können wir uns an einigen schönen Flussbildern erfreuen.

Hinauf zum Schloss Wir gehen rechts der Landesreitschule zum Hang und folgen dort dem mit dem gelben Dreieck markierten Wanderweg nach links. Er führt uns durch den Wald und geht später in einen Pfad über. Nach dem Wald bietet sich uns eine schöne Aussicht auf das Schloss Grafeneck und im Rückblick hinab zu einem mäandernden Bach im Tal.

Danach fällt der Pfad ab zu einem Sträßchen. Wir halten uns kurz links, dann werden wir nach rechts zum Schloss Grafeneck ver-

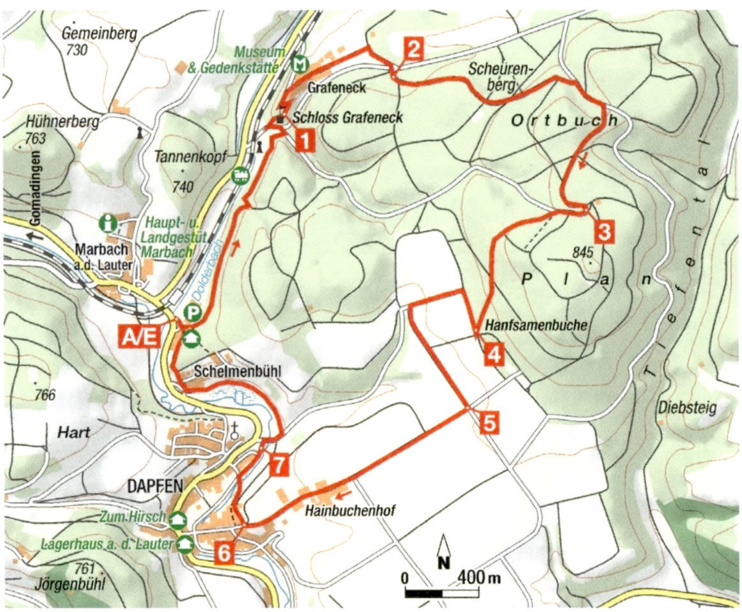

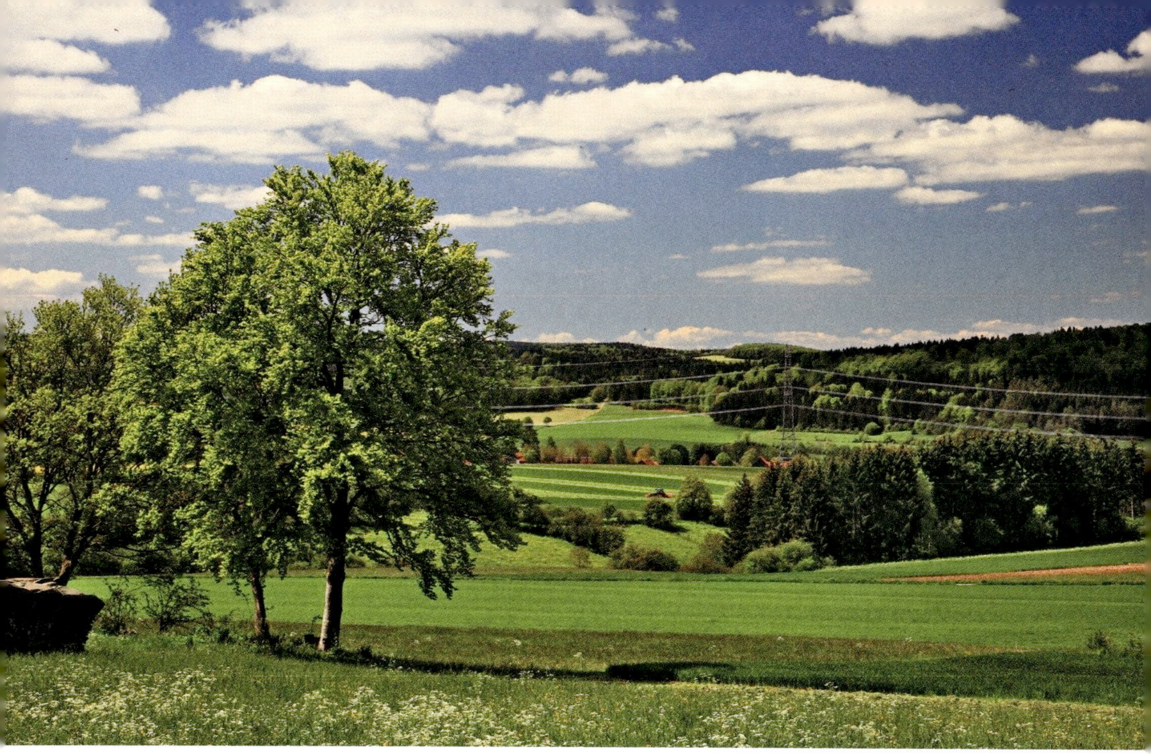

Die Wiesenlandschaft vor Dapfen gibt sich recht lieblich.

wiesen. Nun steigen wir wieder auf einem Pfad an, bald am Fuß der mächtigen Mauern. Vor einem Wohnhaus knickt der Pfad links ab und bringt uns zum **Schlosseingang**. Zuerst können wir hinter das mächtige **Gebäude** ❶ gehen, denn von dort hat man einen schönen Blick ins Tal.

Dann gehen wir durch die Allee mächtiger Linden vom Schloss weg. Nach dem Portal liegen links der Dokumentationsraum und die Gedenkstätte für die Opfer der Euthanasie der Nationalsozialisten, die hier ihren Anfang nahm. Wenn wir weiterwandern, kommen wir nach den Gebäuden zum links liegenden Friedhof, auf dem die Asche der Opfer bestattet ist.

Tourencharakter

Bis auf wenige Abschnitte wandern wir auf festen Wald- und Feldwegen. Wegen der unbeschilderten Wege im Wald ist es von Vorteil, wenn man sich den Track des Weges geladen hat.

Durch den Wald Der Weg beschreibt nun eine Rechtskurve. Bald überqueren wir die **Zufahrtsstraße** ❷ und kommen in den Wald. Es geht kurz geradeaus weiter, dann halten wir uns an der Verzweigung links. Ab jetzt steigt es eine ganze Weile sanft, aber stetig an. Nun müssen wir gut auf die Wege aufpassen, denn Wandermarkierungen gibt es hier nicht.

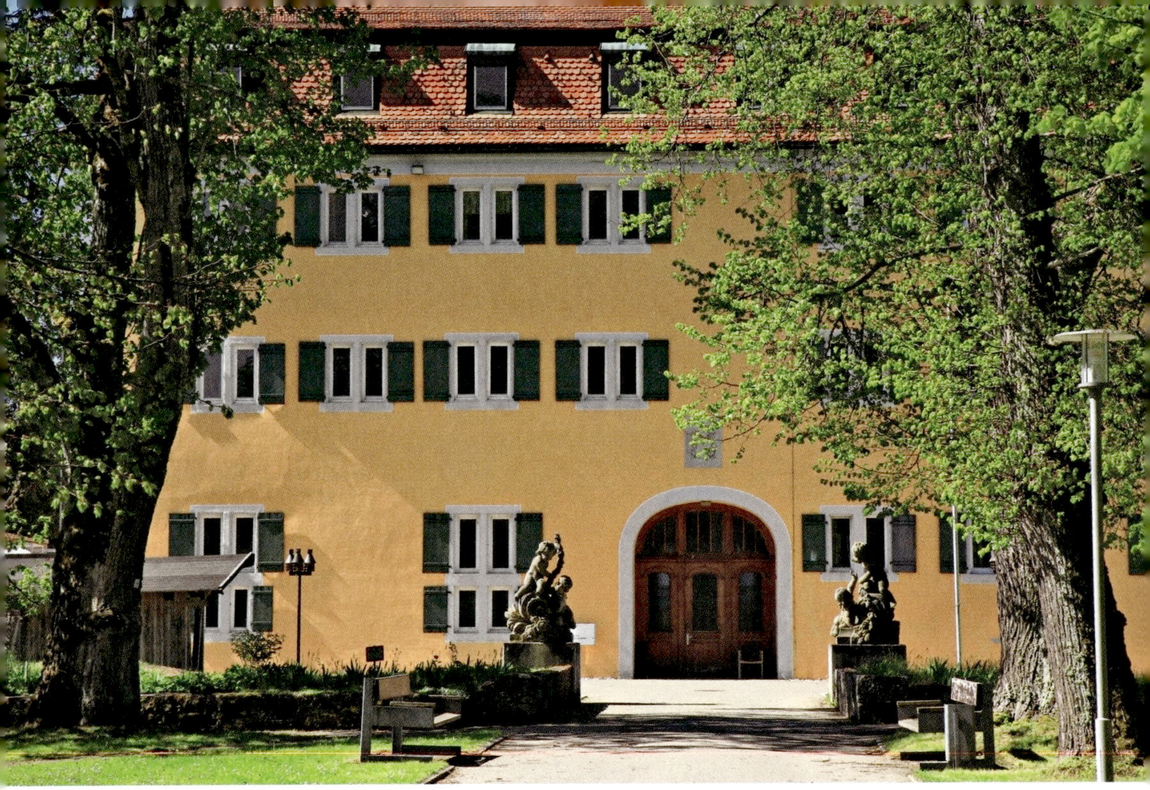

Das Schloss besitzt einen recht herrschaftlich wirkenden Eingangsbereich.

Von unten zeigen sich die Mauern von Schloss Grafeneck wehrhaft wie bei einer Burg.

An der nächsten Verzweigung halten wir uns links. Nach einer Rechts- und dann einer Linkskurve gehen wir an einem Querweg nach rechts weiter. Wir kommen zu einer Art **»Verkehrsdreieck«** 3, hinter dem wir einen querenden Weg sehen. Vor diesem Verkehrsdreieck nehmen wir den scharf rechts abgehenden Weg. Ab jetzt fällt der Weg wieder. Wir ignorieren den ersten links abgehenden und etwas ansteigenden Weg, halten uns aber an den zweiten links abgehenden Weg. Nun geht es vorerst eben weiter, später fällt der Weg wieder. Wir überqueren einen Forstweg, danach kommen wir zum **Waldrand** 4.

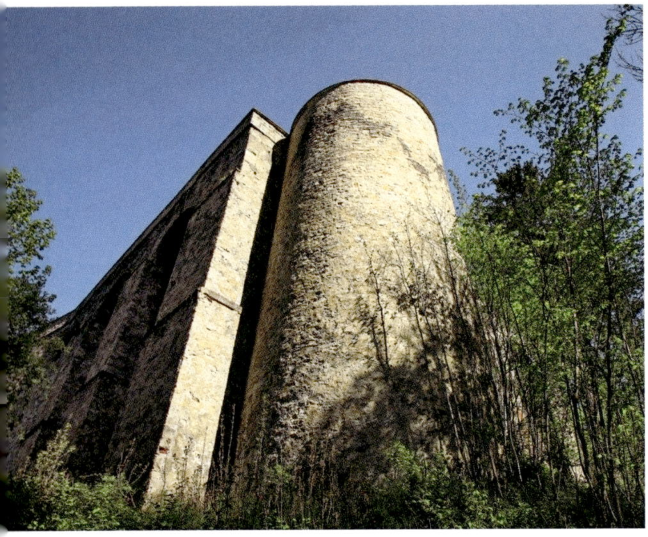

Hinab ins Lautertal Hier biegen wir rechts ab. Bald zweigen wir vor einem weiteren »Verkehrsdreieck« mit einer kleinen Baumgruppe links ab und gehen bis vor einen links des Weges abgehenden Wald. Wir biegen nun links ab und wandern bis zu einer **Kreuzung** 5.

Wir orientieren uns rechts und wandern, teils mit schöner Sicht, hinab nach Dapfen. Bei den ersten Häusern biegen wir rechts ab in den Weg **auf dem Bühl** 6. Nach dem letzten Haus wandern wir mit dem Wanderzeichen roter Strich auf einem Wiesenpfad nach links hinab. Im Tal überqueren wir die Lauter und biegen nach ihr rechts ab. Bald berührt der Weg fast die Straße. Hier überqueren wir das Flüsschen nach rechts 7.

Kurz danach biegen wir links ab. Nun wandern wir parallel zur Lauter und mit schönem Blick in die Flussauen und zur Dapfener Kirche bis zur Ansiedlung Schelmenbühl. Vor dem Gasthaus gehen wir nach rechts den Berg hinauf. Wer will, kann aber vorher noch nach links zur Straße gehen, dort zeigt die Lauter ein recht wild wirkendes Flussbild. Nach den letzten Häusern kommen wir kurz in den Wald, haben aber danach einen schönen Blick ins Tal und zum Haupt- und Landesgestüt Marbach. Dann fällt der Weg ab und bringt uns zurück zum Ausgangspunkt.

Blick vom Wanderweg zur Kirche von Dapfen.

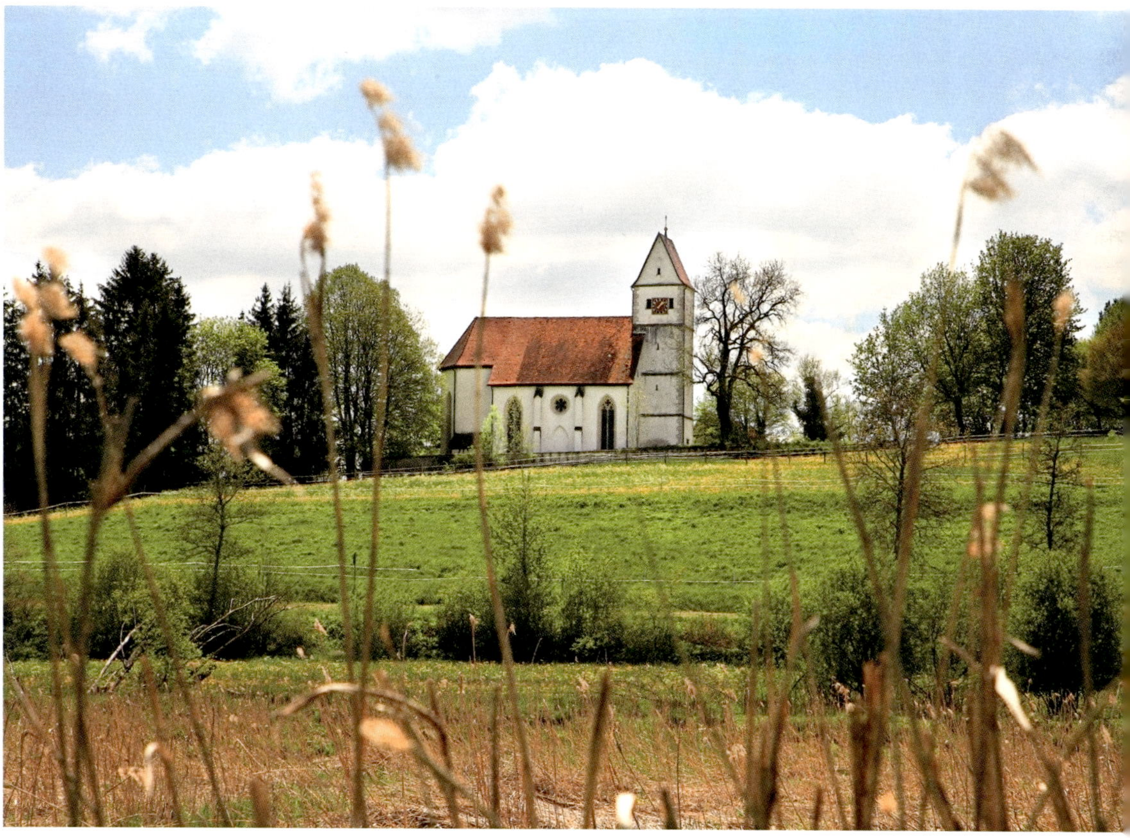

11 Von Donnstetten zum Hof Egelsee

Aussicht von der Kanzel

leicht | 9 km | 160 Hm | 2.20 Std.

Tourencharakter
Wir gehen auf festen Wegen, durch den Wald ein Stück auf unbefestigtem Weg.

Tourenverlauf
Donnstetten/Wanderparkplatz – Riff 0.10 Std. – Hof Egelsee 0.55 Std. – Abzweigung nach links 0.20 Std. – Wanderparkplatz 0.55 Std.

Höchster Punkt
In der Mitte des Waldes im ersten Drittel, 760 m

Ausgangspunkt/Endpunkt
Römerstein-Donnstetten, Wanderparkplatz außerhalb des Ortes, südlich der Westernheimer Straße, 825 m

Einkehr
Donnstetten

Karte
Wanderkarte W238 Metzingen, 1:25 000, Landesamt für Geoinformation und Landentwicklung Baden-Württemberg (LGL) in Zusammenarbeit mit dem Schwäbischen Albverein e. V.

Informationen
www.roemerstein.de

Von Donnstetten aus wandern wir bei dieser Tour über Felder und durch den Wald über die Albhochfläche. Geologisch und erdgeschichtlich interessant ist das an seinen Felsen erkennbare Riff, an dem wir zu Beginn vorbeikommen. Von hier und von der Kanzel am Ende der Tour hat man auch einen schönen Blick auf die Umgebung.

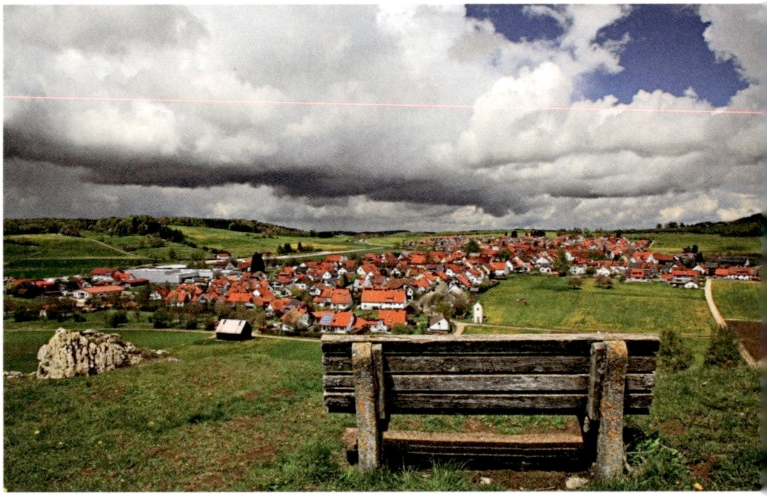

Hinauf zum Riff Vom Parkplatz folgen wir dem Sträßchen hinauf zu einem Hof. Hier treffen von rechts die Wanderer ein, die mit dem Wanderzeichen gelbes Dreieck vom Ausweichparkplatz Donnstetten aus hochwandern. Links dieses Aufstiegsweges biegen wir rechts ab und wandern auf Pfadspuren zu den Felsen des **Riffs** ❶ über Donnstetten.

Danach gehen wir wieder zurück zum Hof und wandern mit dem Albvereinszeichen auf dem festen Weg am Hof entlang auf den Wald zu. In ihm halten wir uns an einer Verzweigung links, ab jetzt gehen wir bis zum Waldende auf einem unbefestigten Weg weiter.

Zum Hof Egelsee Nach dem Wald erreichen wir einen festen Weg. Wir biegen links ab, kurz danach an der Straße noch einmal. Sie bringt uns hoch und wir passieren den Hof **Egelsee** ❷, der sogar eine Hauskapelle besitzt.

Danach kommen wir zu einem Wanderparkplatz mit einer Grillstelle. Hier kann man auch parken. An der Verzweigung danach halten wir uns links.

Zurück über die Kanzel Wir können nun auf der Straße oder auf dem links daneben verlaufenden Waldweg gehen. Wo dieser auf die Straße trifft, nehmen wir den rechts abzweigenden Weg, der mit einem Fahrverbotschild und den Bezeichnungen »W4 Kapellenwanderweg« markiert ist. Er führt uns am Waldrand entlang, vorbei an einem Feldkreuz, zu einer querenden Straße vor einem Gebäude. Wir biegen

Anfahrt

Auto: A8 bis Kirchheim unter Teck-Ost, dann nach Süden auf die B465, dann über Bissingen und Ochsenwang, am Schluss wieder auf der B465 bis Donnstetten. Von dort kurz in Richtung »Westerheim«. Nach Donnstetten biegen wir rechts auf einen schmalen Weg ab. Vor dem Fahrverbotsschild liegt ein kleiner Parkplatz; GPS 48.512957, 9.573280. Da der Parkplatz recht klein ist, kann man auch in Donnstetten parken. Wer jedoch nach der Tour grillen möchte, parkt am besten am Parkplatz nach dem Hof Egelsee, wo sich auch eine Grillstelle befindet.

Bus & Bahn: Bahn bis Metzingen oder Bad Urach, weiter mit dem Bus nach Donnstetten, Haltestelle Rathaus; Info: www.efa-bw.de

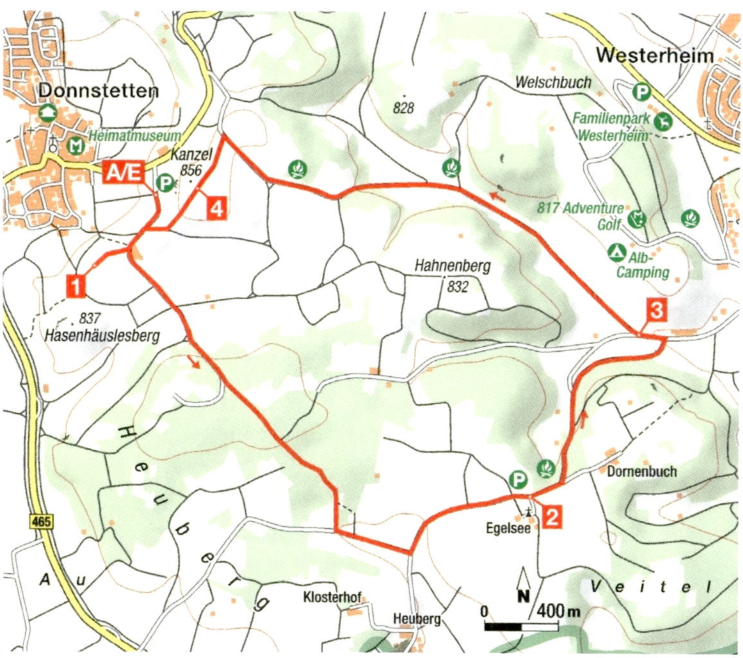

Linke Seite: Blick vom Riff auf Donnstetten

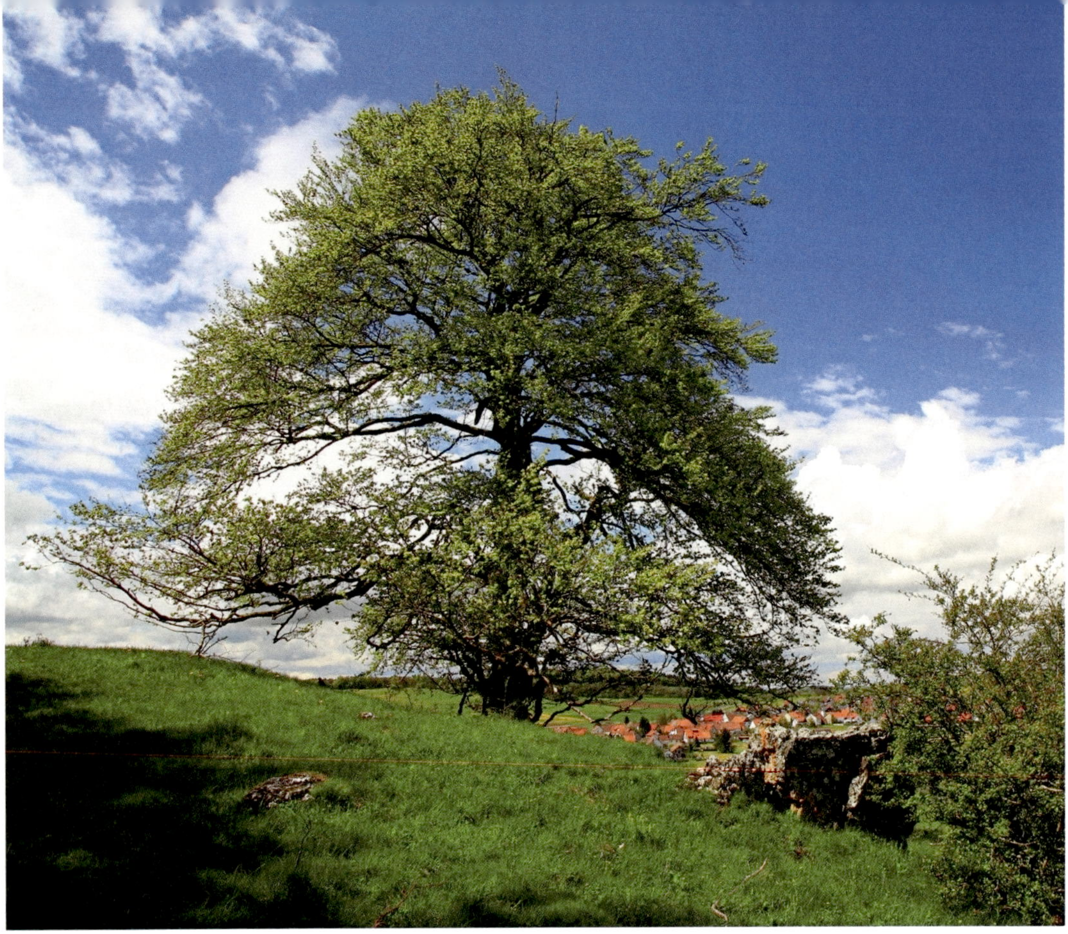

Donnstetten

Wir befinden uns hier am Rand eines Vulkankraters, denn Donnstetten liegt in einem flachen Vulkanmaar auf einer wasserundurchlässigen Schicht Lehm. Deshalb ist an diesem Ort auch Wasser zu finden, was schon die Römer wussten. So befand sich hier am Weg von Augsburg nach Köngen bzw. Bad Cannstatt einst das Kastell Clarenna.

Die Georgskirche in Donnstetten stammt aus dem 15. Jahrhundert und wurde 1825 erweitert. Der Turm besitzt im Erdgeschoss Malereien (1503) und ein Kreuzgratgewölbe. Außerdem sieht man barocke Malereien an Kanzel und Empore, ein schmiedeeisernes Altargitter (17. Jh.) und ein Kruzifix aus der Spätgotik. Das Rathaus wurde 1872, das Pfarrhaus 1834 erbaut. Der gusseiserne Brunnen mit dem kelchförmigen Becken stammt aus dem 19. Jahrhundert. Im Ort kann man nicht nur einkehren, sondern auch das Heimatmuseum Pfarrscheuer besuchen. Man sieht unter anderem römische Grabungsfunde und ein Diorama der römischen Zivilsiedlung mit vielen handgeschnitzten Figuren. Außerdem werden eine Stube, eine Küche und ein Schlafzimmer mit einer bäuerlichen Einrichtung aus der Zeit um 1900 sowie Gerätschaften zur Flachsbearbeitung und Hausweberei gezeigt.

links und gleich darauf rechts ab **3**. Nun wandern wir in ein langgestrecktes Trockental hinein. An der nächsten Verzweigung orientieren wir uns mit dem Radwegschild links.

Es geht durch den Wald kurz hinauf, danach spazieren wir durch die Felder. An einer Rechtskurve zweigen wir vom Asphaltweg links ab auf einen geschotterten Feldweg. Bald sehen wir rechts zwei Waldstücke, rechts des linken können wir Felsen erblicken. Dorthin gehen wir nun auf Pfadspuren. Es geht etwas hinauf zur **Kanzel** **4**, wo an einer grandiosen Aussichtsstelle eine Bank steht. Danach führt uns der Pfad hinab zu einem festen Weg. Ihm folgen wir nach rechts. Zum Parkplatz geht es abermals nach rechts. Wer nach Donnstetten muss, hält sich links zum Hof und geht dort auf bekanntem Weg zurück.

Hof Egelsee

In der Nähe der 861 erstmals erwähnten Ansiedlung beim heutigen Hof Egelsee war einst das Kloster geplant, das dann ab 1085 in Blaubeuren errichtet wurde. Im 11. Jahrhundert befand sich hier ein Adelssitz.

Linke Seite: Von der Kanzel bietet sich ein weiter Blick über die Landschaft.

Unten: Zwischen dem Wald und dem einzeln dastehenden Baum verläuft unser Pfad zurück nach Donnstetten.

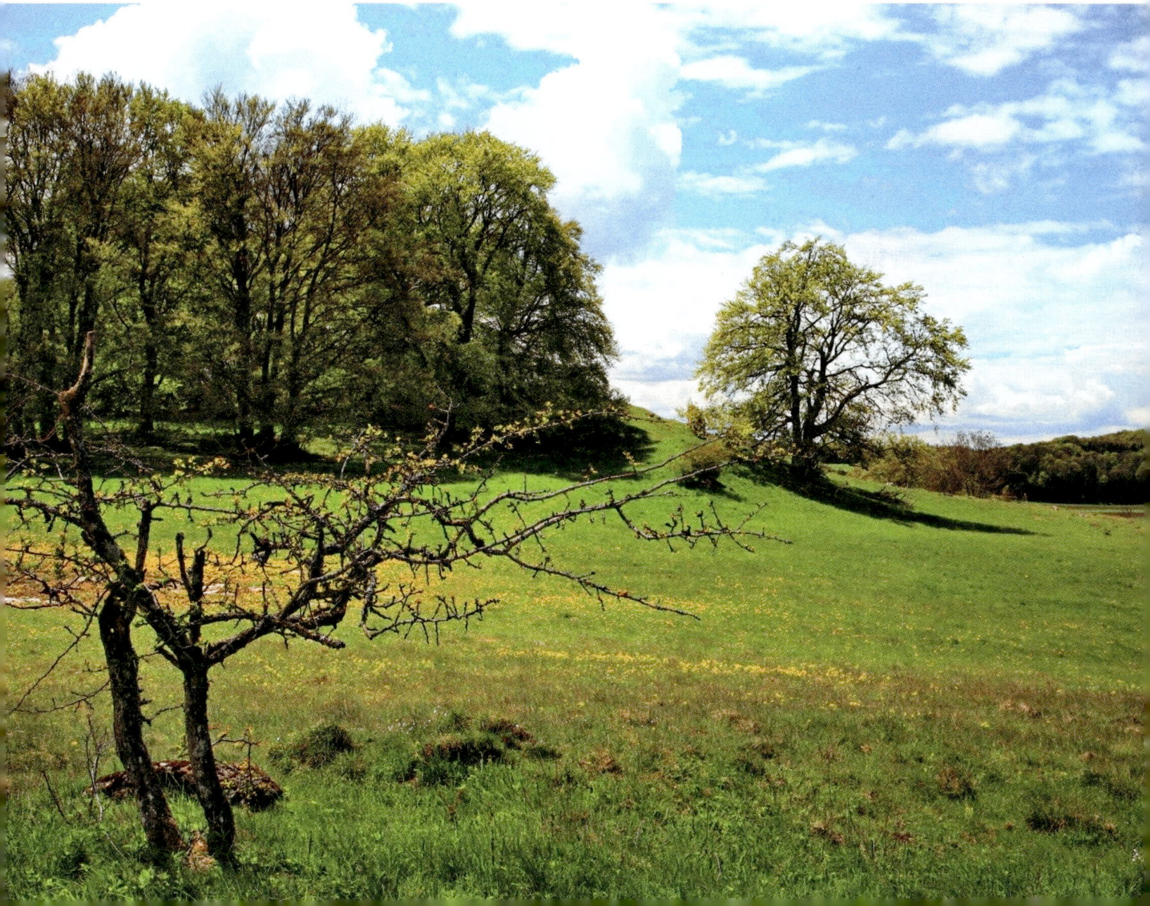

12 Höhlensuche beim Hohlen Stein

Wilde und liebliche Täler

schwer | 15,9 km | 270 Hm | 4.20 Std.

Tourencharakter
Wir wandern auf geschotterten und Naturwegen.

Tourenverlauf
Schelklingen, Parkplatz Buchtal – Waldende 0.35 Std. – Hohler Stein 0.35 Std. – Wegspinne vor Windrad 0.50 Std. – Parkplatz an der K6773 0.40 Std. – Parkplatz 1.40 Std.

Höchster Punkt
Vor dem Windrad bei Böttingen, 813 m

Ausgangspunkt/Endpunkt
Schelklingen, Parkplatz Buchtal, an der K6773 südlich von Böttingen und Magolsheim, 650 m

Einkehr
Keine

Karten
Wanderkarte W244 Ehingen (Donau), 1:25 000, Hrsg.: Schwäbischer Albverein e. V., Kartographie: Landesamt für Geoinformation und Landentwicklung Baden-Württemberg (LGL); Wanderkarte mit Radwegen Münsingen Laichingen Blatt 54-537, 1:25 000, NaturNavi

Informationen
www.schelklingen.de

Die Wanderung führt uns durch eine typische Landschaft der Schwäbischen Alb. Wir erleben Trockentäler, Wacholderheiden, Wälder, Felder und Wiesen und sehen sogar noch eine Höhle im Kalkgestein.

Durch Wald und Heide Vom **Parkplatz** aus folgen wir der Straße kurz nach Norden, biegen aber gleich darauf mit dem Radwegschild links ab. Der Weg schlängelt sich nun eine Zeitlang durch ein stilles und fast märchenhaft wirkendes Trockental mit mächtigen alten Bäumen und großen Felsbrocken.

Nach dem Wald treffen wir auf einen **Asphaltweg** ❶, hier halten wir uns rechts. Ab jetzt orientieren wir uns meist an dem Wanderzeichen gelbe Gabel, nun in Richtung »Münsingen«. Gleich darauf werden wir nach rechts auf einen Pfad verwiesen. Jetzt

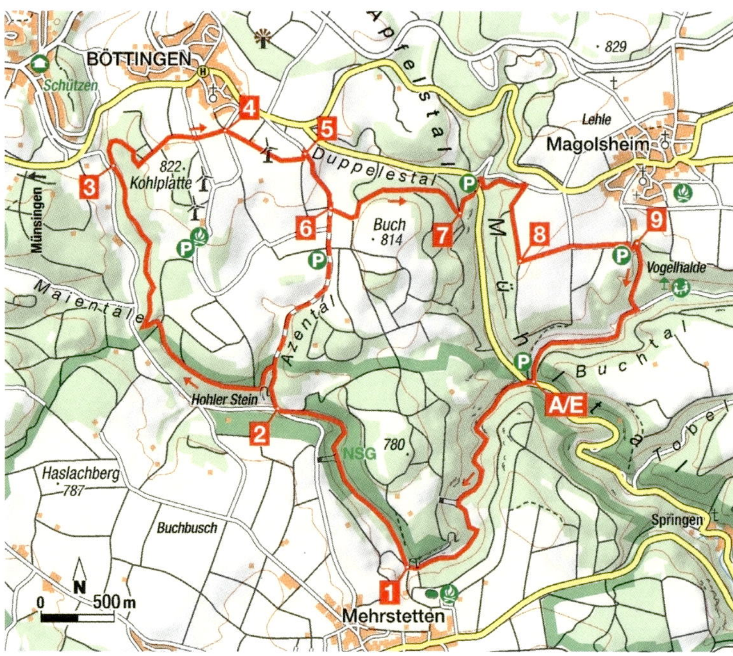

sind wir im Böttental, hier wandern wir fast eben auf einem Naturweg weiter. Wenn wir zurückblicken, sehen wir auf der Höhe die Häuser von Mehrstetten, rechts des Weges liegt eine schöne Wacholderheide.

Mikroabenteuer in der Höhle Nach dem Skilift verengt sich das Tal, dann beschreibt es eine Linkskurve. Wir treffen auf ein **Sträßchen** 2, dem wir ohne Zeichen nach rechts bergauf folgen. Nach dem Wald halten wir uns gleich links und kommen wieder in den Wald. Dort erreichen wir bald eine Rechtskurve. Hier kann man nach links einen kleinen Abstecher einlegen, für Kinder ein echtes Mikroabenteuer: Wir folgen dafür dem Pfad kurz nach links, gleich darauf gehen wir den Fußspuren nach, die links abgehen. Nach etwas Bergab kommen wir zum Hohlen Stein, einer kleinen Höhle. Wenn man

Anfahrt

Auto: B312 bis Metzingen, weiter B28 bis Bad Urach, B465 nach Münsingen. Vor dort nach Böttingen, nach dem Ort rechts ab in Richtung Schelklingen. Der Parkplatz liegt nach der Linkskurve links der Straße. Es gibt Parkmöglichkeiten direkt an der Straße und auf dem Forstweg vor dem Fahrverbotsschild; GPS 48.393185, 9.580939. Ausweichparkplätze findet man etwas nördlich des Ausgangspunkts an der scharfen Kurve oder am Parkplatz Breitenteich bei Magolsheim; an beiden Parkplätzen führt die Tour vorbei.

Bus & Bahn: Bahn bis Metzingen oder Bad Urach, dann mit dem Bus über Münsingen bis Böttingen Haltestelle Rathaus oder nach Magolsheim Haltestelle Magolsheim und die Tour dort beginnen; Info: www.efa-bw.de

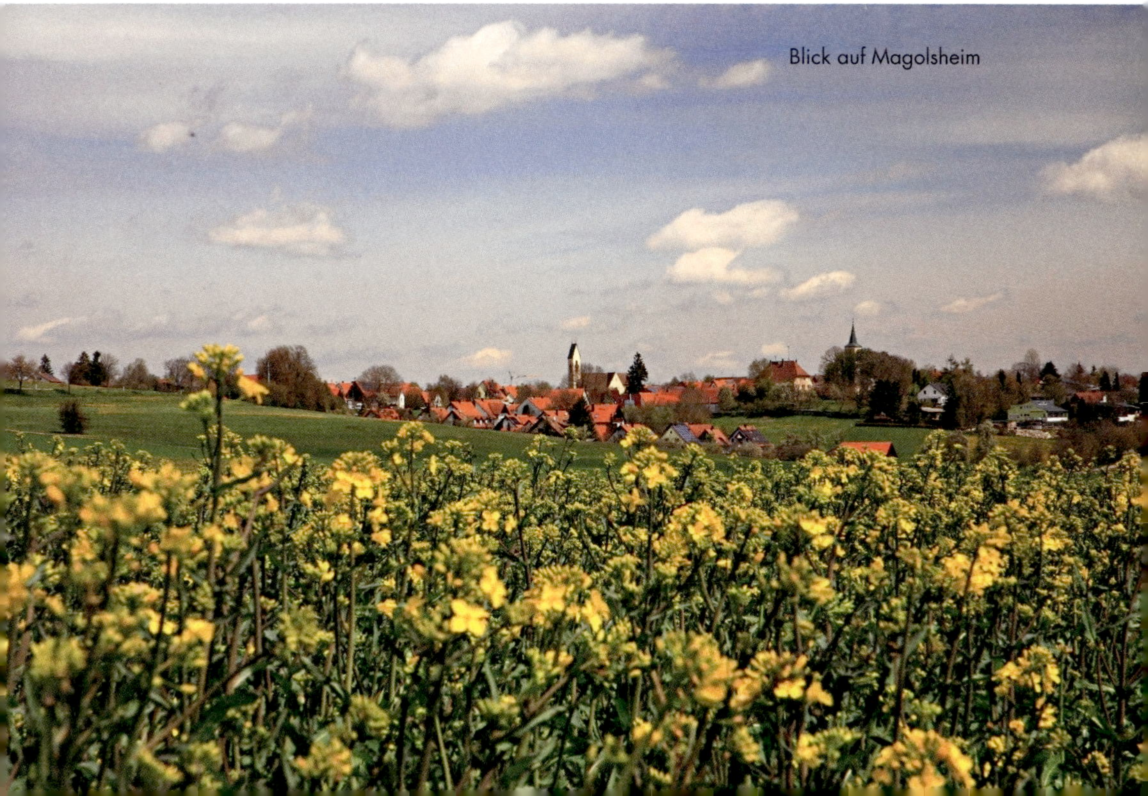
Blick auf Magolsheim

eine Taschenlampe dabeihat, kann man sogar etwas hineingehen oder zumindest die Höhle ausleuchten.

Danach spazieren wir wieder zurück. Nun folgen wir dem Weg nach links in der ursprünglichen Richtung. Wer die Tour abkürzen will, geht zurück zur Straße und folgt ihr bis kurz vor Böttingen; dort treffen beide Varianten wieder zusammen.

Ansonsten wandern wir einige Zeit auf dem breiten Forstweg, erst eben, danach fällt er ein wenig. Schließlich zweigt kurz vor dem Waldende rechts ein **Naturweg** 3 ab, der wieder mit der gelben Gabel markiert ist. Ihm folgen wir. Er zieht aufwärts und bringt uns, später als Pfad, zum Waldrand. Dort halten wir uns rechts und biegen bei nächster Gelegenheit links ab. Nun wandern wir zwischen Wiesen und Feldern, anfangs auf einem unbefestigten, dann auf einem geschotterten und schließlich asphaltierten Weg.

Mit Alpenblick über die Hochfläche Wir wandern bald rechts an Böttingen vorbei. An einer **Wegspinne** 4 links einer Feldscheune gehen wir mit dem Zeichen praktisch geradeaus weiter, nun wieder unbefestigt. Wir wandern links des **Windrads** – hier kann man bei guter Sicht sogar die Alpen erkennen – bis zu einem querenden Weg. Dort biegen wir links ab, gehen an dem

Ein kleiner Abstecher führt zum Hohlen Stein, einer unbekannten Höhle.

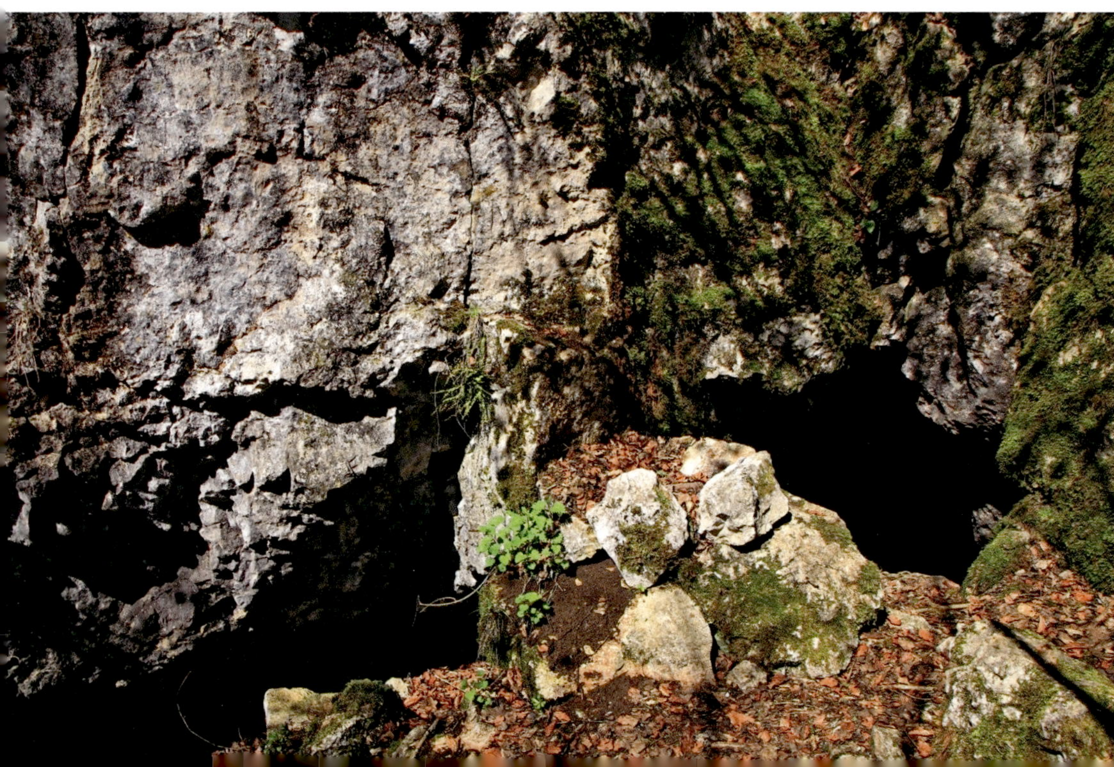

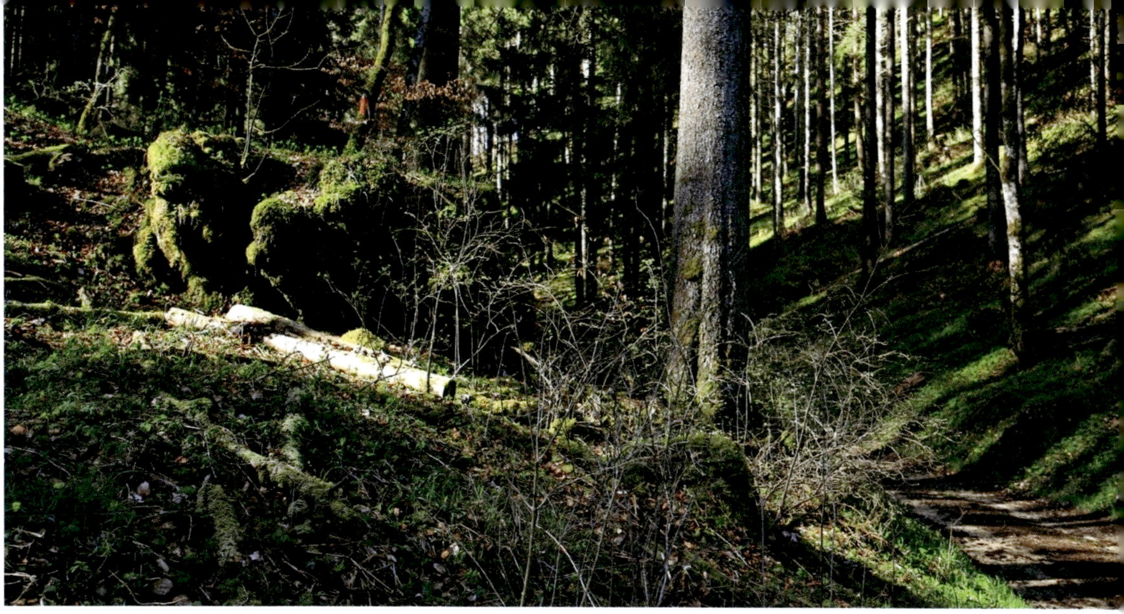

Am Anfang der Tour wandert man durch einen urigen Wald.

rechts stehenden Gebäude vorbei und treffen auf ein **Sträßchen** 5. Diesem folgen wir nach rechts. Etwas später werden wir nach links verwiesen 6. Hier kommen diejenigen Wanderer entgegen, die wie oben beschrieben abgekürzt haben.

Zurück durch den Wald Wir gehen kurz zwischen Wiesen und Feldern, dann werden wir nach links geleitet. Wir kommen in den Wald und wandern bergab bis zu einem **querenden Weg** 7. Wo wir auf einen asphaltierten Weg treffen, biegen wir links ab, folgen aber dem Pfad, der rechts des Asphaltweges verläuft. Auf ihm gehen wir hinab bis zur K6773. Wer hier abkürzen will, geht nach rechts auf der Straße zurück zum Parkplatz.

Ansonsten spazieren wir zum etwas links auf der anderen Seite liegenden Parkplatz, einem der beiden Ausweichparkplätze. Gleich an seinem Anfang zweigt unser markierter Wanderweg rechts ab. Wir folgen ihm nun immer ansteigend, bis wir auf eine Straße treffen. Auf ihr gehen wir nach rechts. Nach dem Waldrand biegen wir rechts ab. Nun wandern wir zwischen Waldrand und Streuobstwiesen bis zu einer **Holzhütte** 8, hinter der wir links abzweigen. Mit schönem Blick auf Magolsheim geht es nun zum **Parkplatz Breitenteich**; auch hier könnte man die Tour beginnen.

Nach dem Parkplatz biegen wir links ab 9 und kommen in den Wald. Es folgt eine scharfe Rechtskurve, dann treffen wir auf den querenden Buchtalweg. Nach rechts bringt er uns zurück zum Ausgangspunkt.

13 Am Albtrauf hoch über dem Filstal

Durch Wiesen und Wald zu Aussichtspunkten

leicht | 8 km | 130 Hm | 2.15 Std.

Tourenverlauf
Bad Ditzenbach/Parkplatz Schonterhöhe – Berneck 0.15 Std. – Abzweig beim Sendemast 0.30 Std. – Waldpfad 0.15 Std. – Buschelkapelle 0.25 Std. – Oberbergfels 0.30 Std. – Parkplatz 0.20 Std.

Höchster Punkt
Links vom Sendemast, 780 m

Ausgangspunkt/Endpunkt
Bad Ditzenbach, Parkplatz Schonterhöhe, 740 m

Anfahrt
Auto: A8 bis Ausfahrt Mühlhausen, dann durch das Filstal bis Bad Ditzenbach, von dort auf die Albhochfläche in Richtung »Aufhausen«; GPS 48.581889, 9.725267
Bus & Bahn: keine geeignete Verbindung

Einkehr
Gasthaus Burgruine, Berneck

Karte
Wanderkarte W238 Metzingen, 1:25 000, Landesamt für Geoinformation und Landentwicklung Baden-Württemberg (LGL) in Zusammenarbeit mit dem Schwäbischen Albverein e. V.

Informationen
www.bad-ditzenbach.de

Wir wandern zuerst durch die intensiv landwirtschaftlich genutzte Hochfläche über dem Filstal, wo sich nur wenige Wanderer hinverirren. Schade eigentlich, denn das Mosaik aus den verschiedenen Feldfrüchten, gemischt mit Wiesen, Waldstücken, Baumgruppen und immer wieder weiten Blicken über die Landschaft, ist außergewöhnlich reizvoll.

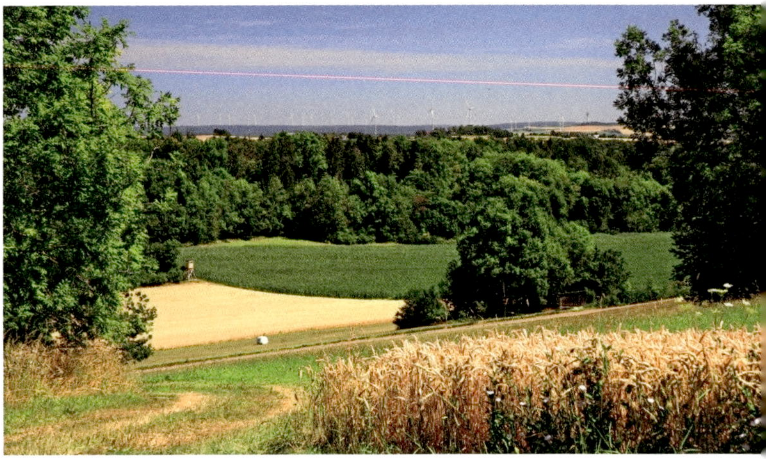

Über Berneck durch die Felder Wir gehen vom **Parkplatz Schonterhöhe** zur Passhöhe und überqueren die K1436. Dann wandern wir links des Bauernhofes geradeaus weiter. Zeitweise ist während der Vegetationsperiode vielleicht der Weg nicht zu erkennen, es geht aber einfach geradeaus, anfangs rechts eines Waldstückes, bis der Weg nach rechts zieht.

Wir folgen ihm zu der Ansiedlung **Berneck** ❶ und gehen dort an Haus Nr. 1 vorbei. Kurz danach verlassen wir die Häusergruppe wieder und wandern auf einem geschotterten Weg durch die Wiesen. Vor einem Waldstück hört die Befestigung auf und wir spazieren unbefestigt weiter, nun kurz links des Waldes.

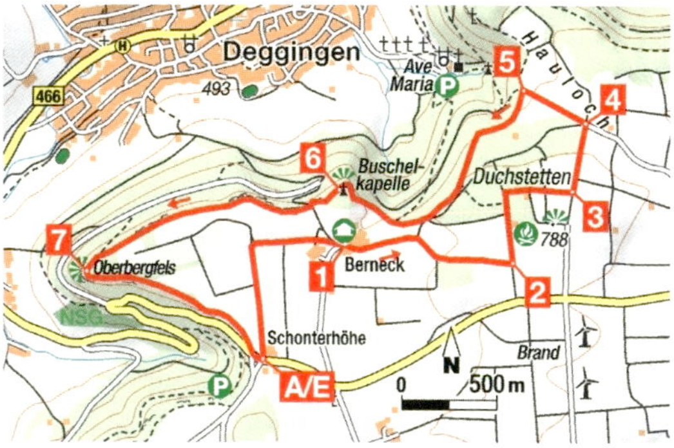

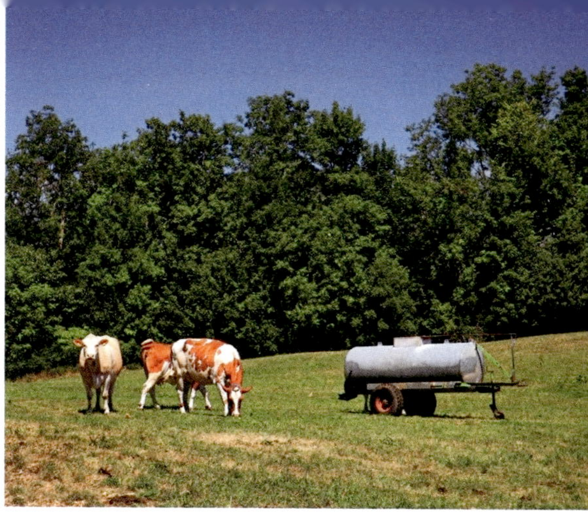

Ländliche Idylle unterwegs

Linke Seite: Die Landschaft ist recht abwechslungsreich gegliedert.

Nach einer Fläche mit Wiesen und Feldern quert vor einem Gehölz ein **Weg** ❷. Ihm folgen wir nach links in den Wald. Dort merkt man, dass der Weg relativ selten begangen wird, denn er ist etwas zugewachsen. Nach ein paar Minuten quert ein Pfad, auf ihm gehen wir nach rechts weiter und verlassen bald den Wald.

Wilde Wege bis zum markierten Wanderweg Vorbei am Waldrand und zwischen Feldern treffen wir links des Sendemastes auf einen asphaltierten Weg ❸. Wir biegen links ab und gehen kurz danach, wo der Weg nach rechts zieht, auf einem Wiesenweg geradeaus weiter.

Wir wandern mit prächtiger Aussicht hinab in ein Tal, wo wir auf einen mit dem Wanderzeichen rote Raute **markierten Weg** ❹ treffen. Ihm folgen wir nach links, zeitweise wohl nur auf Pfadspuren, immer geradeaus in den Wald. Dort stoßen wir auf ein Wanderschild und einen **querenden Weg** ❺, der mit der roten Gabel markiert ist. Diesem Zeichen folgen wir nun immer mit leichtem Auf und Ab nach links.

Tourencharakter

Einfache Wanderung auf gut zu gehenden festen Wegen und Pfaden. An manchen Stellen ist Orientierungssinn gefragt. Die auf der amtlichen Karte verzeichneten Wege durch die Felder können während der Vegetationsperiode mit Gras bewachsen und dadurch vielleicht schlecht erkennbar sein.

Kapelle und Aussichtsfelsen Nach einiger Zeit wandern wir durch einige Gräben, die auf die ehemalige Burg Berneck verweisen, und gelangen zur 1911 erbauten **Buschelkapelle** (746 m) ❻. Von ihr aus haben wir den ersten Blick hinab ins Filstal.

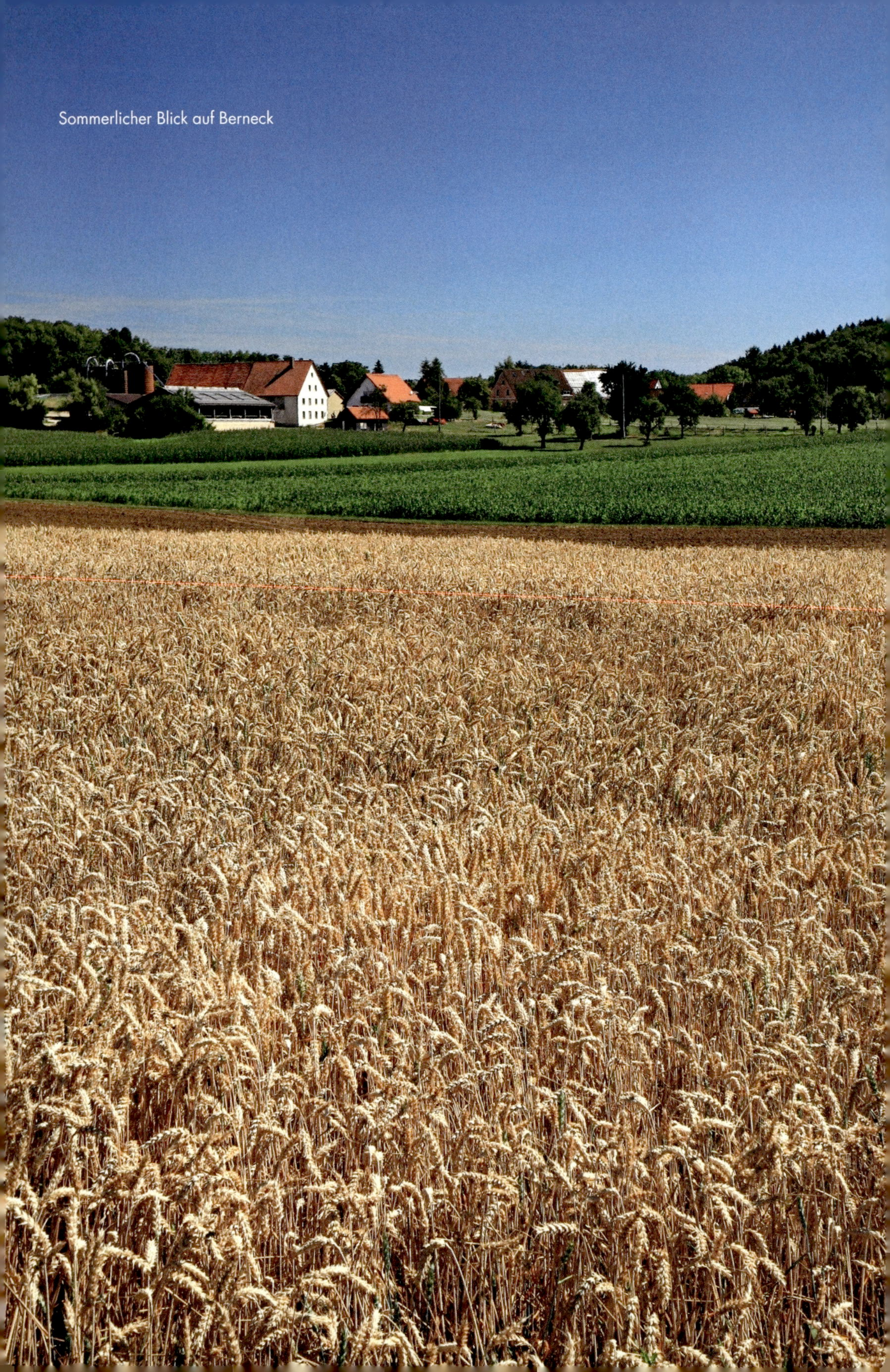

Sommerlicher Blick auf Berneck

Einige Minuten später treffen wir auf einen querenden Weg, an dem wir uns links halten. Geradeaus wird man zwar zur Burgruine Berneck verwiesen, da man aber in der Siedlung nichts von der Ruine sieht, können wir uns den Abstecher sparen. So biegen wir gleich darauf rechts ab.

Wir kommen bald kurzzeitig aus dem Wald, dann stoßen wir auf einen namenlosen Aussichtsplatz. Etwas später ignorieren wir den rechts abgehenden Weg nach »Bad Ditzenbach«. Etwa 100 Meter später stoßen wir auf den Eckfelsen, den nächsten herrlichen Aussichtspunkt. Nach weiteren 100 Metern knickt der Pfad links ab, wir gehen aber vorher kurz nach rechts hinaus zum **Oberbergfels** (752 m) 7.

Gleich danach kommen wir an einem letzten Aussichtspunkt vorbei, dann folgen wir weiter dem Pfad durch den Wald. Anschließend wandern wir an Feldern entlang. Kurz vor dem Bauernhof zieht der Pfad nach rechts hinaus. Wir überqueren die Straße und sind wieder am Ausgangspunkt.

Blick hinab ins Filstal

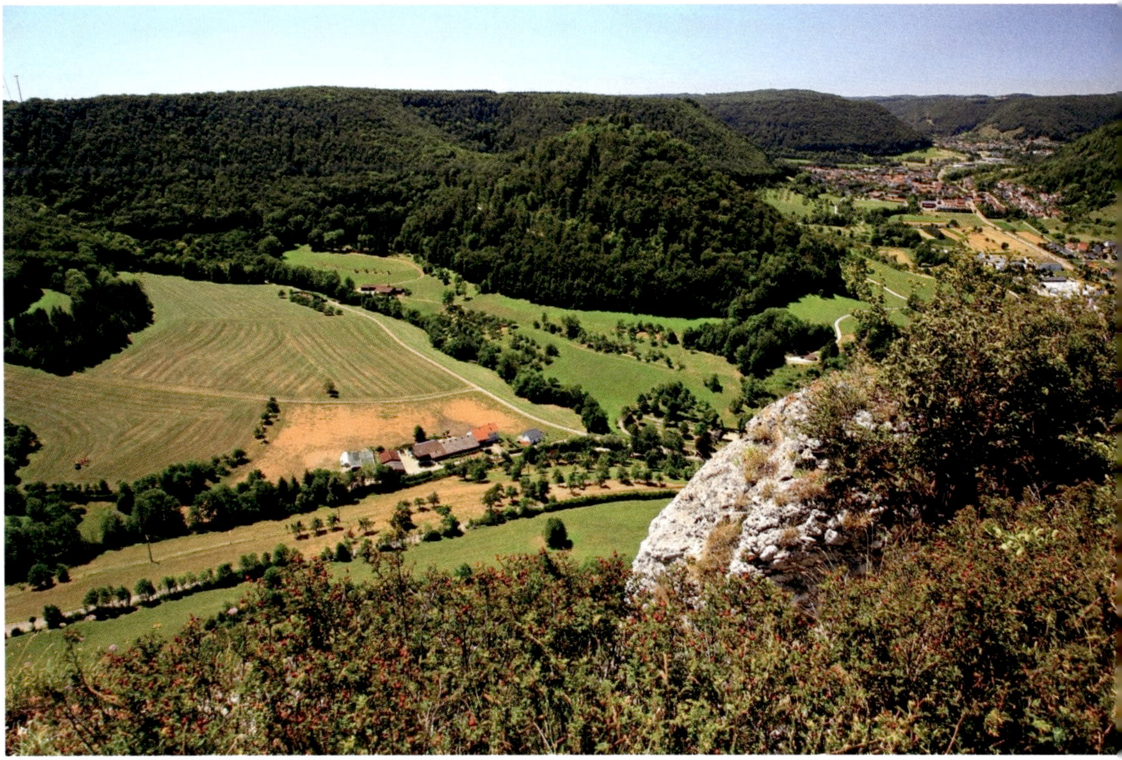

14 Wandern um die Sontheimer Höhle

Über die Höhle ins Tiefental

leicht | 8,3 km | 130 Hm | 2.15 Std.

Tourencharakter
Wir wandern auf festen Wegen, aber auch auf Pfaden.

Tourenverlauf
Heroldstatt-Sontheim/Parkplatz Sontheimer Höhle – Sontheimer Höhle 0.25 Std. – Abzweig im Tiefental 0.15 Std. – Lindenhütte 0.35 Std. – Parkplatz 1 Std.

Höchster Punkt
Lindenhütte, 770 m

Ausgangspunkt/Endpunkt
Heroldstatt-Sontheim, Parkplatz Sontheimer Höhle, erreichbar über die Lange Straße, 736 m

Einkehr
Sontheim; Sontheimer Höhle (wenn geöffnet)

Karte
Freizeitkarte F525 Ulm, 1:50000, Landesamt für Geoinformation und Landentwicklung Baden-Württemberg (LGL)

Informationen
www.heroldstatt.de, www.sontheimer-hoehle.de

Gleich zu Beginn der Tour wandert man in weiten Schwüngen durch eine lebhaft bewegte Wiesenlandschaft, mit weiter Aussicht über die Alb und hinab ins Tiefental. Aber auch die Sontheimer Höhle, das Tiefental und der Rückweg über die Albhochfläche haben ihre Reize.

Zur Sontheimer Höhle Wir nehmen am **Parkplatz** bei dem Landschaftsrelief und dem Wanderschild Sontheimer Höhle (436 m) den unter anderem mit dem roten Strich markierten Wanderweg in Richtung »Sontheimer Höhle«. Nun beginnt gleich eine wunderbare Wanderstrecke, in der sich der teilweise unbefestigte Wanderweg durch eine lebhaft bewegte Wiesenlandschaft schlängelt.

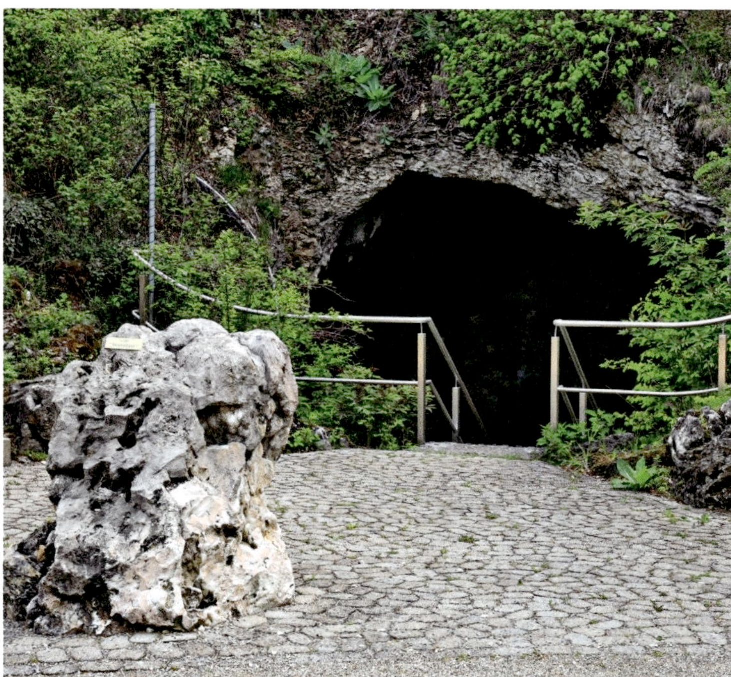

Eingang zur Sontheimer Höhle

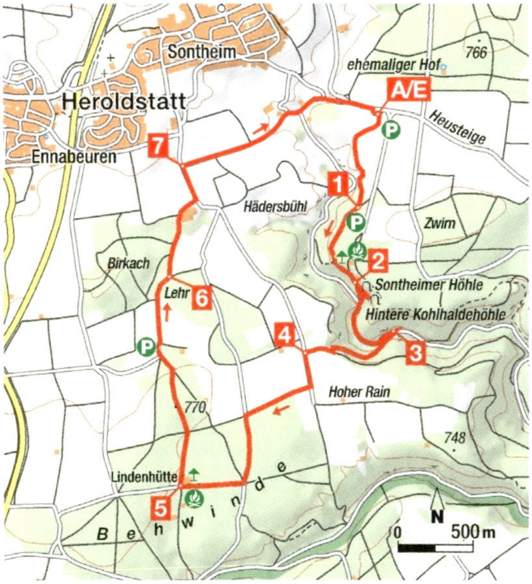

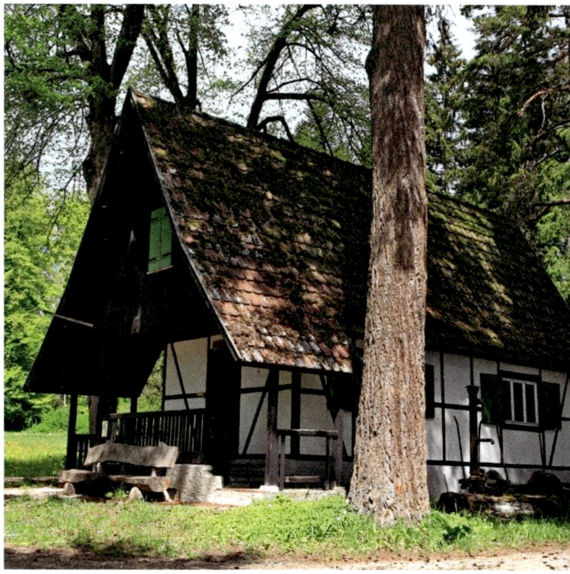

Bei der Lindenhütte kann man schön rasten.

Später geht es ein Stück durch den Wald, bis wir ein **Asphaltsträßchen** ❶ erreichen. Ihm folgen wir nach rechts. Am Schild Kohlhalde (723 m) gehen wir noch kurz geradeaus weiter bis zur **Sontheimer Höhle** ❷; ist sie geöffnet, lohnt sich eine Besichtigung. Am Schild Sontheimer Höhle (715 m) danach zweigen wir rechts ab in Richtung »Tiefental«.

Ein bei Feuchtigket rutschiger Zickzackweg führt uns hinab ins Tiefental.

Durch das Tiefental Dort biegen wir am Schild oberes Tiefental Aufstieg Sontheimer Höhle (674 m) links ab. Nun wandern wir durch das tief eingeschnittene und von Wald umgebene Tiefental. An einer etwas offenen Stelle erklärt uns eine Tafel, warum das Tiefental auch ein Schmetterlingstal ist. Am Schild oberes Tiefental (663 m) zweigen wir mit dem Zeichen roter Balken rechts ab ❸. Nun steigt es eine Weile an.

Anfahrt

Auto: A8 bis Ausfahrt Merklingen, dann über Laichingen nach Heroldstadt, dort der Langen Straße und der Beschilderung zur Sontheimer Höhle folgen; GPS 48.441134, 9.685754

Bus & Bahn: Bahn bis Blaubeuren, weiter mit dem Bus bis Sontheim, Haltestelle Sontheimer Höhle; oder Bahn bis Ulm, Blaubeuren oder Metzingen, dann Bus bis Sontheim, Haltestelle Lange Straße; Info: www.efa-bw.de

Nach einer scharfen Linkskurve erreichen wir einen querenden Weg. Ihm folgen wir nach rechts aus dem Wald hinaus und gehen durch die Wiesen bis zu einem querenden Asphaltweg nach

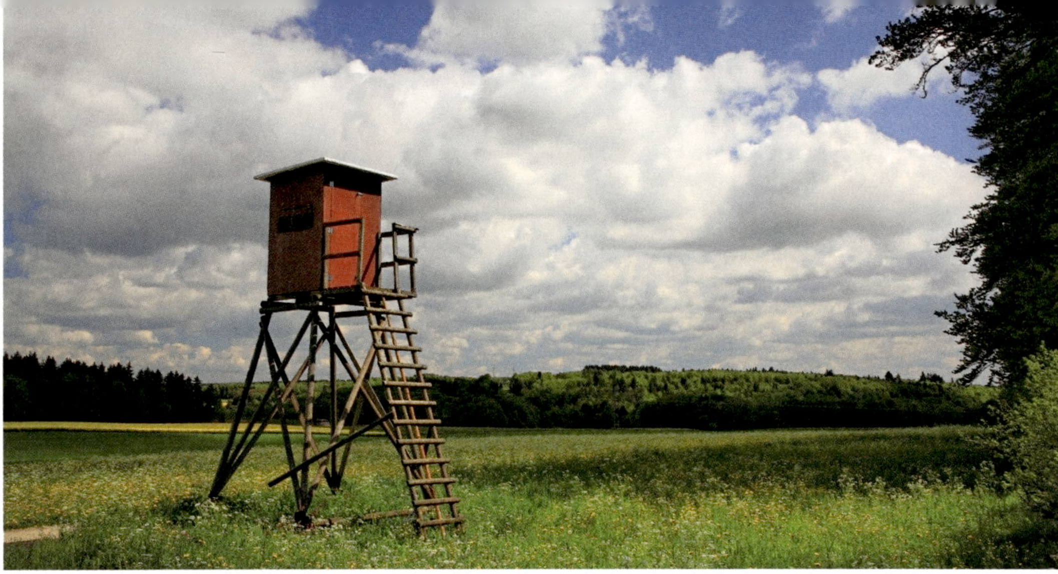

Blick über die Felder und Wälder der Albhochfläche

den Elektroleitungen **4**. Dort biegen wir links ab. Bei nächster Möglichkeit halten wir uns rechts.

Über die Lindenhütte zurück An einer Kreuzung gehen wir nach links in den Wald. Wo wir an der nächsten Kreuzung das an einem großen Stein angebrachte Schild mit der Beschriftung »Schwarzköpf« sehen, biegen wir rechts ab. Etwas später sind wir an einer Kreuzung, wo nicht nur die 1958 erbaute **Lindenhütte** **5** steht, sondern Tisch und Bänke sowie eine Grillstelle zu einer Rast einladen.

An der Kreuzung orientieren wir uns rechts. Wir wandern am Schild Behwinkel (760 m) vorbei und kommen nach einer Linkskurve aus dem Wald. Hier nehmen wir den mit dem Wanderzeichen gelbe Gabel links abgehenden Weg **6**, der vorerst weiter im Wald verläuft. Bald überqueren wir eine freie Fläche zwischen Wiesen und Feldern und kommen wieder in ein Waldstück. Gleich nach diesem folgen wir dem Wanderzeichen nach links. Es geht am Waldrand entlang, dann links einer Scheunengruppe bis zu einem Quersträßchen vor der Erddeponie.

Wir biegen links ab und halten uns bei nächster Möglichkeit rechts **7**. Bald liegt links ein Alpakagehege. An der Kreuzung danach biegen wir rechts ab. Gleich danach orientieren wir uns links und passieren die Kläranlage. Es steigt an und wir treffen auf eine Querstraße, der wir nach rechts folgen. An der nächsten vorfahrtsberechtigten Straße gehen wir in Gehrichtung zum bereits sichtbaren Ausgangspunkt.

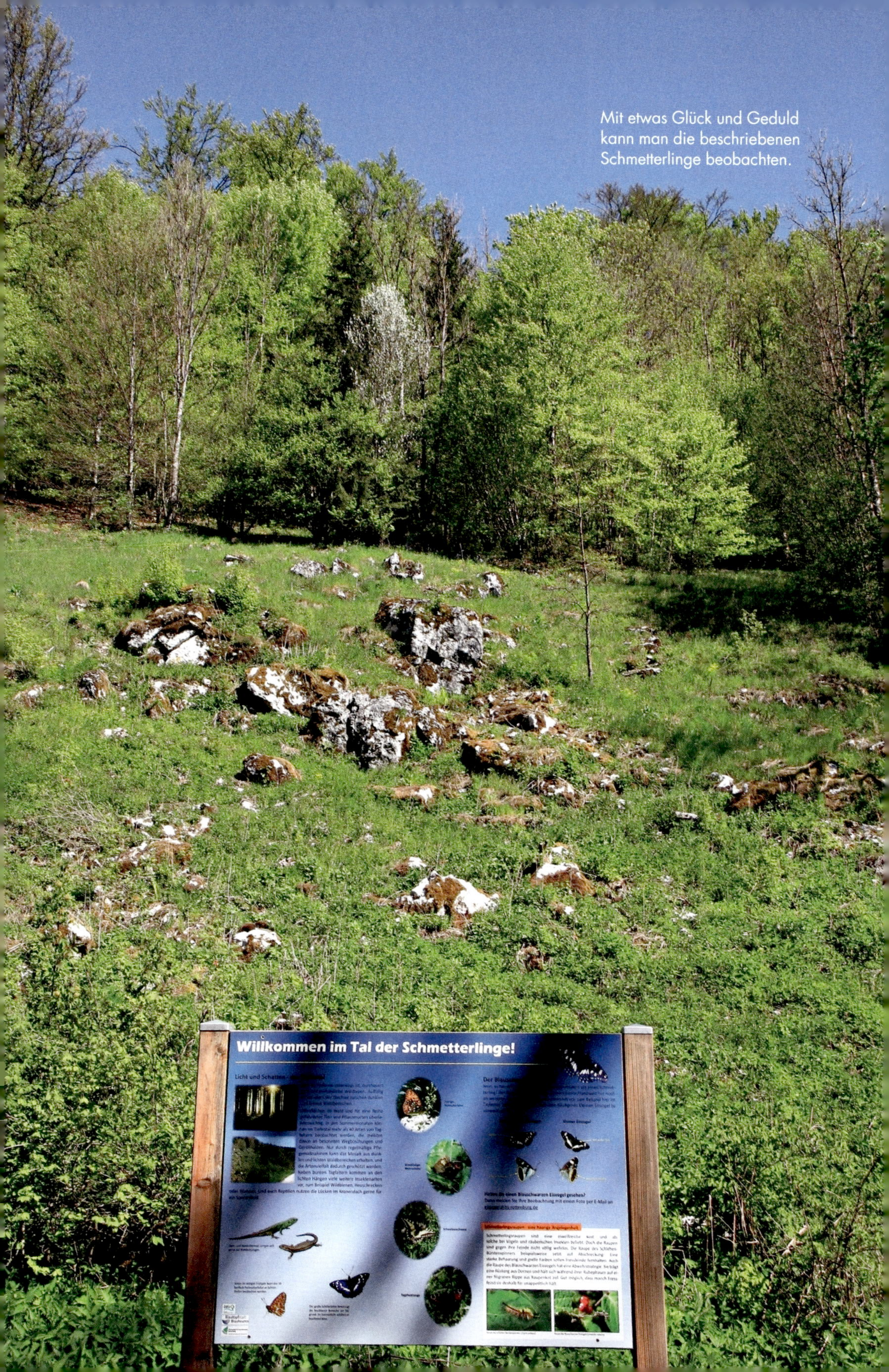

Mit etwas Glück und Geduld kann man die beschriebenen Schmetterlinge beobachten.

15 Vom Schmiechtal in die Höhe

Die Ursprünge der Albwasserversorgung

mittel | 12 km | 230 Hm | 3.25 Std.

Tourencharakter
Die Wanderung verläuft auf Naturpfaden und festen Wegen.

Tourenverlauf
Schelklingen-Hütten/Wanderparkplatz – Abzweig 0.30 Std. – Abzweig nach Justingen 0.55 Std. – Abzweig Schmiechtal nach rechts 0.45 Std. – Abzweig in Mühlstraße in Hütten 1.05 Std. – Wanderparkplatz 0.10 Std.

Höchster Punkt
Beim Sandburren, 762 m

Ausgangspunkt/Endpunkt
Schelklingen-Hütten, Bärentalstraße, an der Zufahrt zur Kirche, 630 m

Einkehr
Keine

Karten
Wanderkarte W244 Ehingen (Donau), 1:25 000, Hrsg.: Schwäbischer Albverein e. V., Kartographie: Landesamt für Geoinformation und Landentwicklung Baden-Württemberg (LGL); Wanderkarte mit Radwegen Münsingen Laichingen Blatt 54-537, 1:25 000, NaturNavi

Informationen
www.schelklingen.de

Bei dieser Tour bewegen wir uns in der Nähe eines Pumpwerks, das an die Anfänge der Albwasserversorgung erinnert. Ansonsten führt uns die Wanderung durch einen stillen Wald vom Schmiechtal auf die Höhe nach Justingen. Abschließend wandern wir eine Zeitlang durch dieses Tal.

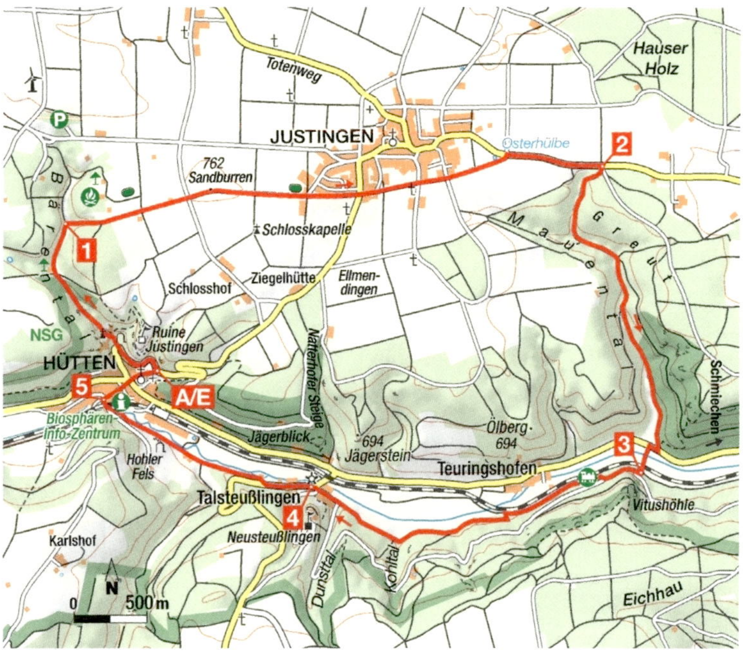

Idylle im Bärental Wir folgen vom **Wanderparkplatz Hütten** aus der Bärentalstraße/K7330 etwas nach Westen. An ihrer scharfen Linkskurve zweigen wir rechts ab und kommen mit dem Wanderzeichen roter Balken ins idyllische Bärental. Sein Name kommt allerdings von den Ebern, die früher so genannt wurden. Es gehört mit der Bärentalhöhle kurz nach Beginn, den moosbewachsenen Felsen und dem engen, manchmal über Treppenstufen führenden Weg zu den schönsten Tälern der Schwäbischen Alb.

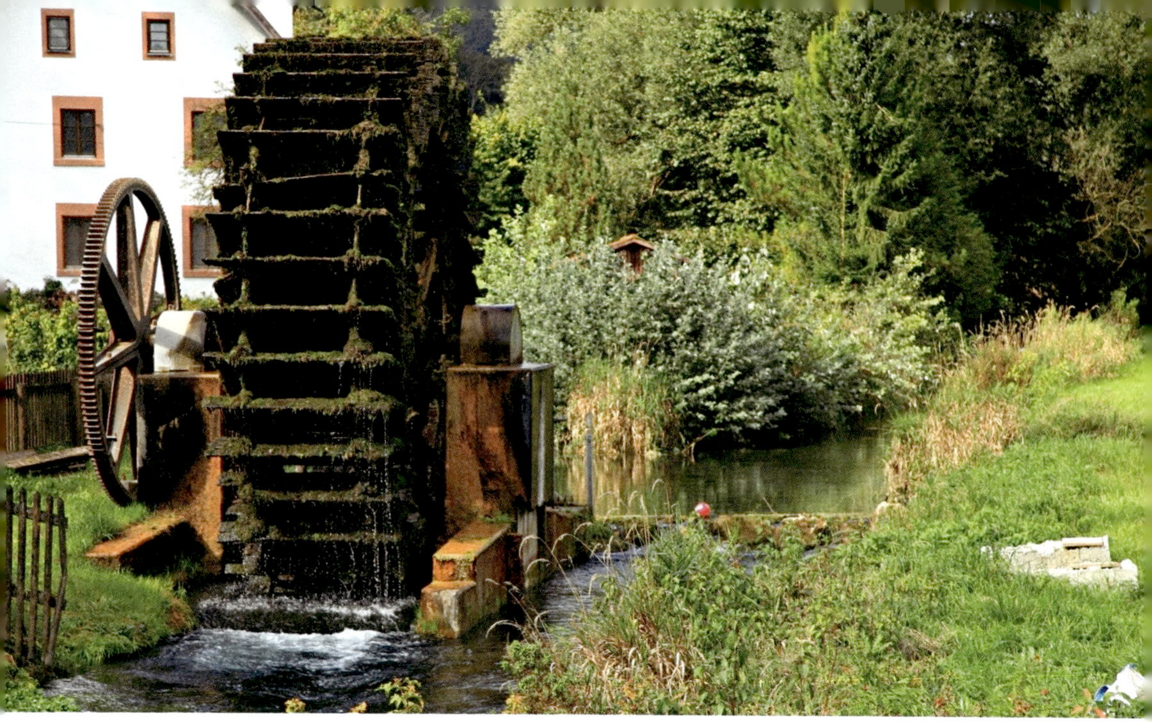

Beeindruckendes Mühlrad bei Talsteußlingen

Nach einiger Zeit treffen wir auf einen breiteren Weg, dem wir zur Bärenhütte folgen. Auch hier behalten wir unsere Richtung bei, bis der mit dem roten Strich markierte Weg in Richtung »Justingen« nach rechts abknickt **1**. Es geht kurz durch den Wald, danach auf einem Wiesenweg geradeaus weiter. Der Hügel, auf den wir nun zugehen, war früher Standort des ersten Wasserbehälters der Albwasserversorgung.

Vorbei an Justingen Wir wandern nun immer geradeaus weiter, vorbei am Sportplatz, dann an den Häusern von Justingen. Wir überqueren die Straße K7330 und behalten auch hier unsere Richtung bei. Nach dem Ort kommen wir zur Osterhülbe. Man sollte einen Blick auf das im Gebüsch verborgene Wasserloch werfen – und bedenken, dass die Bewohner der Schwäbischen Alb jahrhundertelang mit solchem Wasser leben mussten!

Anfahrt

Auto: A8 bis Behelfsausfahrt Hohenstadt, weiter über Hohenstadt, Laichingen und Justingen nach Hütten; GPS 48.374477, 9.640124

Bus & Bahn: Bahn bis Hütten Bahnhof; Info: www.efa-bw.de

Nach der Hülbe gehen wir kurz neben der Landstraße bis zum nächsten Waldstück. Hier biegen wir nach rechts ab **2**. Wir nehmen den rechten der beiden in den Wald führenden Wege, der durch eine

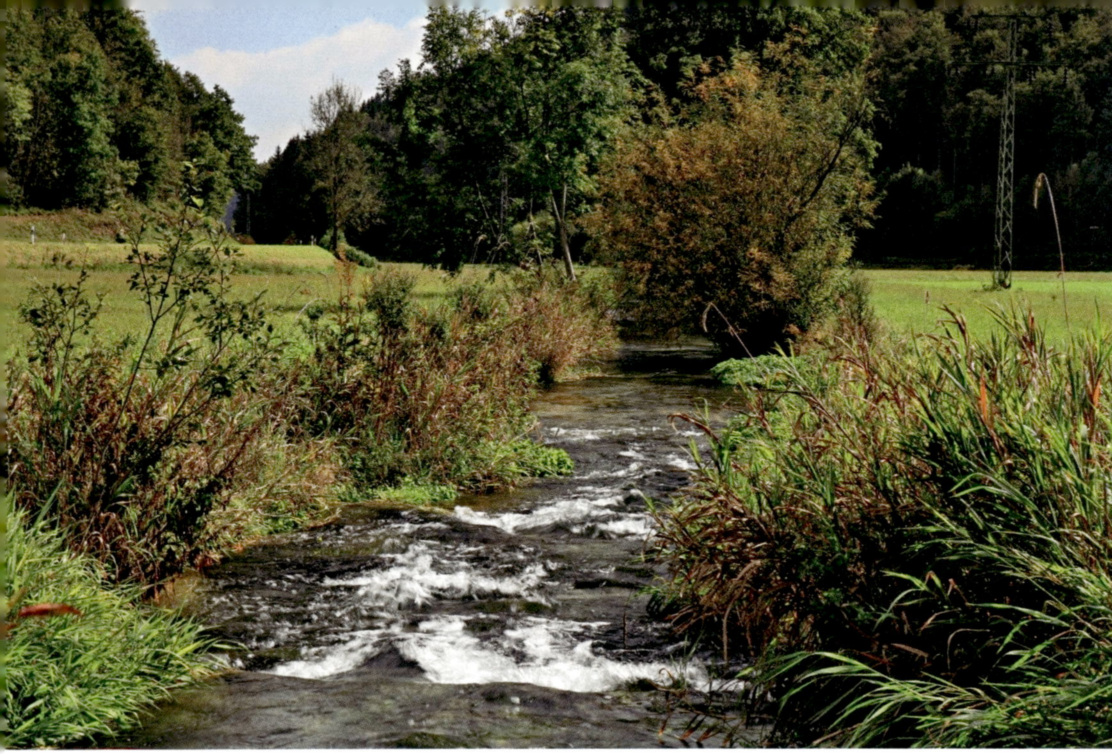

Idylle an der Schmiech

Rechte Seite: Im ehemaligen Pumpwerk von Talsteußlingen ist ein kleines Museum zur Erinnerung an den Beginn der Albwasserversorgung eingerichtet.

Schranke abgesichert ist, und marschieren durch das Mauental bis hinab ins **Schmiechtal**.

Rückweg durch das Schmiechtal Dort überqueren wir etwas nach rechts versetzt die Straße und halten uns nach der Bahnlinie am Waldrand rechts ❸. Nun folgen wir der Radwegbeschilderung. Nach dem rechts liegenden Teuringshofen gehen wir auf dem Radweg neben der Bahnlinie weiter bis **Talsteußlingen** ❹. Hier werfen wir einen Blick auf das mächtige Mühlrad, das links am Bach liegt. Bis Hütten kann man nun entweder weiter entlang der Bahnlinie wandern oder sich an der Straße an der Bushaltestelle rechts halten. Hinter der Bushaltestelle führt ein Weg im Wald parallel zur Straße weiter, beide Varianten bringen uns zurück nach Hütten.

Dort biegen wir an der querenden Mühlstraße rechts ab ❺ und gehen bis zur querenden Schlosserstraße (links)/Poststraße rechts. Danach wandern wir entweder in der Straße Schlossberg hinauf zur Bärentalstraße und dort nach rechts zum Parkplatz oder wir steigen hinauf zur Kirche und spazieren von ihr aus zu selbigem.

Vor der Heimfahrt empfiehlt sich noch ein Besuch des historischen Pumpwerks in Teuringshofen.

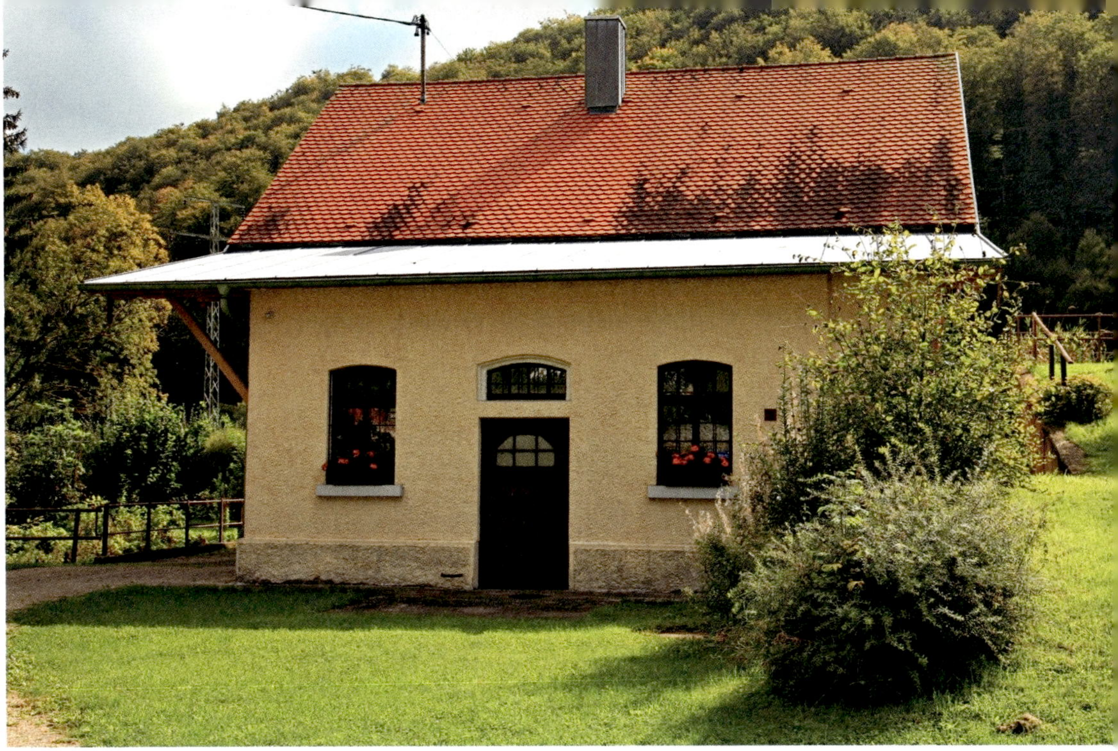

Albwasserversorgung

Die Geschichte der Albwasserversorgung auf der Schwäbischen Alb wurde zwar zu einer Erfolgsgeschichte, doch Karl von Ehmann sowie der Justinger Schultheiß Anton Fischer, den er als ersten Bürgermeister von seiner Idee überzeugen konnte, mussten gegen heftige Widerstände ankämpfen. Die Justinger spalteten sich dabei in zwei Gruppen, die »Nassen« und die »Trockenen«. Das erste Pumpwerk ging Anfang 1871 in Teuringshofen in Betrieb und schaffte frisches Wasser aus der Schmiech auf die Albhochfläche. Danach schlossen sich Schlag auf Schlag weitere Orte auf der Schwäbischen Alb der Wasserversorgung an. Das Pumpwerk in Teuringshofen, das früher die Orte Justingen, Ingstetten und Hausen versorgte, ist als technisches Denkmal ausgewiesen. Auf der Weltausstellung 1873 in Wien wurde ein Modell dieses Pumpwerks als Beispiel für die Trinkwasserversorgung für Gemeinden, in denen große Höhenunterschiede herrschen, gezeigt. Im oberen Stockwerk ist eine kleine, aber interessante und schön gestaltete Ausstellung mit Exponaten zur Trinkwasserversorgung früher und heute zu sehen, teilweise auch mit Leihgaben wie alten Holz- und Bleirohren. Dort wo jetzt die doppelt wirkende Kolbenpumpe – der Name kommt daher, weil die Pumpe bei jedem Hub saugt und pumpt – steht, befand sich früher ein großes Wasserrad. Das Pumpwerk war von 1870 bis 1958 in Betrieb, zur Notversorgung aber noch teilweise bis 1964. Es wurde dann renoviert und dient seit 1995, dem Jahr der 125-Jahr-Feier, als Museum.

Öffnungszeiten und Führungen: nach Vereinbarung, Tel. 07394/248 17 oder tourismus@schelklingen.de

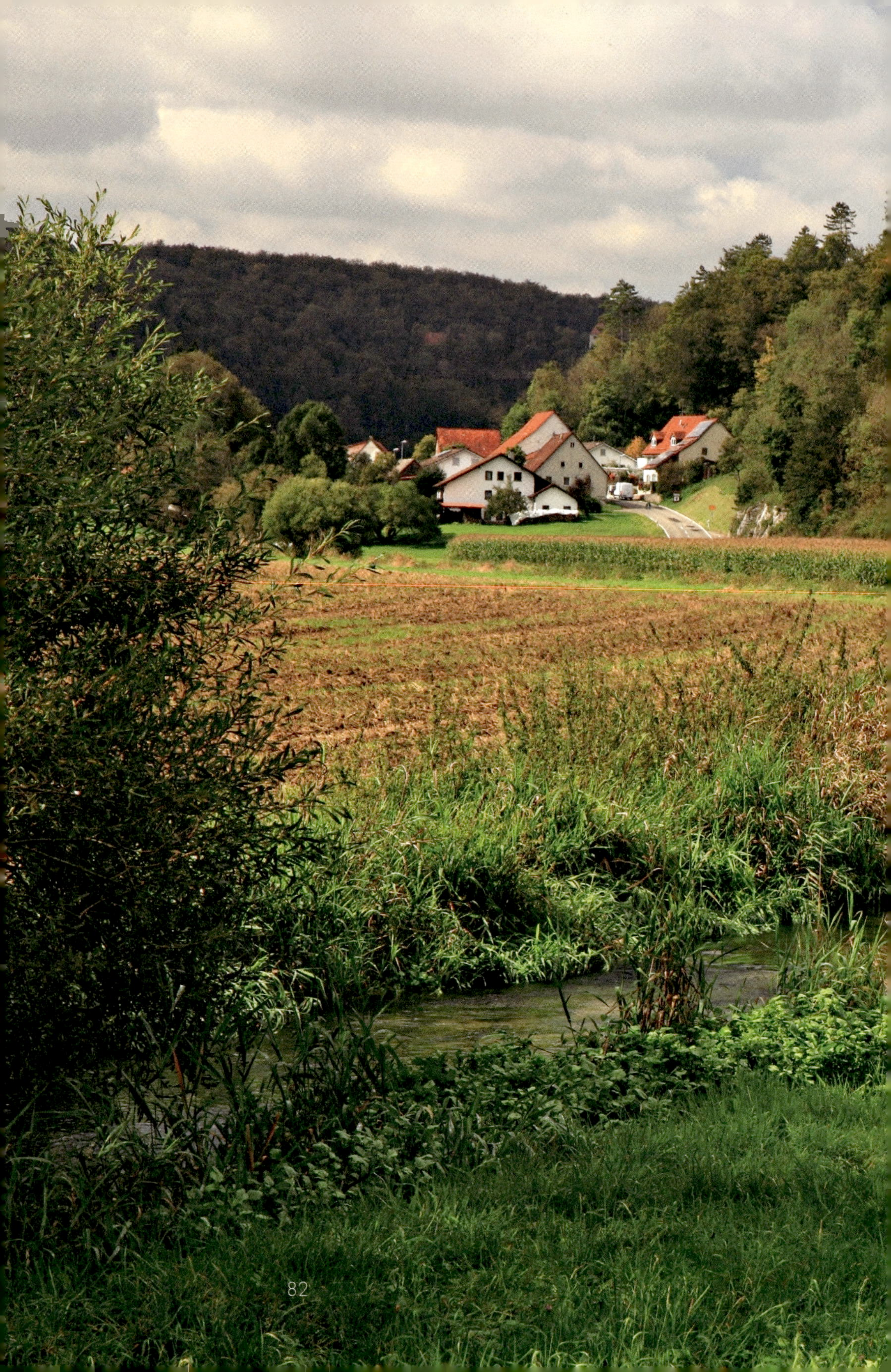

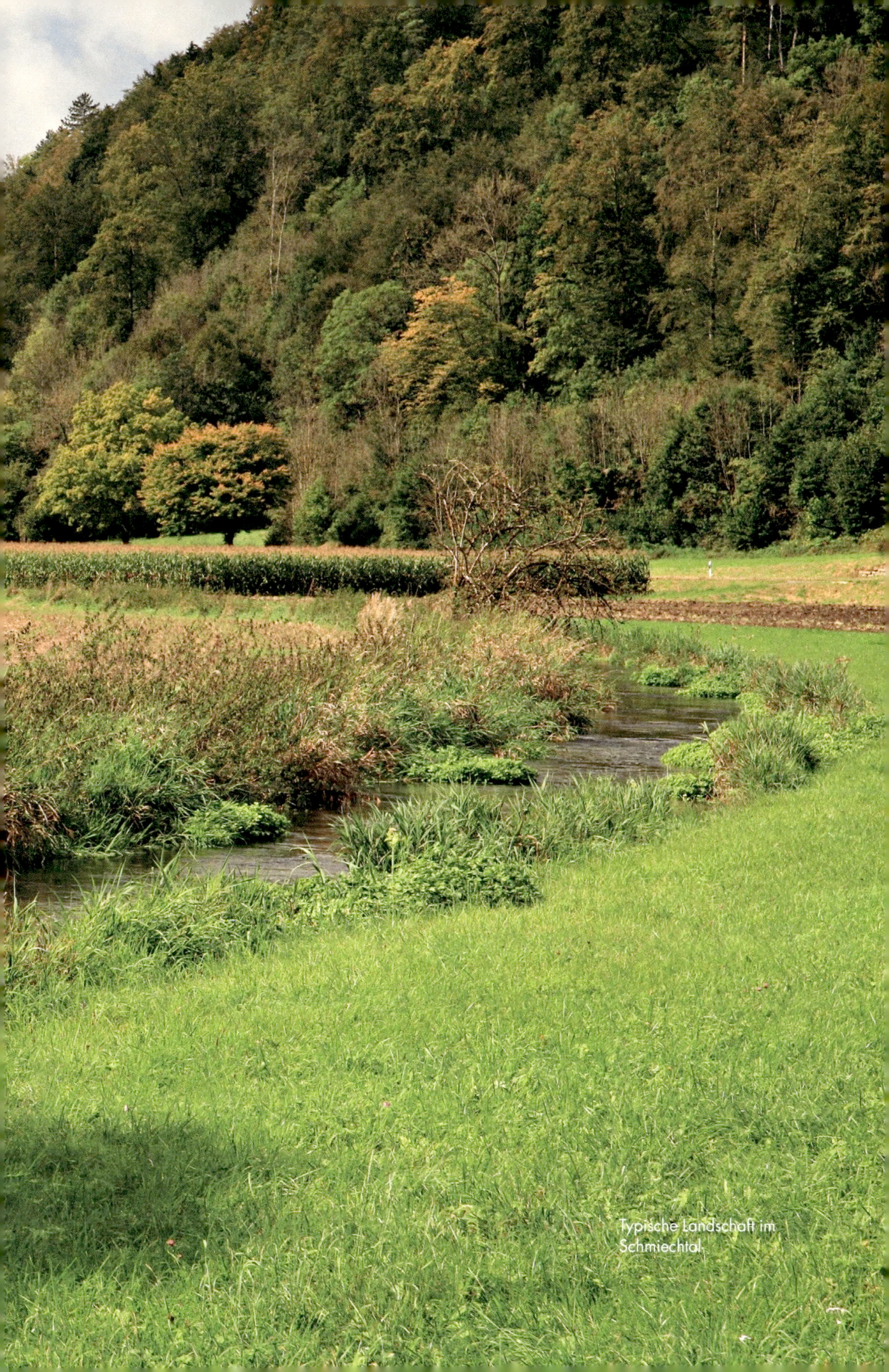

Typische Landschaft im Schmiechtal

16 Um den Schmiechener See

Idylle und Vögel

leicht | 5,7 km | 20 Hm | 1.30 Std.

Tourencharakter
Leichte Wanderung auf festen Wegen, geringer Höhenunterschied.

Tourenverlauf
Schmiechen Bahnhof – Ende See 0.40 Std. – Verzweigung 0.40 Std. – Bahnhof 0.10 Std.

Höchster Punkt
Ausgangspunkt, 740 m

Ausgangspunkt/Endpunkt
Schmiechen, Bahnhof, Hauptstr. 1, 540 m

Anfahrt
Auto: A8 bis Ausfahrt Merklingen, weiter nach Blaubeuren, dann auf der B492 bis Schmiechen; GPS 48.362962, 9.720622
Bus & Bahn: Bahn bis Schmiechen; Info: www.efa-bw.de

Einkehr
Schmiechen

Karte
Freizeitkarte F525 Ulm, 1:50000, Landesamt für Geoinformation und Landentwicklung Baden-Württemberg (LGL)

Informationen
www.schmiechen.de

Der Schmiechener See bietet zu jeder Jahreszeit einen schönen Anblick. Zudem hat er auch einige Besonderheiten an Flora und Fauna aufzuweisen. An das Wasser kommt man oft nicht heran, dafür gibt es auf diesem Rundweg zwei Aussichtspunkte und eine Kanzel. Schautafeln – optimal mit Bänken zum Ausruhen – erklären, was es hier zu sehen gibt.

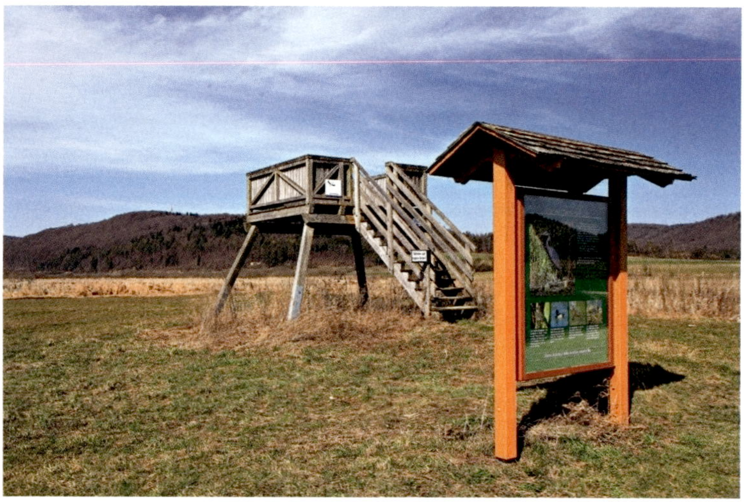

Hier kann man die Vögel im See beobachten.

Zum Schmiechener See Auf der Ortsseite des **Bahnhofs** folgen wir dem nach links bergab führenden Sträßchen, das gleich darauf die Gleise unterquert. Am Parkplatz vor den Sportplätzen finden wir die erste Informationstafel. Dann folgen wir der Beschilderung und spazieren zwischen den Sportplätzen hindurch.

An der gleich danach folgenden Verzweigung bei dem großen **Flurkreuz**, dem Roten Kreuz ❶, halten wir uns rechts. Etwas später liegt links der Schmiechener See ❷. Kurz vor Ende der Schilffläche links des Sees können wir nach rechts hinauf zu einer weiteren Schautafel gehen, die von einem Kreuz und Bänken

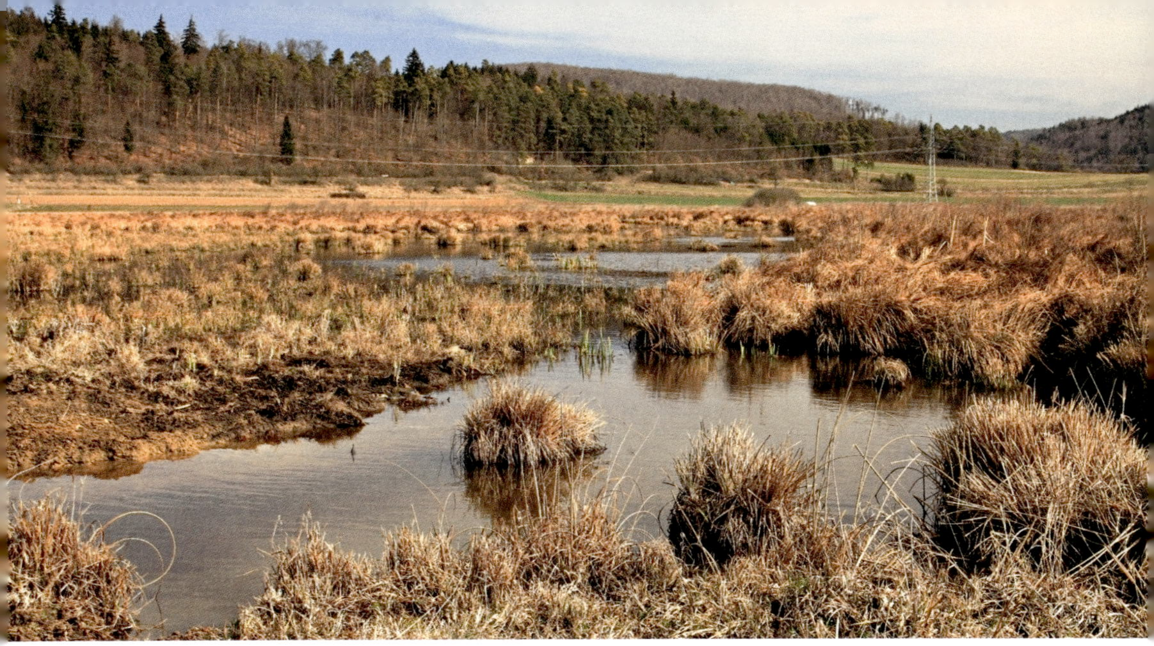

Man kommt nur an wenigen Stellen dierekt an den Schmiechener See.

flankiert wird. Hier hat man auch einen schönen Überblick über die Landschaft.

Aussicht auf den See und Flurkreuze Etwas später biegen wir links ab ❸ und spazieren zu einer **Aussichtsplattform** und einer Schautafel. Rechts davon steht das von Wacholdern umgebene Kreuz der Familie Sontheimer auf einer kleinen Anhöhe. Von beiden Punkten kann man schön auf den See sehen; es gibt auch jeweils Sitzgelegenheiten. Vor der Plattform kann man sich sogar direkt ans Wasser begeben.

Die Herbstfarben machen aus einem Seerundgang ein besonderes Erlebnis.

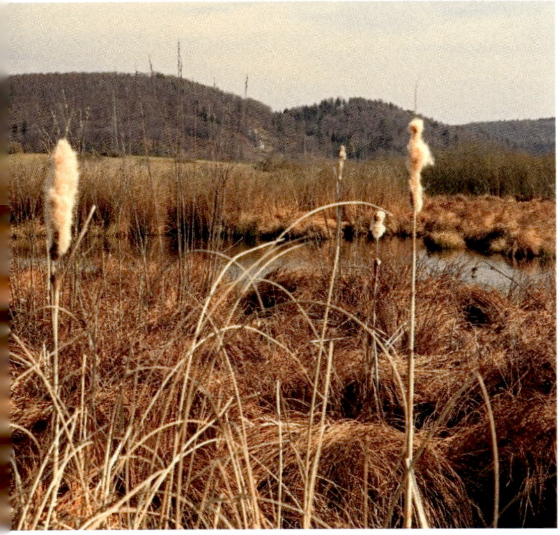

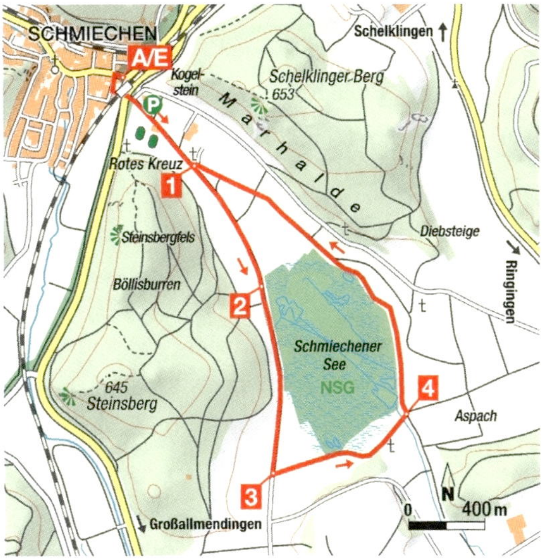

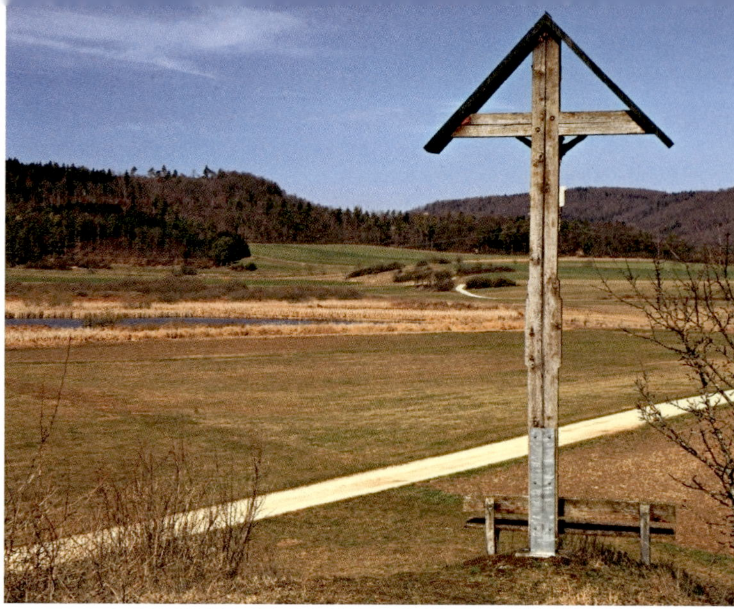

An diesem Flurkreuz lässt sich mit Blick auf den See gut rasten.

Wir gehen noch etwas geradeaus weiter, dann biegen wir links ab 4. Etwas später kann man nach rechts hinauf zu einer Schautafel spazieren. Wenn man kurz weitergeht, kommt man zu einem weiteren Flurkreuz. Auch hier kann man schön zum See hinabsehen.

Danach wandern wir wieder abwärts zum Weg und folgen ihm nach rechts zu den Sportplätzen. Von hier geht es auf bekanntem Weg zurück zum Bahnhof.

Schmiechener See

Der Schmiechener See liegt in einer abflusslosen Senke, die auf die Urdonau zurückgeht, welche im Lauf der Zeit ihre Talschlingen durchschnitt und so das Tal formte. Normalerweise kommt man nur an wenigen Stellen direkt an den See, nach starken Niederschlägen reicht er aber bis an den Rundweg heran. Naturkundlich interessierte Spaziergänger finden Wissenswertes über den See auf vier Schautafeln erklärt. Der See ist ein bedeutender Rastplatz für durchziehende Vögel. Um ihn herum leben seltene und gefährdete Tierarten wie Teichrohrsänger, Blesshühner, Kiebitze, Kampfläufer, Strandläufer, verschiedene Möwen- und Entenarten, Graureiher, Rotmilane, Laubfrösche oder die Gefleckten Heidelibellen. Insgesamt ziehen in dem Vogelschutzgebiet, einem der wichtigsten im Alb-Donau-Kreis, rund 80 verschiedene Vogelarten ihre Jungen groß. Wasserbüffel halten das Gras auch dort kurz, wo heimische Rinder nicht hinkommen. Zudem findet man Pflanzenarten, die mit wechselnden Wasserständen zurechtkommen, wie Steifseggenried, Lungenenzian, Blutweiderich, Sumpfziest, Sumpfvergissmeinnicht, Zungenhahnenfuß, Wasserschwertlilie und Knabenkrautarten.

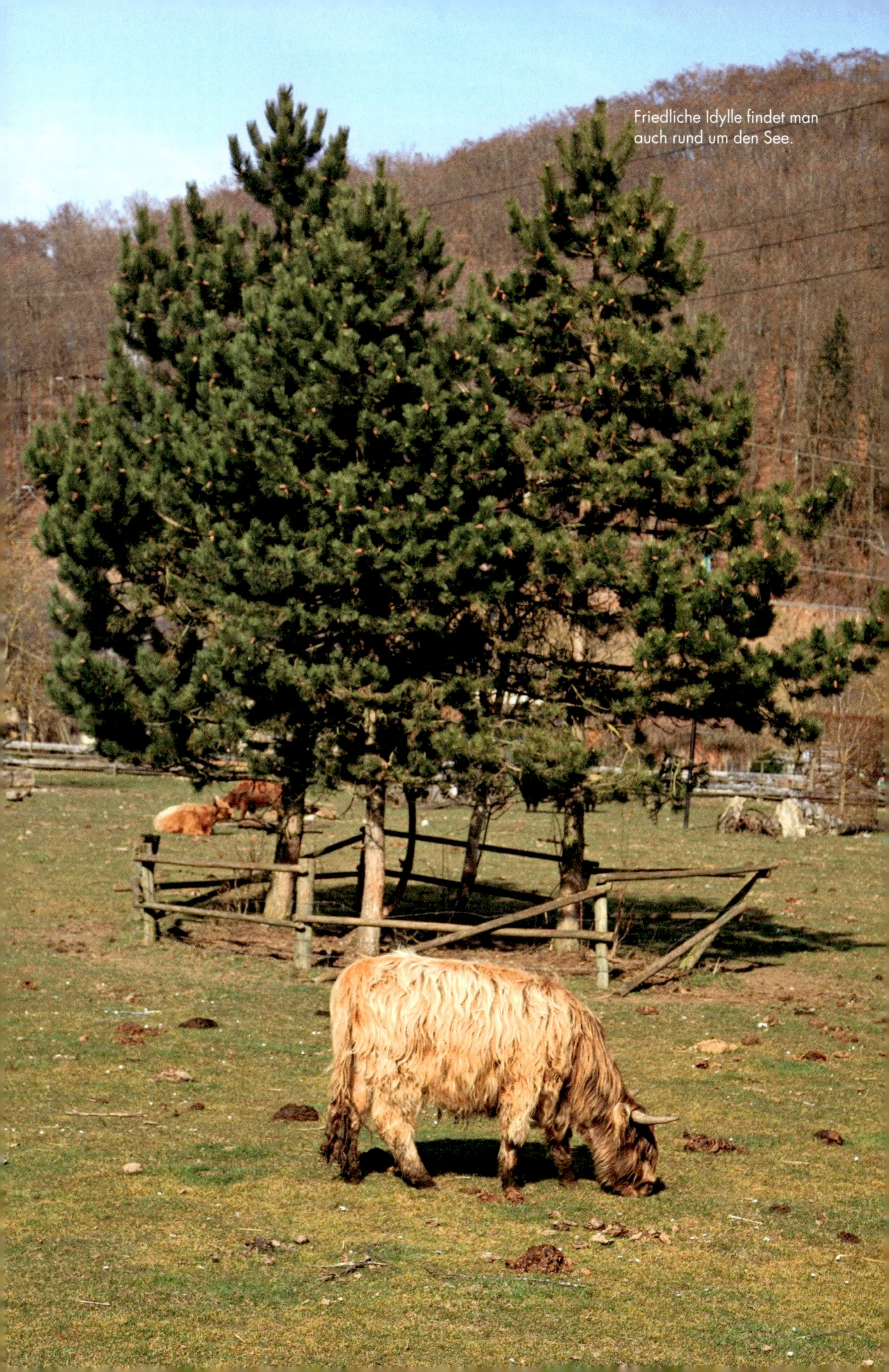

Friedliche Idylle findet man auch rund um den See.

17 Von Ehingen zum Blauen Steinbruch

Blick zum Bussen

mittel | 11,2 km | 250 Hm | 3.10 Std.

Tourencharakter
Wir wandern auf festen Wegen und Pfaden.

Tourenverlauf
Ehingen/Parkplatz – Ende Jungviehweide 0.30 Std. – Bussenblick 0.25 Std. – Feldscheune 0.30 Std. – Gesundheitsbrünnele 0.35 Std. – Blauer Steinbruch 1 Std. – Parkplatz 0.10 Std.

Höchster Punkt
Abzweig in den Mühlener Kirchweg, 715 m

Ausgangspunkt/Endpunkt
Ehingen, Weg Jungviehweide zur Reithalle, 605 m

Einkehr
Ehingen

Karte
Wanderkarte W244 Ehingen (Donau), 1:25 000, Hrsg.: Schwäbischer Albverein e. V., Kartographie: Landesamt für Geoinformation und Landentwicklung Baden-Württemberg (LGL)

Informationen
www.ehingen.de

Wir sehen bei dieser Tour einige Naturschönheiten, zudem bietet sich uns eine weite Aussicht nach Oberschwaben. Zu Beginn kommen wir an der Jungviehweide mit beeindruckenden Methusalembäumen vorbei. Auf dem Rückweg haben wir eine schöne Aussicht zum Bussen und zu den Alpen, bevor uns die Wanderung an zwei Brunnen vorbeiführt.

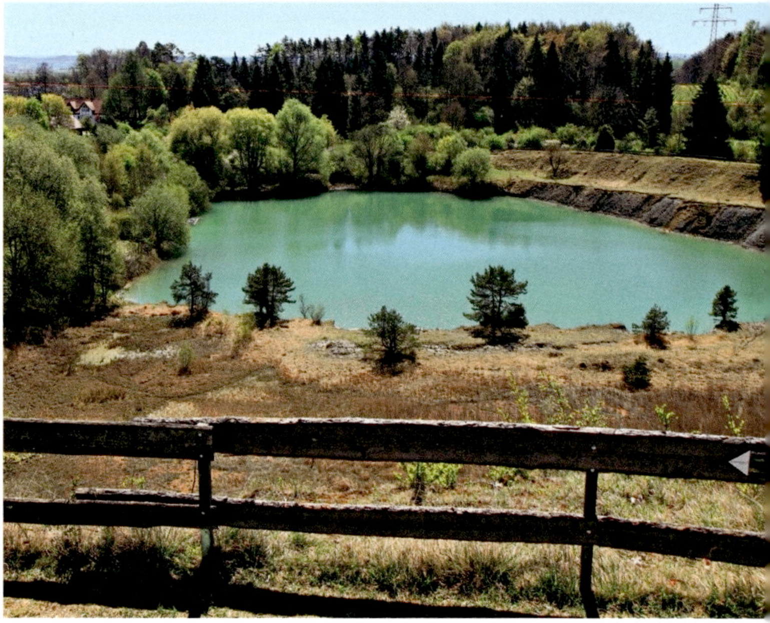

Die türkisene Farbe des Sees findet man nicht oft.

Entlang der Jungviehweide nach Mühlen Wir wandern vom **Parkplatz** aus mit dem Wanderzeichen des Martinuswegs (gelbes Kreuz auf rostrotem Grund) auf dem linken der beiden Wege in Richtung »Altsteußlingen«. Rechts des Weges liegt die Jungviehweide, in der wir markante Weidbäume sehen. Ein breiter Weg führt uns am Waldrand entlang, bis Weg und Waldrand rechts abknicken (1). Hier biegen wir links ab und gehen nun durch den Wald.

Wir ignorieren den nach einiger Zeit links abgehenden markierten Albvereinsweg in Richtung »Gesundheitsbrunnen«. Etwas später biegen wir links ab in den unbefestigten **Mühlener Kirchweg** ❷, das Zeichen weist jetzt nach »Mühlen«. Nach dem Wald haben wir am Bussenblick einen schönen Blick auf diesen »heiligen Berg Oberschwabens« und auf die Alpenkette. Nun geht es durch die Wiesen und vorbei an einem Regenrückhaltebecken nach **Mühlen** ❸.

Anfahrt

Auto: B27 und B312 bis Metzingen, B313 bis Bad Urach, B465 bis Ehingen. Vor der Stadt rechts ab in die Münsinger Straße, an der Verzweigung links in die Straße Jungviehweide halten bis zur Reithalle und dort nach links. Kommt man aus anderen Richtungen, dann in Ehingen zur Albstraße fahren. Ab dem Übergang Albstraße/Stoffelbergstraße folgen wir dem Weg Jungviehweide in Richtung Nordic Walking Park/Reithalle bis zum Parkplatz; GPS 48.296112, 9.686894. Alternativ kann man in der Albstraße parken.

Bus & Bahn: Bahn bis Ehingen, evtl. Bus bis Haltestelle Büchele; Info: www.efa-bw.de

Zwei Brunnen am Wegrand In dem Weiler folgen wir der Straße im Wiesental nach links. Kurz darauf zweigen wir am Straßenschild Hungerbrunnen in Richtung »Gesundheitsbrunnen Ehingen« links ab. Nach dem Ort liegt links des Weges eine Marienkapelle von 1650. Man sollte die alte Einrichtung durch die Glasfenster in der Türe betrachten.

Etwas später kommen wir hinauf zu einer **Feldscheune**. Hier biegen wir mit dem Wanderzeichen links, etwas später rechts ab und gehen hinauf zum **Waldrand** ❹, von wo sich uns eine prächtige Aussicht bietet. Danach folgen wir

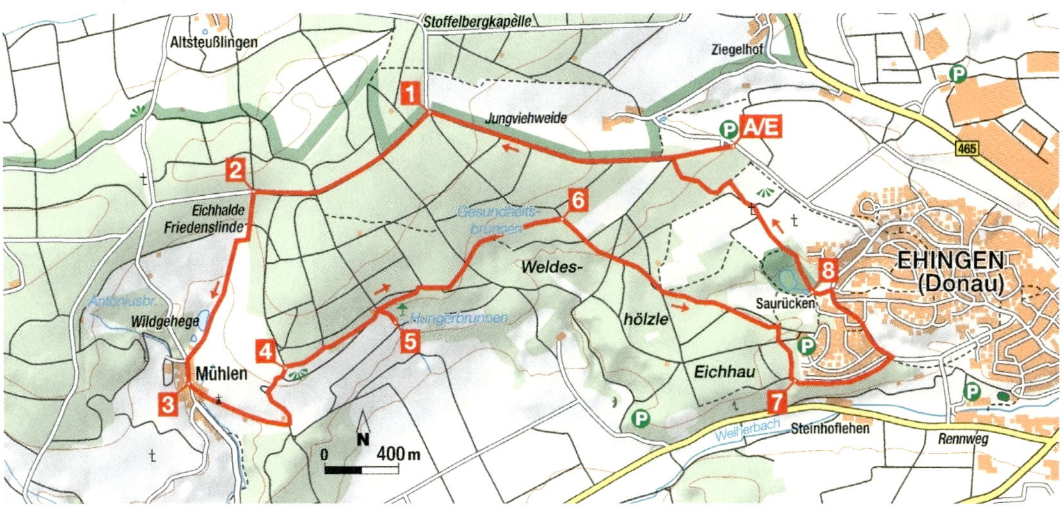

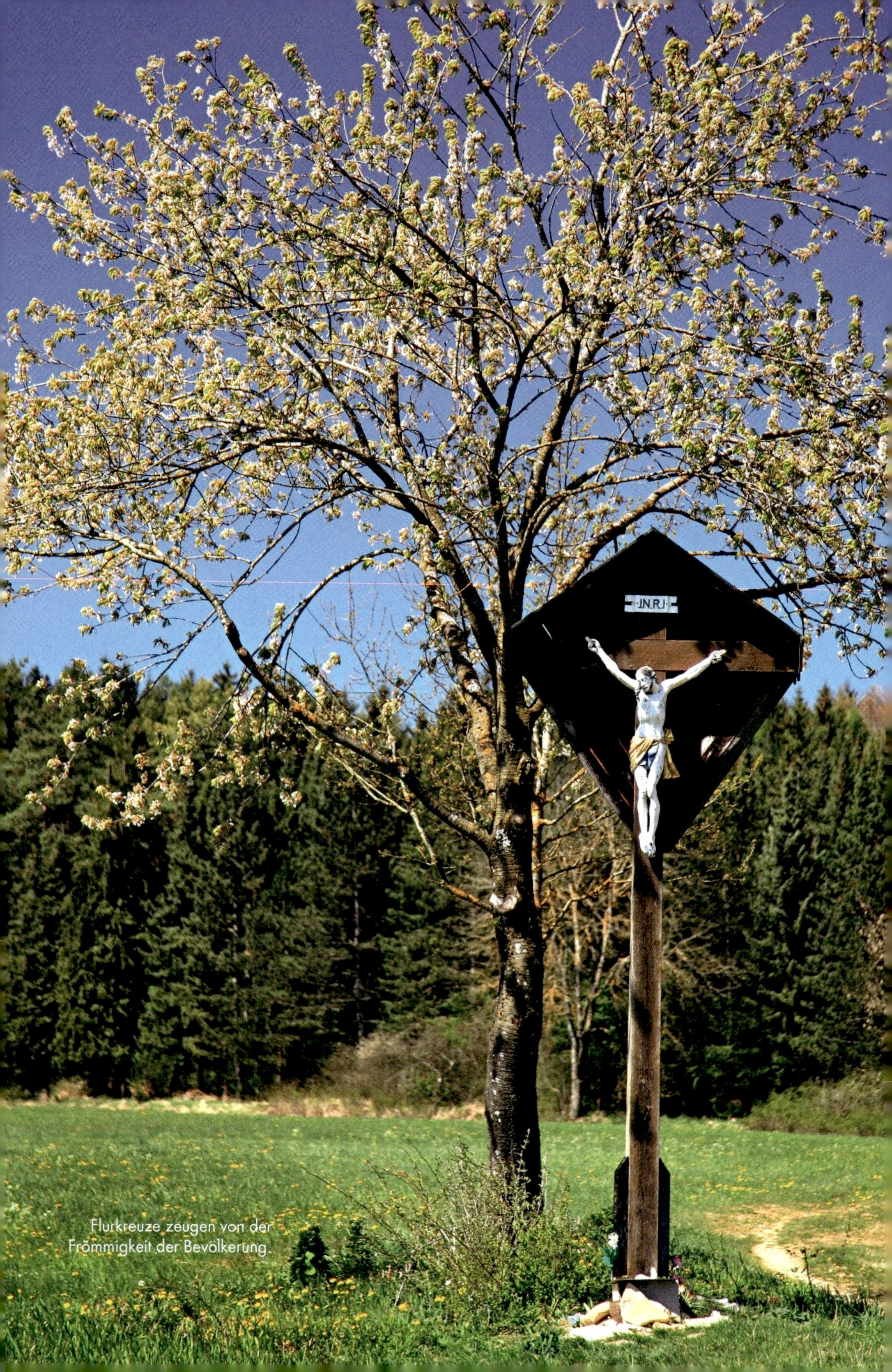

Flurkreuze zeugen von der Frömmigkeit der Bevölkerung.

dem Pfad im Wald. Sollte er schlecht zu finden sein, wandern wir direkt am Waldrand bis zu einem querstehenden Wald, wo auch der Pfad eintrifft. Hier kann man nach rechts 100 Meter hinab zum **Hungerbrunnen** 5 gehen und wieder hinaufsteigen, ansonsten wandern wir geradeaus in den Wald hinein. Der Pfad mündet bald in einen breiten Forstweg. Rechts des Weges liegt schließlich der Gesundheitsbrunnen.

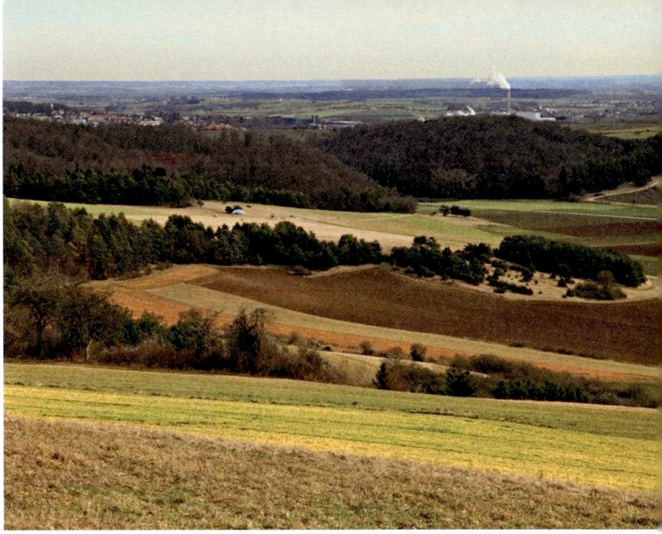

Von der Höhe bietet sich ein weiter Blick über die reich gegliederte Landschaft Oberschwabens.

Zum Blauen Steinbruch

Jetzt halten wir uns an einer Kreuzung bei einer **Hütte** 6 rechts. Nach einer Lichtung überqueren wir zwei Kreuzungen, bis uns das Wanderzeichen an einer Rechtskurve nach links auf einen Pfad weist. Noch eine Lichtung und einige querende Wege später folgen wir dem Wanderzeichen auf einem schmalen Asphaltweg in den Wald. Nach einer weiteren Lichtung kommen wir zu einer Schneise mit Elektroleitungen. Hier weist das Wanderzeichen in Richtung »Ehingen Bahnhof« nach rechts. Nach einem Querweg zieht der Pfad zum linken Waldrand. Ihm folgen wir noch kurz, dann knickt der Weg links ab 7 und wir wandern rechts des Wohngebiets im Wald bis zur Albstraße. Nach links geht es zur Bushaltestelle Büchele.

Blauer Steinbruch

Der Blaue Steinbruch geht auf das 19. Jahrhundert zurück. Damals gewann die Ehinger Zementfabrik hier Material für ihre Produktion. Der Steinbruch ist seit 1980 Naturschutzgebiet, in seinem Feuchtgebiet leben Frösche, Kröten, Molche, Ringelnattern sowie verschiedene Grillen- und Libellenarten.

Wo rechts der Wittumweg abgeht, zweigen wir links ab und gehen auf dem Wiesenweg zu einem Wassergraben, der bereits zum **Naturschutzgebiet Blauer Steinbruch** 8 gehört. Wir biegen rechts ab und steigen auf dem Pfad hinauf. Den größeren See im ehemaligen Steinbruch sehen wir erst oben. Nach dem links unten liegenden See wandern wir geradeaus weiter zu einem Flurkreuz und dahinter zum Wald. Am Waldrand biegen wir mit dem Zeichen des Martinusweges links ab. Er zieht als schmaler Asphaltweg gleich darauf nach rechts in den Wald und bringt uns zu einem breiten Forstweg. Nach rechts geht es zurück zum Ausgangspunkt.

18 Vom Mordloch ins Magentäle

Ein wildes Tal und eine grausige Höhle

mittel | 8,2 km | 160 Hm | 2.20 Std.

Tourencharakter
Die Wanderung findet teilweise auf gut zu gehenden Forst- und Feldwegen statt. Der Aufstieg durch das Magental und der Abstieg ab der Ruine Ravenstein verlaufen auf steinigen Pfaden, bei denen man vorsichtig und trittsicher sein sollte.

Tourenverlauf
Streckenverlauf: Mordloch – Untere Roggenmühle 0.30 Std. – durch das Magental – Magental oben 0.30 Std. – Steinenkirch 0.25 Std. – Ravenstein 0.25 Std. – Roggental unten/K1449 0.15 Std. – Mordloch 0.15 Std.

Höchster Punkt
Kirche Steinenkirch, 670 m

Ausgangspunkt/Endpunkt
Parkplatz beim Mordloch, 540 m

Einkehr
Obere Roggenmühle

Karten
Wanderkarte W230 Geislingen a. d. Steige, 1:25 000, Landesamt für Geoinformation und Landentwicklung Baden-Württemberg (LGL) in Zusammenarbeit mit dem Schwäbischen Albverein e. V.; Wanderkarte mit Radwegen Blatt 56-539 Geislingen an der Steige, 1:25 000, NaturNavi

Informationen
www.boehmenkirch.de

Wir starten diese Wanderung beim Mordloch im Roggental, das seinen Namen von einer grausigen Geschichte hat. Der landschaftliche Höhepunkt folgt etwas später, wenn wir durch das wilde Magental hinauf auf die Albhochfläche steigen. Über die Ruine Ravenstein geht es dann wieder hinab ins Tal.

Vom Mordloch ins wilde Magental »Mordloch« – was für ein Name! Der Sage nach soll ein Wilderer einen Eybacher Förster ermordet und in dieser Höhle versteckt haben. Um 1800 wurde sie erstmals von Eybacher Bürgern befahren, und ab 1957 hat man sie intensiv auf einer Länge von über 4,3 Kilometern erforscht. Mit dieser Länge ist das Mordloch übrigens die zweitlängste Höhle der Schwäbischen Alb. Die Müller der beiden Roggenmühlen, der 1291 genannten Unteren und der 1371 genannten Oberen Roggenmühle, haben 1833 das Mundloch der Höhle ver-

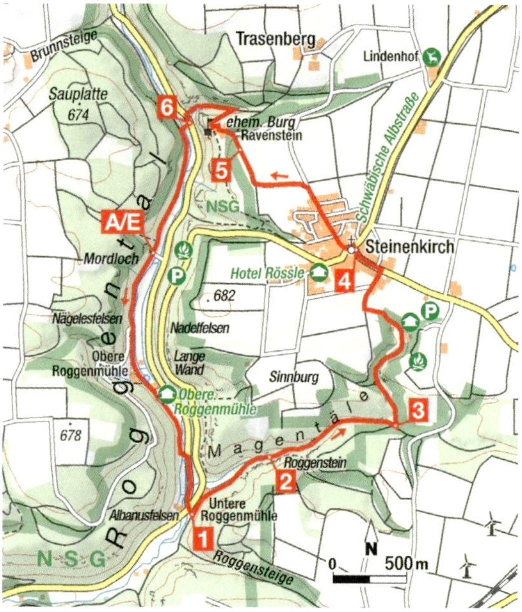

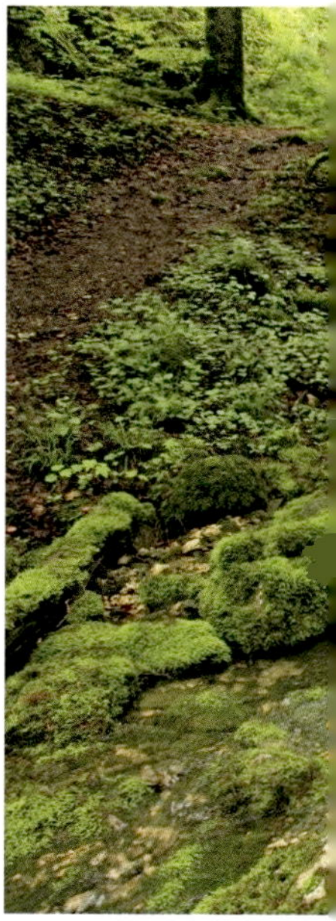

breitern lassen, damit sie mehr Wasser für ihre Mühlen bekamen.

Wir wandern ab dem **Parkplatz beim Mordloch** erst gemütlich durch das Roggental zur Oberen Roggenmühle, wo man einkehren kann. Der Name des Roggentals soll vom keltoromanischen »Roc« (Felsen) kommen. Hier findet man nämlich viele beeindruckende Felsen.

Anfahrt

Auto: B10 und B466 bis Geislingen an der Steige, dann abbiegen in Richtung »Böhmenkirch«. An der Verzweigung bei der Unteren Roggenmühle, aber unten im Tal auf der K1449 weiterfahren; GPS 48.663960, 9.894722. Einen Ausweichparkplatz finden wir in Steinenkirch bei der evanglischen Kirche.

Bus & Bahn: Bahn bis Süßen oder Geislingen (Steige), weiter mit dem Bus bis Eybach, Untere Roggenmühle oder Steinenkirch; Info: www.efa-bw.de

Danach folgen wir noch etwas dem Weg am Waldrand, bis er nach links zur Landstraße zieht. Auf ihr gehen wir zur Unteren Roggenmühle. Dort überqueren wir die L1221 und kommen zum Wanderschild **Untere Roggenmühle** (498 m) 1. Hier biegen wir links ab auf einen Wiesenweg, der später im Wald immer sanft ansteigt. Nun befinden wir uns im ersten der beiden urigen Täler, im **Magentäle** 2. Mit seinen mächtigen Felsen und dem moosüberzogenen Totholz wirkt es recht urwaldartig. Schließlich läuft es mit einem breiteren Weg sanft aus und wir erreichen nach dem Wald das Schild **Magental** (612 m) 3.

Im Magentäle herrscht eine fast dschungelartige Atmosphäre.

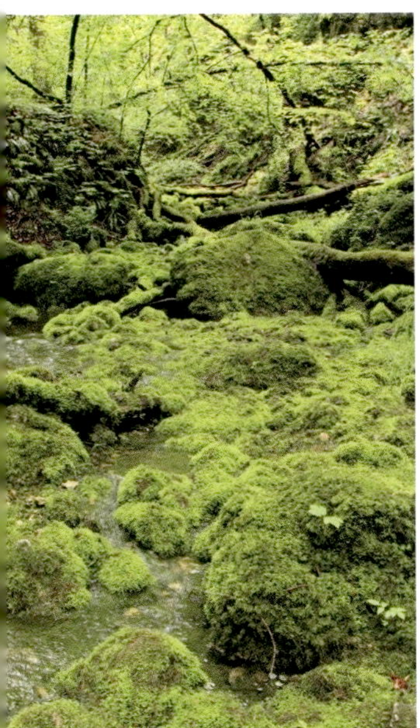

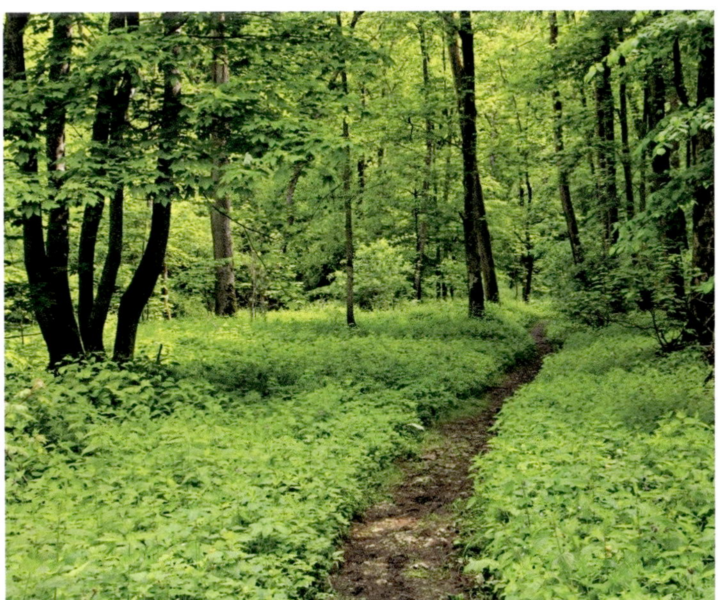

Das Magentäle

Das Magentäle ist ein urtümliches, tief eingeschnittenes Felstal und wird immer wilder. Hier sieht man Felsbrocken und umgestürzte Baumstämme, alles dick mit Moosen überzogen. Der Weg wird zu einem schmalen Pfad, der sich durch die Wildnis schlängelt. Das Naturschutzgebiet, das sich hier in der Umgebung erstreckt, ist mit rund 1500 Hektar das größte der Gegend. Hier findet man 20 markante Weißjurafelsen, naturnahe Waldbestände, Steppenheiden, Streuobstwiesen und Felder. Rund 400 hier vorkommende Tier- und Pflanzenarten stehen unter Naturschutz.

Über Steinenkirch zur Ruine Ravenstein Hier halten wir uns links in Richtung »Steinenkirch Albvereinshütte«. Ab jetzt folgen wir dem Wanderzeichen rote Gabel. Der Weg windet sich durch das Tal, dann zieht er nach links und wir treffen auf einen festen Weg. Auf ihm gehen wir nach rechts zur L1229. Sie bringt uns nach Steinenkirch. Wir gehen zur evangelischen **Kirche** 4 und nehmen auf der anderen Straßenseite den Ravensteinerweg. Auf ihm verlassen wir den Ort. Nach den Häusern bei dem kleinen Sportplatz und der als Naturdenkmal ausgewiesenen Linde biegen wir links ab. Bald kommen wir zu

Am Eingang zum Mordloch

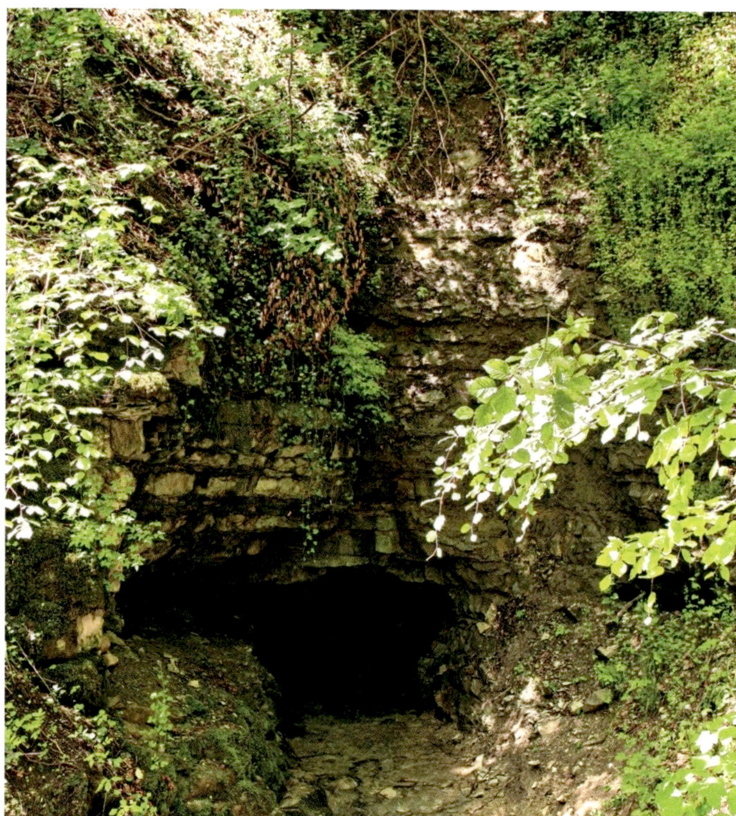

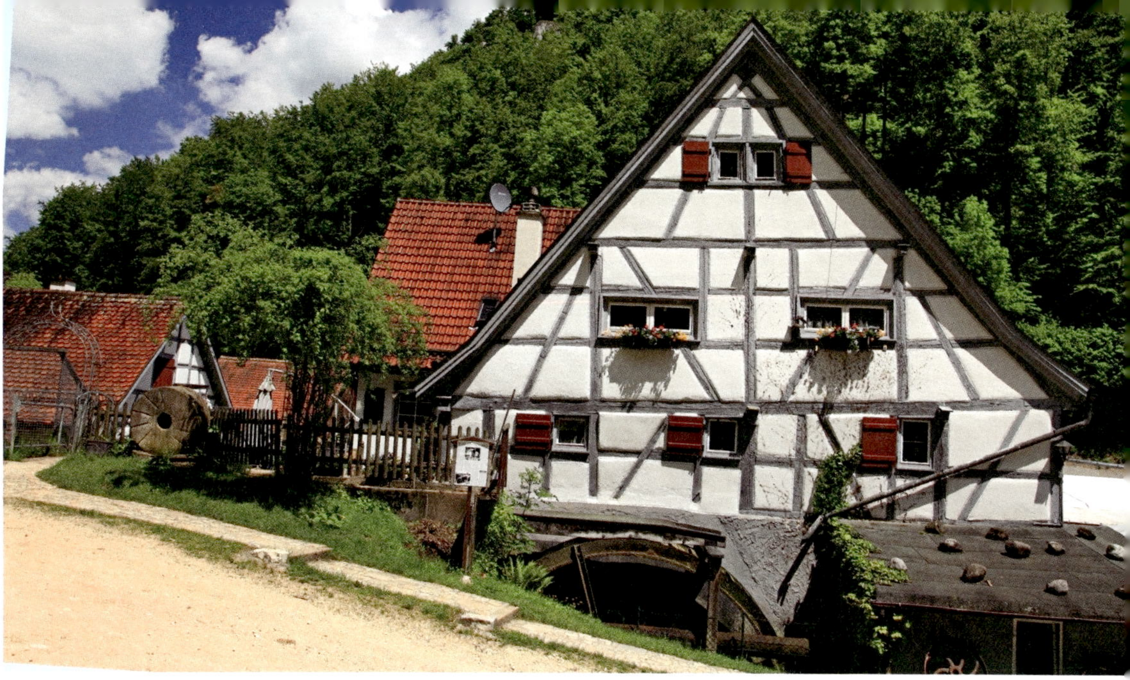

Blick auf die Obere Roggenmühle

einer weiteren Linde, hier folgen wir dem Sträßchen bergab. Vorbei an noch einer mächtigen Linde geht es zur Ansiedlung **Ravenstein** 5.

Nun haben wir zwei Möglichkeiten: Einfacher zu gehen ist es, wenn wir vor der Ansiedlung nach rechts hinab zu einem breiten Waldweg wandern. Ansonsten gehen wir nach links zwischen den Häusern hindurch und biegen vor dem letzten Haus rechts ab in Richtung »Roggental«. Auf einem Grasweg spazieren wir neben dem Haus zum Wald und dort im Zickzack hinab. Links befindet sich bald die Ruine Ravenstein.

Von der Ruine aus geht es weiter hinab zu dem breiten, oben als Alternative genannten Forstweg. In beiden Fällen folgen wir dem Wanderzeichen nach links und treffen auf die **K1449** 6. Etwas nach links versetzt überqueren wir sie und wandern auf der anderen Straßenseite mit dem Zeichen rote Gabel zurück zum **Mordloch**.

Ruine Ravenstein

Die Burg Ravenstein ist eine Spornburg und gehört zu den ältesten Anlagen der Gegend. Die Ravensteiner wurden Ende des 11. Jahrhunderts erstmals erwähnt. Mitte des 13. Jahrhunderts war ein Angehöriger der Familie sogar Schatzkämmerer bei Kaiser Friedrich II. Danach ging die Burg an die Helfensteiner, nach ihnen an verschiedene andere Besitzer. Im 18. Jahrhundert wurde die Anlage wegen Baufälligkeit abgebrochen. Heute sieht man in einem romantischen Waldstück noch einige wenige Mauerstücke, zwei Halsgräben und die ehemalige Zisterne. Am Steilabfall zum Roggental stehen steile Felsen, darunter einer, von dem man eine gute Aussicht hat.

19 Im idyllischen Kleinen Lautertal

Albwasserversorgung und Erwin Rommel

mittel | 11,9 km | 180 Hm | 3.10 Std.

Tourencharakter
Wir wandern auf festen Wegen.

Tourenverlauf
Lautern Kirche – Wippingen 1 Std. – Rommel-Gedenkstein 0.15 Std. – Herrlingen 0.40 Std. – Lautern 1.15 Std.

Höchster Punkt
Beim Verlassen des Waldes vor Wippingen, 648 m

Ausgangspunkt/Endpunkt
Blaustein-Herrlingen/Lautern, Lautern 12, an der Kirche, 527 m

Anfahrt
Auto: A8 bis Ausfahrt Merklingen, dann über Berghülen und Wippingen ins Kleine Lautertal nach Lautern; GPS 48.446797, 9.861877
Bus & Bahn: Bahn bis Herrlingen; Info: www.efa-bw.de

Einkehr
Lautern, Herrlingen

Karte
Freizeitkarte F525 Ulm, Landesamt für Geoinformation und Landentwicklung Baden-Württemberg (LGL)

Informationen
www.blaustein.de

Wir wandern auf dieser Tour zum einen auf der Albhochfläche, zum anderen durch ein idyllisches Tal, das von der Kleinen Lauter durchflossen wird. Zudem bietet die Wanderung mit einer Pumpstation der Albwasserversorgung und einem Gedenkstein für Generalfeldmarschall Erwin Rommel auch historisch Interessantes.

Über die Pumpstation nach Wippingen Am Ende des Kleinen Lautertals gibt es verschiedene Parkplätze, beispielsweise bei der Lauterquelle und der Pumpstation oder kurz davor bei der kleinen Kirche. Wir sollten auf jeden Fall zuerst zum Gasthaus bei der Pumpstation und der Lauterquelle gehen und uns dieses ansehen. Die 1874 erbaute und heute als Gesamtensemble unter Denkmalschutz stehende Pumpstation an der Lauterquelle gehörte zur 4. Gruppe der Albwasserversorgung und versorgte acht Orte mit Wasser.

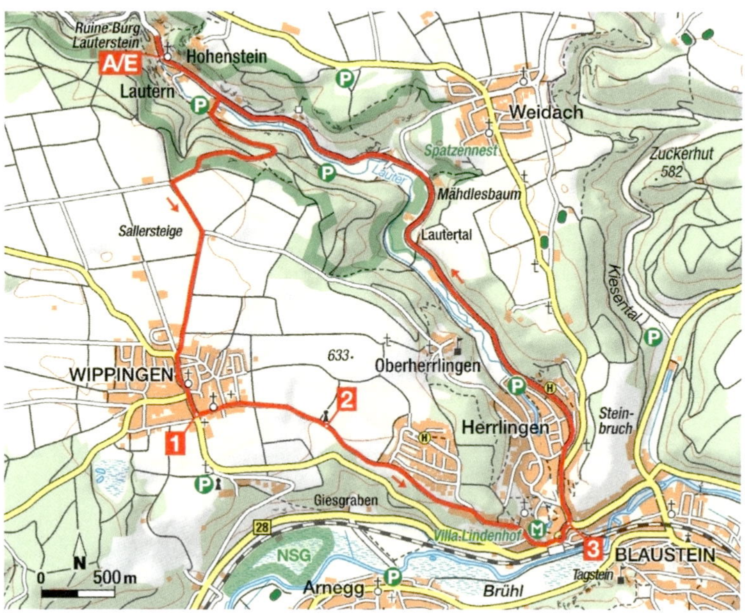

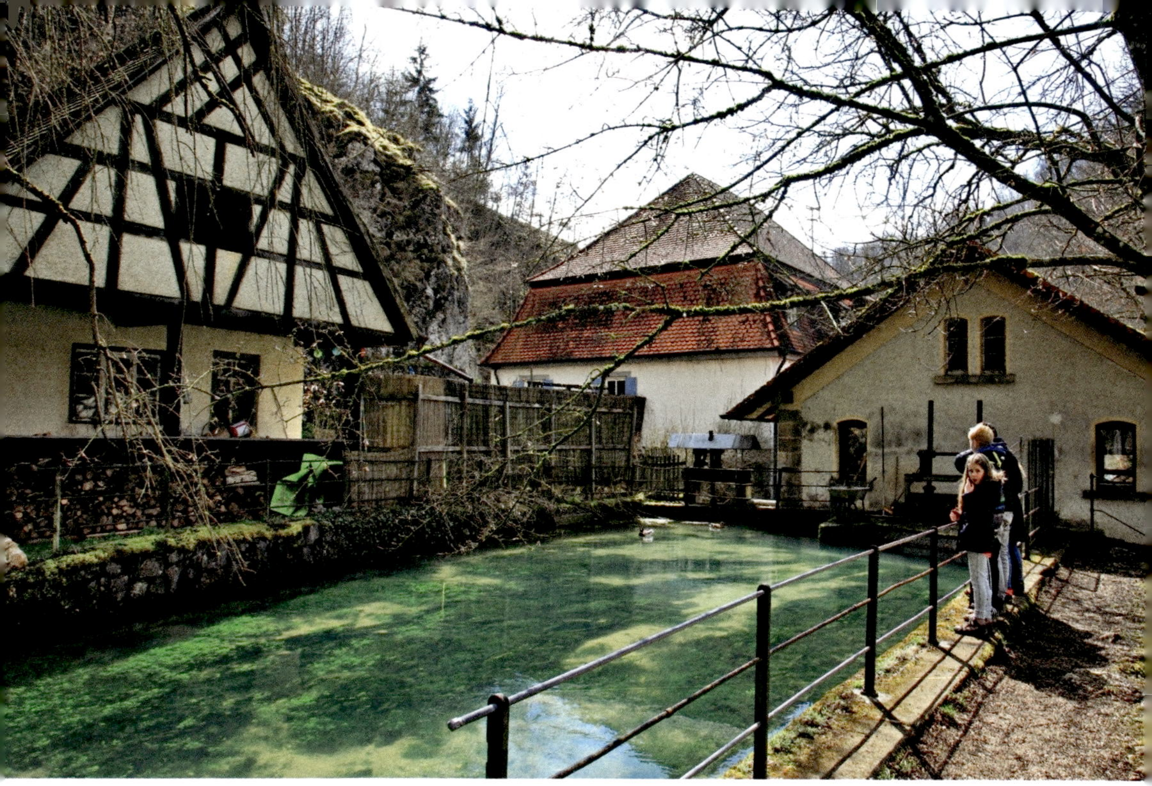

Am Ursprung der Kleinen Lauter

Danach spazieren wir von der Kirche etwas zurück bis zu dem Hof auf der rechten Seite. Dort weist ein Schild nach rechts zu einem Parkplatz und nach »Wippingen«. Nun steigt es durch den Wald im Zickzack steil an. Auf der Hochfläche biegen wir am Waldrand scharf links ab. Vorbei an einem altertümlichen gusseisernen Wegweiser wandern wir nach Wippingen. Dort treffen wir auf die Durchgangsstraße (L1236, rechts Ascher Straße, links Prinz-Eugen-Straße), der wir nach links folgen.

Vorbei am Rommelgedenkstein nach Herrlingen Am Ortsende folgen wir dem Schild zum »Friedhof« nach links in den **Helfensteinweg** 1. Vorbei an einer links der Straße stehenden Kapelle verlassen wir den Ort, nun fällt es wieder. Nach einiger Zeit sehen wir links den **Gedenkstein** 2, der am Ort des erzwungenen Todes von Generalfeldmarschall Erwin Rommel errichtet wurde.

Generalfeldmarschall Erwin Rommel

Erwin Rommel wurde nach dem missglückten Attentat vom 20. Juli 1944 mit den Attentätern in Verbindung gebracht – inwieweit er aber vom Attentat wusste, ist bis heute nicht geklärt. Er wurde dann vor die Wahl gestellt, sich entweder mittels einer Zyankalikapsel selbst umzubringen oder vor dem Staatsgerichtshof zu verantworten. Rommel wählte den Tod und wurde in Herrlingen beerdigt.

Zurück durchs Lautertal Wir gehen nun weiter hinab bis Herrlingen, wobei die Straßenbezeichnung in Erwin-Rommel-Steige wechselt. Schließlich treffen wir an einem Kreisverkehr auf den rechts liegenden Bahnhof. Hier folgen wir der Blautalstraße (B28) nach links und biegen kurz danach links ab in die **Bergstraße** 3. Etwas später zweigen wir links ab in die Lauternstraße. Auf ihr bleiben wir bis zum Ausgangspunkt. Man hat nun immer einen schönen Blick nach links zu dem mäandernden Flüsschen. Später sieht man dort, wo der Weg nach Weidach rechts abgeht, rechts oberhalb der Straße eine kleine Wacholderheide; danach wandert man direkt an Felsen vorbei. Es verläuft zwar auch links der Lauter im Wald ein verkehrsfreier Weg, aber von dort hat man keinen so schönen Blick ins Tal.

Das Tal der Kleinen Lauter ist von mächtigen Felsen gesäumt.

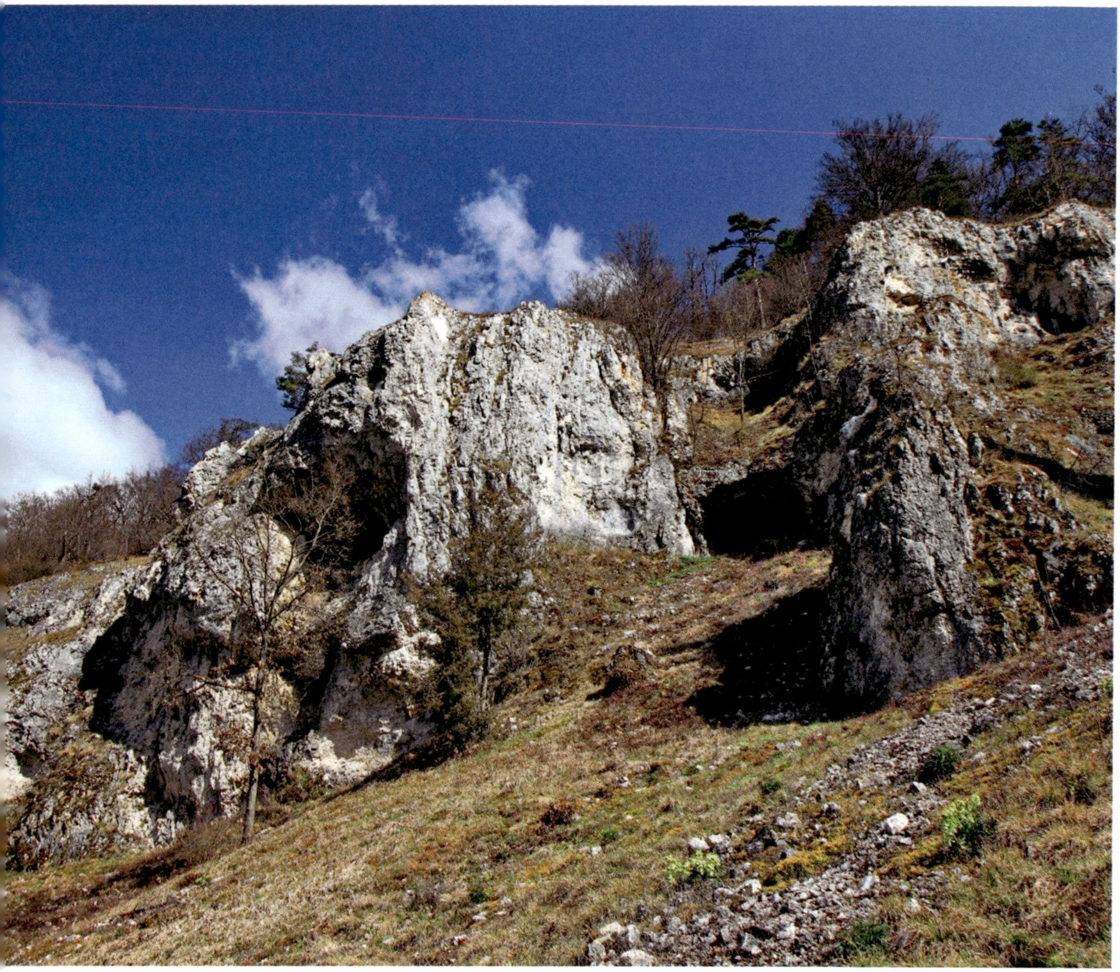

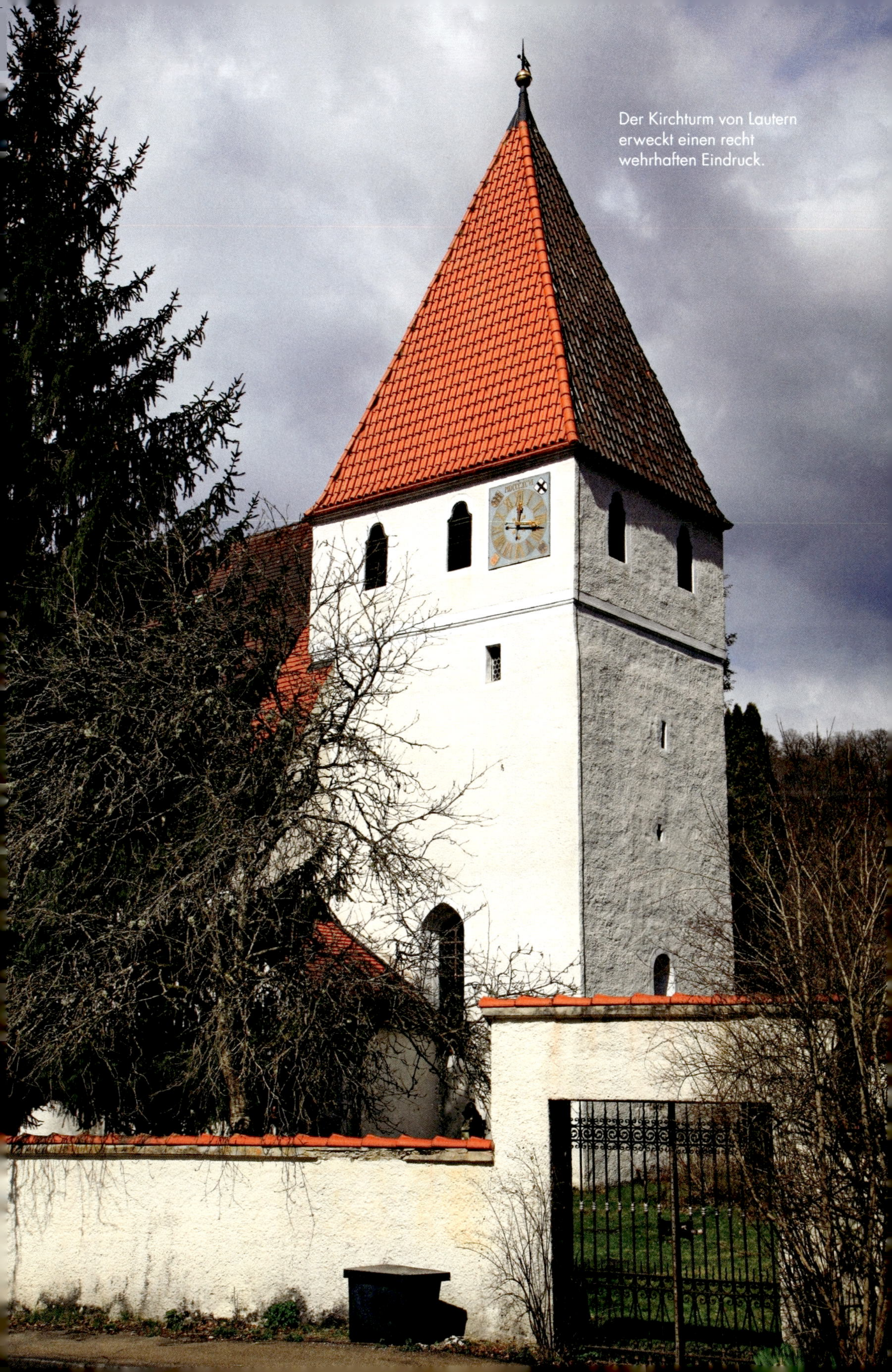

Der Kirchturm von Lautern erweckt einen recht wehrhaften Eindruck.

20 Durch das Steinheimer Becken

Schuld war ein Meteorit

leicht 6,6 km 100 Hm 1.50 Std.

Tourencharakter
Wir wandern anfangs auf einem felsigen Pfad, bei dem es zeitweise auch neben dem Weg steil hinabgeht. Später bleiben wir aber auf festen Wegen.

Tourenverlauf
Sontheim/Parkplatz – Burgstall 0.10 Std. – Krillberg 0.25 Std. – Steinhirt 0.30 Std. – Parkplatz 0.45 Std.

Höchster Punkt
Burgstall/Berghütte Krater, 567 m

Ausgangspunkt/Endpunkt
Steinheim-Sontheim im Stubental, Parkplatz am Wirtshäusle, 521 m

Einkehr
Steinheim, Sontheim

Karte
Freizeitkarte F522 Aalen, 1:50000, Landesamt für Geoinformation und Landentwicklung Baden-Württemberg (LGL).

Informationen
www.steinheim.com, www.steinheimer-becken.de

Zu Beginn dieser Tour führt uns ein felsiger Steig über den Kraterrand des Steinheimer Beckens, später wandern wir durch die Felder. Kindern wird die Wanderung nicht nur wegen des interessanten Museums, sondern auch wegen des Klopfplatzes gefallen, an dem man mit etwas Glück sich eine Versteinerung »erklopfen« kann.

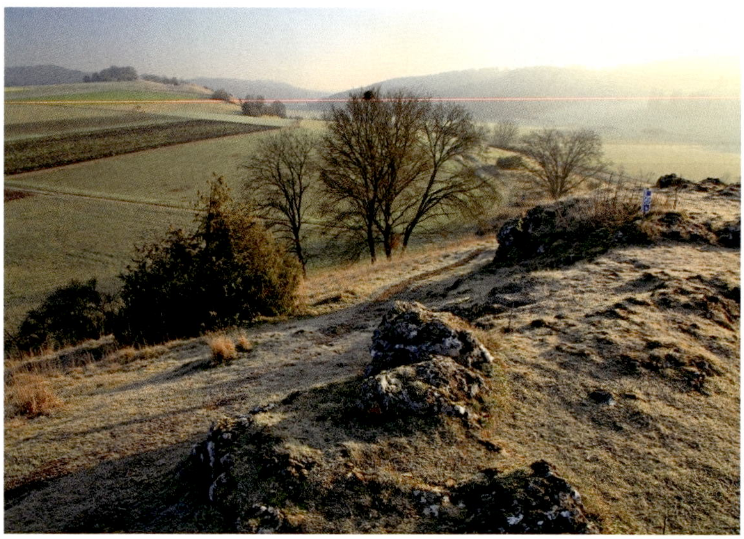

Frühmorgendlicher Blick vom Kraterrand

Auf dem Kraterrand Wir orientieren uns auf der ganzen Strecke an dem blauen Schild mit dem Meteoritsymbol. Zuerst gehen wir vom **Parkplatz beim Sontheimer Wirtshäusle** nach Norden in Richtung Ort. Kurz darauf zweigen wir rechts ab in den Burgstallweg. Hier steht das Wanderschild Sontheim im Stubental Stubentalstraße (521 m). An ihm gehen wir nach rechts auf einem schmalen Pfad, immer dem Zeichen folgend, hinauf auf den **Burgstall genannten Felsen** (1); das kleine Felsmassiv stellt den südlichen Kraterrand des Meteoritenkraters dar. Oben angelangt, haben wir einen schönen Blick über das Steinheimer Becken.

Der Pfad zieht nach links, im Prinzip bergab, und nach einigen Windungen erreichen wir die Talfläche mit den Feldern. Hier wandern wir an der Infotafel Hohe Beet vorbei. Bald danach werden wir nach links verwiesen 2. Nun geht es kurz auf einem Asphaltweg weiter, bis wir nach rechts in Richtung des spitzen Hügels geleitet werden.

Anfahrt

Auto: B10 und B466 über Göppingen; oder A7, dann B19 bis Heidenheim und weiter auf der B466; GPS 48.673562, 10.068435. Ausweichparkplätze gibt es beim Meteorkrater-Museum und beim Friedhof bzw. gegenüber bei der Wentalhalle/Sportzentrum. Hat man vor, mit Kindern nach Versteinerungen zu klopfen, beginnt man die Tour am besten am Friedhofsparkplatz, denn dann hat man eventuelle Funde nicht mehr weit zu tragen.

Bus & Bahn: Bahn bis Heidenheim, Bus bis Sontheim Haltestellen Sontheimer Wirtshäusle oder Burgstall; Info: www.efa-bw.de

Zum Wäldchen auf dem Knillberg

Auch jetzt wandern wir am Kraterrand, wobei wir nach links über die flache Wiesenlandschaft blicken können, nach rechts geht es steil hinab in das Tal, in dem die Straße verläuft. Vor uns sehen wir in der Ferne die ersten Häuser von Heidenheim.

Nach der Hügelspitze, die wir am Abzweig gesehen haben, gehen wir auf das Waldstück, das Knillwäldchen, zu. Hier sehen wir einige licht stehende mächtige und knorrige alte Buchen. Nach dem Wald biegen wir am Schild **Knillberg** (575 m) 3 links ab. »Steinhirt« ist unser nächstes Ziel, dem wir jetzt einige Zeit folgen.

Ein ehemaliges Kloster

Es geht etwas bergab, dann knickt der Wanderweg in den Feldern rechts, kurz darauf wieder links ab.

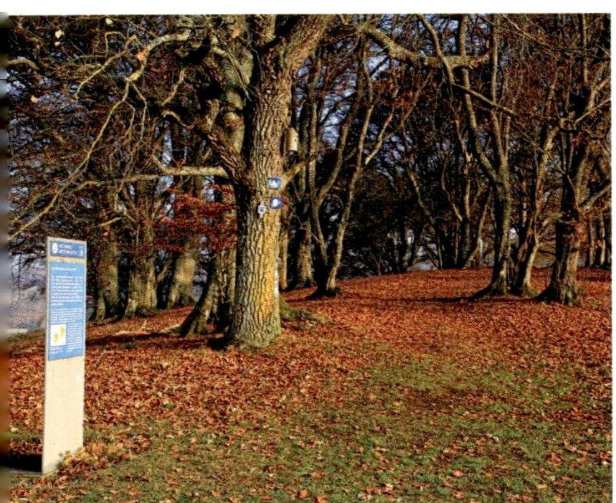

Vor dem Knillwäldchen

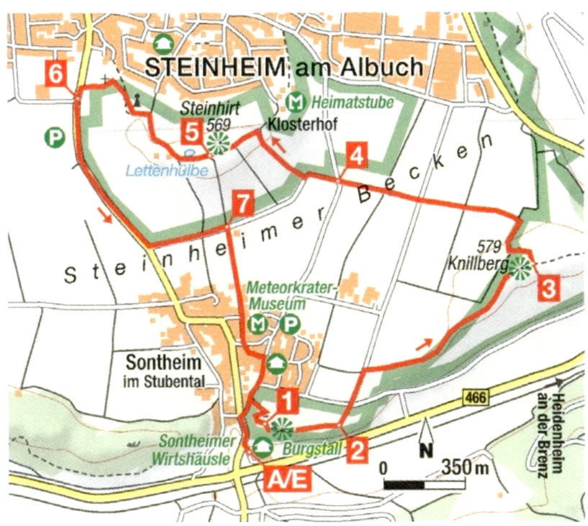

Auch jetzt wandern wir auf einem asphaltierten Weg. Er verläuft durch die Felder hindurch bis zu einem Gehölz, wo wir das Wanderschild **Steinheimer Ried** (526 m) 4 und eine Infotafel, die das Ried erklärt, finden.

Der Weg steigt nun an bis zum Schild **Klosterhalde** (575 m) und einer Infotafel zum Klosterhof. Hier befinden wir uns auf dem Zentralhügel des Kraters. Rechts steht der Klosterhof mit dem Heimatmuseum.

Heimatstube auf dem Klosterhof

In der Heimatstube findet man Exponate und Informationen über Trachten, Werkzeuge und Erinnerungsstücke der Vertriebenen aus Neudorf (Batschko Novo Selo) und Weindorf (Pilisborosjenö), die sich in Steinheim niedergelassen und hier eine neue Heimat gefunden haben. Zudem kann man eine vollständig erhaltene alte Schmiede und die Klosterküche besichtigen.

Info: Terminvereinbarung über Gemeindeverwaltung, Tel. 07329/960 60.

Vorbei am Algenriff zum Ausgangspunkt Wir biegen aber links ab und folgen nun einem Grasweg zum Steinhirt. Links des Weges sehen wir einen acht Meter hohen Algenkalkfelsen, den **Wäldlesfels** 5, sowie eine Infotafel dazu. Wie man lesen kann, gab es früher eine ganze Reihe solcher Algenriffe, die aber 1860 der Schottergewinnung zum Eisenbahnbau zum Opfer fielen. Die Zerstörung dieses Felsens wurde von Ludwig Schäffer und seiner Schwester Louise verhindert; die Gräber der beiden liegen neben dem Felsen.

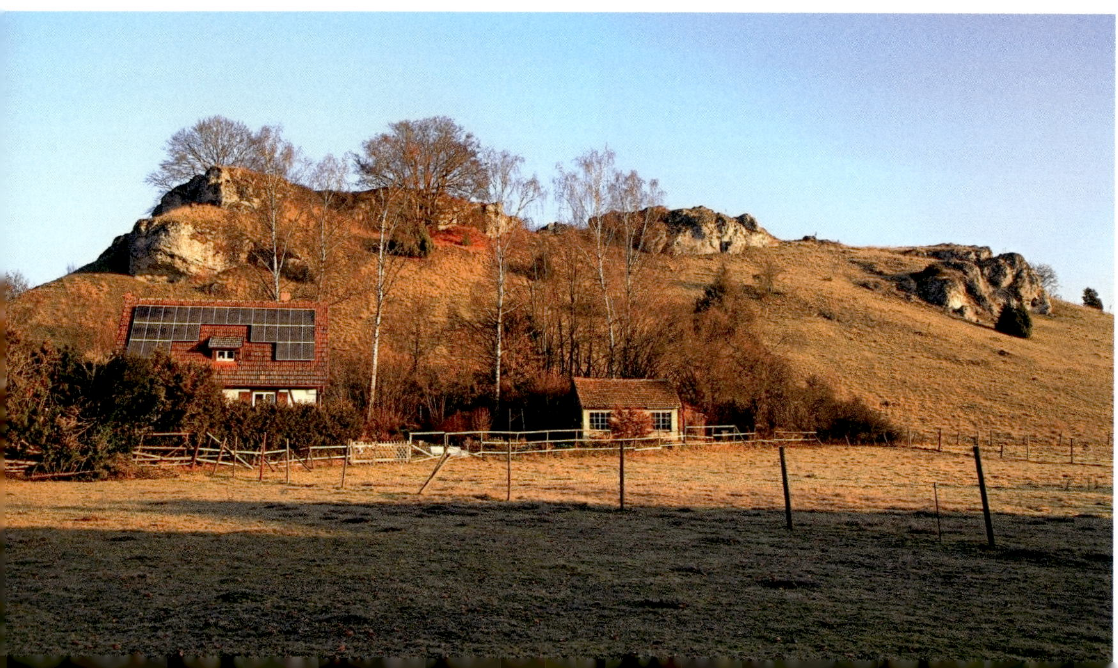

Am Anfang der Wanderung führt der Weg über dieses Stück des Kraterrands.

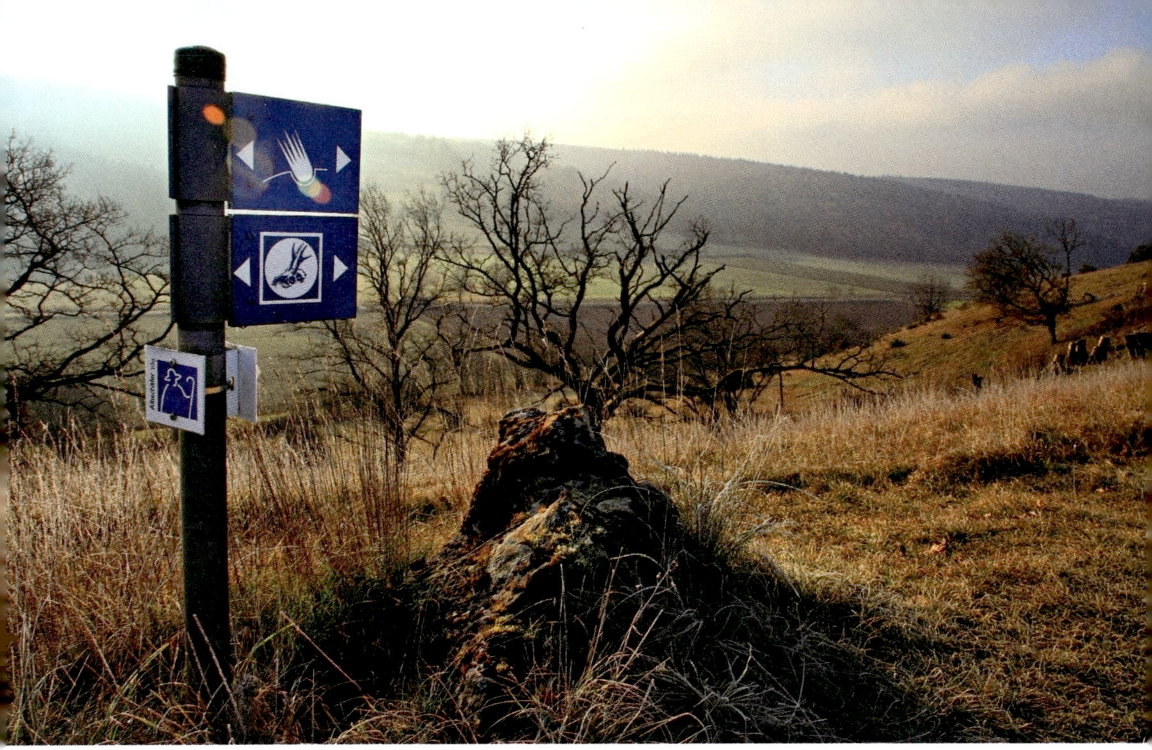

Eine gute Beschilderung macht den Weg über den Kraterrand einfach.

Wir gehen an ihm vorbei, passieren die durch eine Tafel beschriebene Lettenhülbe und kommen zur Berghütte Kraterblick. Hier halten wir uns rechts, gehen am Gelände der Hütte vorbei und haben nach rechts einen schönen Blick über Steinheim und den nördlichen Kraterrand.

Der Weg zieht nach rechts, aber bevor er steil nach Steinheim abfällt, werden wir mit dem Wanderzeichen nach links verwiesen. An der Gedenkstätte für die Gefallenen des Ersten Weltkriegs und die Toten durch die Vertreibung nach dem Zweiten Weltkrieg gehen wir links vorbei, nun bergab. Bald passieren wir eine Sammelstelle für Fossilien, die als Klopfplatz gestaltet ist.

Kurz danach biegen wir am Schild Sandgrube (549 m) links ab. Vorbei an der großen Sandgrube kommen wir zum Friedhof und dem **Parkplatz** 6, der sich auch als Ausweichparkplatz anbietet. Hier hal-

Fossilien erklopfen

An der Sammelstelle/Klopfplatz werden sich Kinder wohlfühlen, denn sie haben die Chance, eine Versteinerung zu finden. Es ist aber ratsam, für die Kinder außer einem Hammer auch Lederhandschuhe zum Schutz der Hände bei den wohl unvermeidlichen Fehlschlägen sowie eine Schutzbrille gegen umherfliegende Steinsplitter mitzunehmen. Es empfiehlt sich, mit Kindern am unterhalb der Klopfstelle liegenden Parkplatz am Friedhof zu parken, denn dann muss man eventuelle Funde nicht mehr weit tragen. Auch ein Rucksack oder ein anderes Behältnis zum Tragen der Steine ist sinnvoll.

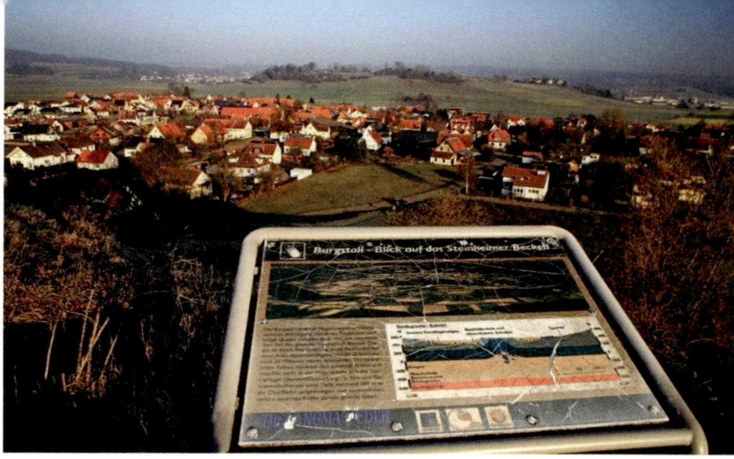

Blick auf Sontheim im Stubental

ten wir uns links. Gleich rechts liegt der Parkplatz an der Wentalhalle/Sportzentrum.

Wir wandern nun ein paar Minuten auf dem die Straße begleitenden Weg bis zu einem Gehölz, an dem die Infotafel Bohrung im Ried steht. Hier biegen wir links ab und spazieren bis zu der hölzernen **Feldscheune** 7. Vor ihr zweigen wir rechts ab und gehen nach Sontheim hinein. Vor der Gaststätte halten wir uns links, gleich danach am Brunnen rechts in den Hochfeldweg. Kurz danach liegt links das Meteorkrater-Museum. Nach ihm biegen wir rechts ab in den Burgstallweg und wandern zurück zum Ausgangspunkt.

Meteoriteneinschlag im Steinheimer Becken

Die außergewöhnliche Landschaft des Steinheimer Beckens entstand vor rund 15 Millionen Jahren im Tertiär durch den Einschlag eines Meteoriten. Es ist der wohl besterhaltene und ausgeprägteste Meteoritenkrater mit einem Zentralkegel – der heutige Klosterberg. Dieser Einschlag vernichtete zwar alles Leben im Becken, aber bald bildete sich neues. Es entstand ein Kratersee. In seinen Ablagerungen findet man zahlreiche Versteinerungen von etwa 230 Tier- und 90 Pflanzenarten.

Das 426 Hektar große Gebiet ist wegen seiner Wacholderheiden, Magerrasen, Trockenrasen, reich strukturierten Gehölzbeständen, Waldinseln, naturnahen Laubwäldern, Weidbäumen und Felsbiotopen als Naturschutzgebiet ausgewiesen

Wer hier ist und die außergewöhnliche Landschaft des Steinheimer Beckens sieht, interessiert sich sicher für das Meteorkrater-Museum. In dessen geologischer Abteilung wird der Meteoriteneinschlag ausführlich dargestellt. Dazu sieht man versteinerte Pflanzen und Tiere aus den Ablagerungen des Kratersees und kann sich einen interessanten Animationsfilm ansehen. Das Museum ist auch Geopark-Infostelle des Geoparks Schwäbische Alb und bietet Geologie zum Anfassen.

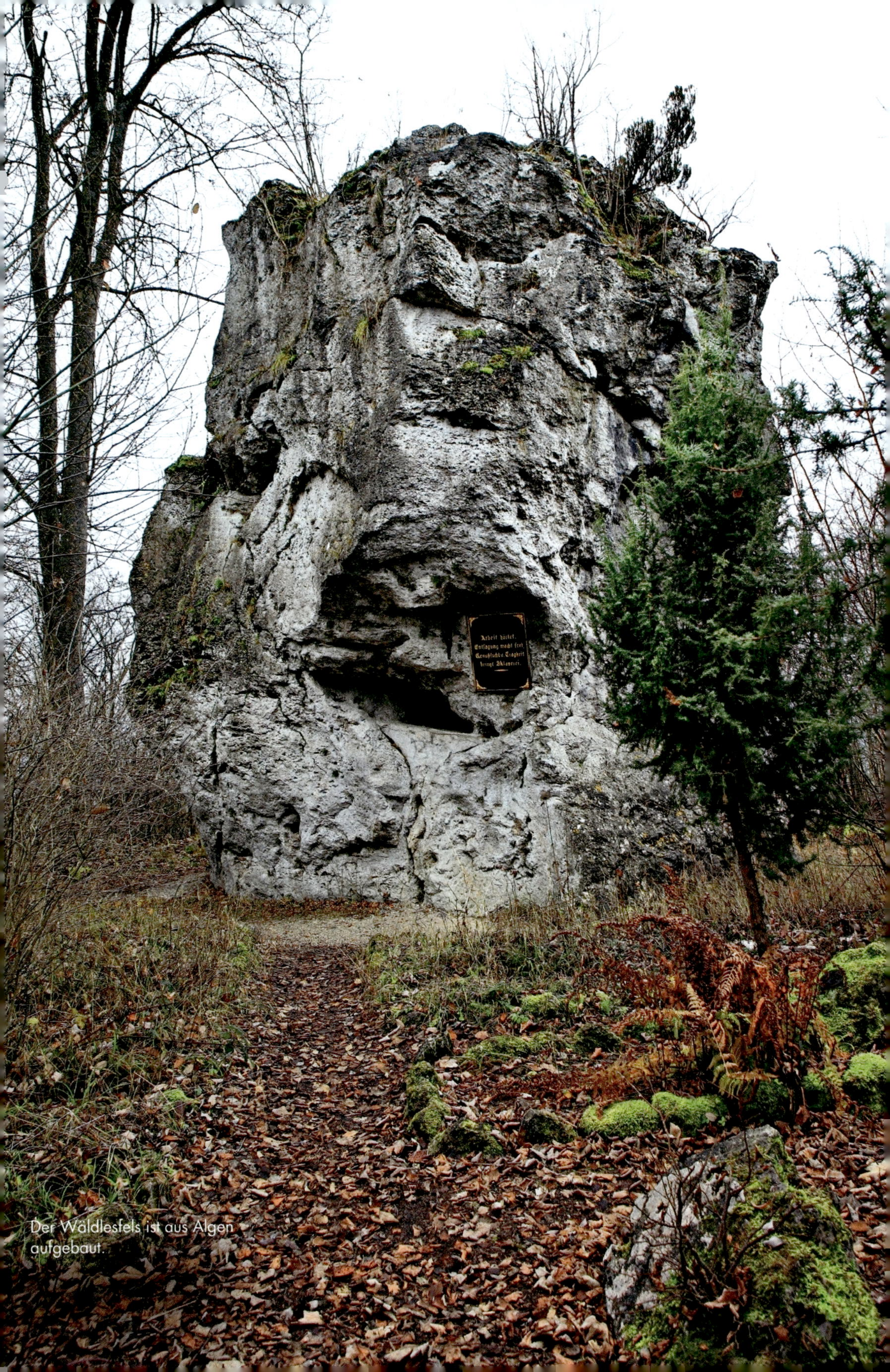

Der Waldiesfels ist aus Algen aufgebaut.

21 Von Gerstetten zum Kulturhof Erpfenhausen

Auf dem Fritz Vogel-Rundweg

leicht | 6 km | 90 Hm | 1.40 Std.

Tourencharakter
Überwiegend Naturwege und -pfade. Diese können bei feuchtem Wetter schmierig sein.

Tourenverlauf
Gerstetten/Friedhof – Ameisenbühl 0.10 Std. – vor Taleinschnitt 0.25 Std. – Erpfenhausen 0.20 Std. – Friedhof 0.45 Std.

Höchster Punkt
Am Abzweig nach dem Wanderschild Ameisenbühl, 656 m

Ausgangspunkt/Endpunkt
Gerstetten, Waldfriedhof, Karlstr. 121, 640 m

Anfahrt
Auto: Auf der A7 bis zur Anschlussstelle Niederstotzingen und weiter auf der L1168 Richtung Dettingen, anschließend über die L1164 über Heuchlingen nach Gerstetten; GPS 48.624425, 10.036543
Bus & Bahn: Bahn nach Heidenheim oder Geislingen (Steige), Bus oder Ruftaxi nach Gerstetten, Haltestelle Bahnhof; Info: www.efa-bw.de

Einkehr
Gerstetten

Karte
Freizeitkarte F522 Aalen, 1:50 000, Landesamt für Geoinformation und Landentwicklung Baden-Württemberg (LGL)

Informationen
www.heidenheimer-brenz-region.de, www.gerstetten.de

So kurz diese Wanderung auch ist, so schön ist die Landschaft unterwegs. Wälder mit mächtigen und knorrigen alten Bäumen wechseln sich ab mit Wacholderheiden. Da keine großen Höhenunterschiede zu bewältigen sind, ist es eine Tour, die man machen kann, wenn man nur einen halben Tag Zeit hat.

Durch den Wald Am **Waldfriedhof** finden wir das Wanderschild Waldfriedhof Gerstetten (640 m). Von ihm aus gehen wir mit dem Wanderzeichen gelber Ring und dem Zeichen des Albschäferwegs erst über den Parkplatz und am Friedhof entlang. Wo der asphaltierte Weg endet, folgen wir direkt am Friedhofszaun dem Pfad. Nach dem Friedhof geht es auf einem Pfad weiter durch einen schönen Wald.

An einem querenden Forstweg biegen wir am Wanderschild **Ameisenbühl** (638 m) 1 rechts ab. Den ersten links abgehenden und mit dem gelben Ring markierten Weg ignorieren wir – auf ihm kommen wir später wieder zurück. Etwas später aber weisen uns die Zeichen nach links auf einen Pfad. Nach einiger Zeit queren wir einen Forstweg und wandern weiter auf einem Pfad.

Vorbei an den Wettertannen Später verlassen wir den Wald und gehen links des Waldabteilungsschildes 10/1 Kiesling erst über einen breiten Weg, dann auf einem Pfad links am Waldrand vorbei 2. Wir queren ein Wiesentälchen mit heideähnlichem Bewuchs, passieren das Schild Kisling (593 m) und gehen zum Waldrand. Davor und im Wald finden wir zahlreiche uralte markante Bäume, die Wettertannen.

Zurück über den Kulturhof Erpfenhausen Der Weg zieht bald nach links und wir sehen in einer Lichtung eine Grillstelle. Später geht es über eine große Wiese, auch hier liegt rechts des Weges eine Grillstelle. An einem **querenden breiten Weg** 3 biegen

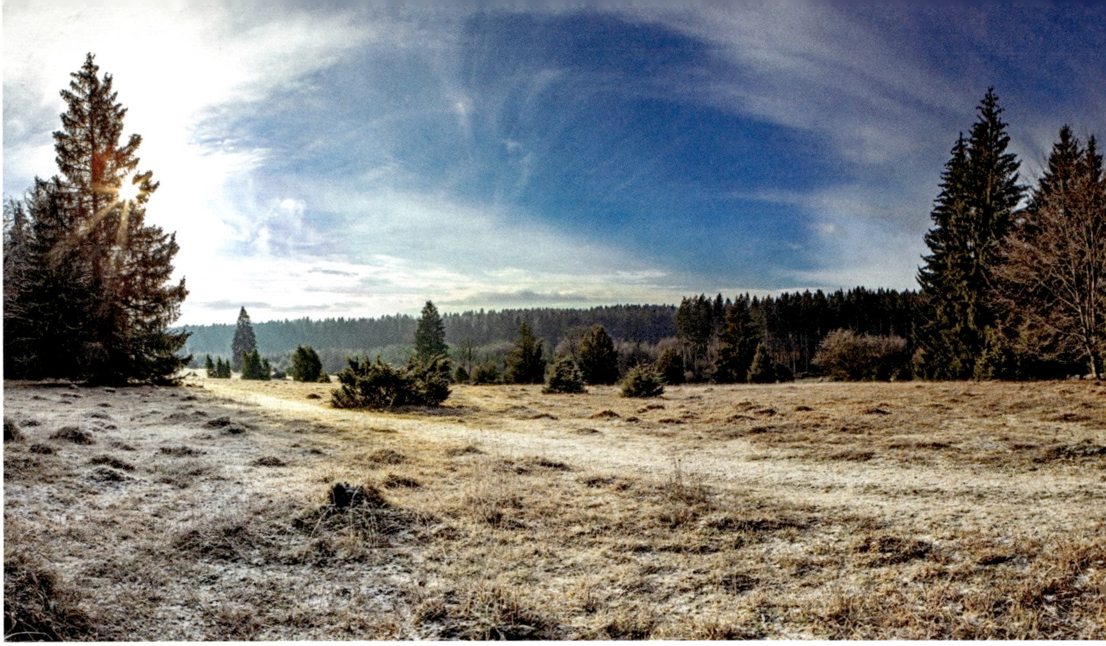

wir links ab. Etwas später durchqueren wir den Kulturhof Erpfenhausen. Danach wandern wir auf der Straße durch eine Landschaft mit Wacholdern.

Typische Ostalblandschaft mit einer Wacholderheide

Einen links abgehenden Asphaltweg ignorieren wir, zweigen aber kurz darauf mit dem gelben Ring links ab auf einen **Pfad** 4. Er bringt uns über eine Weise in den Wald. Hier folgen wir nun immer den Zeichen gelber Ring und Albschäferweg und wandern auf einem schmalen Pfad bis zu dem Forstweg, an dem rechts das Schild Ameisenbühl steht. Zu ihm gehen wir, dann nach links auf bekanntem Weg wieder zurück zum Ausgangspunkt.

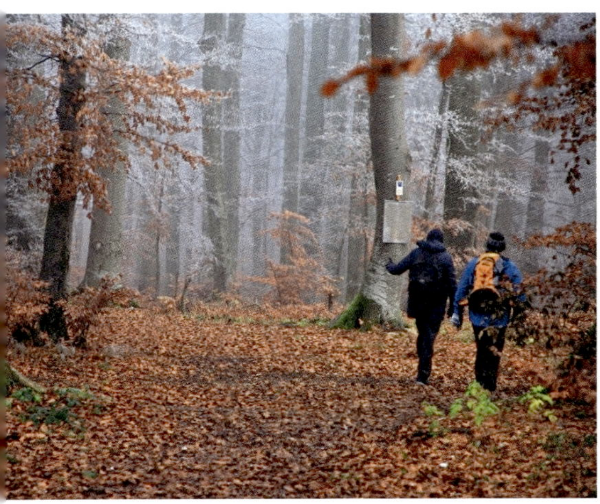

Der Weg führt durch urige Wälder mit mächtigen alten Bäumen.

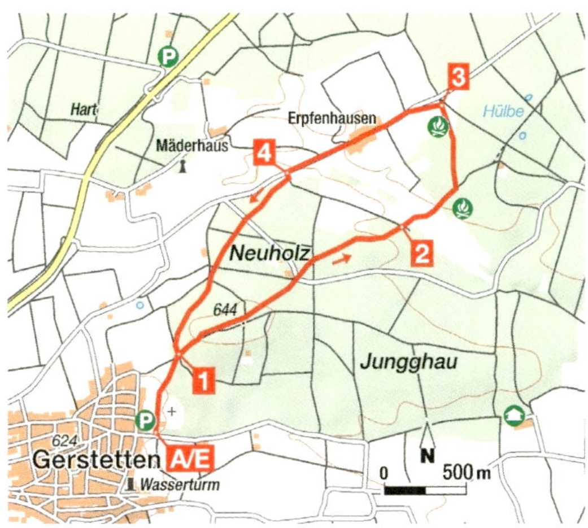

22 Zur Fohlenhof-Höhle

Durch zwei stille Täler

mittel | 13 km | 140 Hm | 3.20 Std.

Tourencharakter
Wir wandern auf festen Wegen und Naturpfaden.

Tourenverlauf
Neenstetten/Wanderparkplatz beim Tennisplatz – Abzweig Eckwiesen 1 Std. – Fohlenhof-Höhle 0.20 Std. – Lonetalbrücke/Beginn Eschental 0.40 Std. – Wanderparkplatz 1.20 Std.

Höchster Punkt
Ausgangspunkt, 570 m

Ausgangspunkt/Endpunkt
Neenstetten, Wanderparkplatz am Tennisplatz, Ulmer Straße, 570 m

Anfahrt
Auto: A81 bis Ausfahrt Ulm Ost, dann über Beimerstetten und Breitingen nach Norden zu den Sportplätzen kurz vor Neenstetten; GPS 48.538216, 10.016480
Bus & Bahn: Bahn bis Beimerstetten, Bus bis Neenstetten, Haltestelle Dorfplatz; Info: www.efa-bw.de

Einkehr
Neenstetten

Karte
Freizeitkarte F525 Ulm, 1:50 000, Landesamt für Geoinformation und Landentwicklung Baden-Württemberg (LGL)

Informationen
www.neenstetten.de

Zwei stille und wenig begangene Täler liegen am Anfang und am Ende dieser Wanderung, das Trutteltal und das Eschental. In der Mitte kommen wir zur Fohlenhof-Höhle. Hier werden etwas mehr Wanderer unterwegs sein, denn die Höhle ist eine bemerkenswerte Natursehenswürdigkeit.

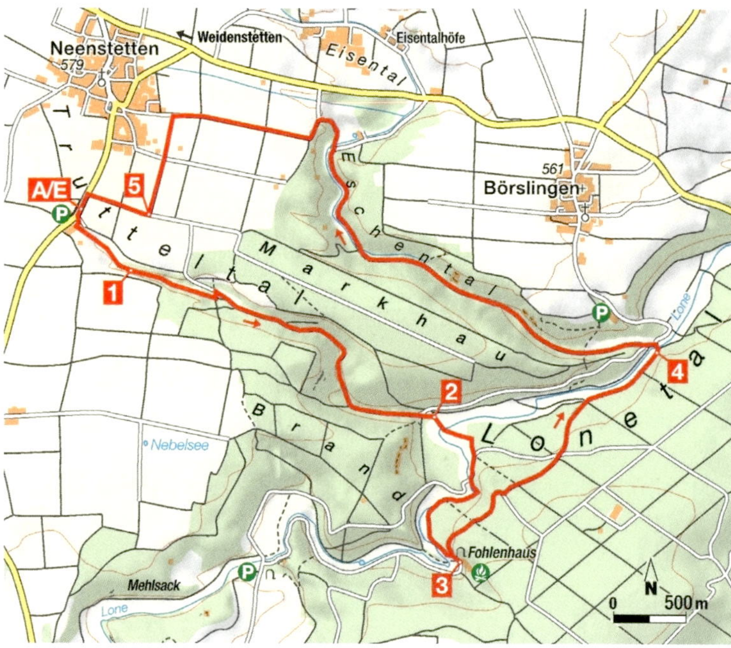

Hinab ins Trutteltal Wir gehen vom Wanderparkplatz aus mit dem gelben Dreieck unterhalb des Tennisplatzes nach links. Der Weg hört bald auf und wir wandern auf Wegspuren durch das wunderschöne Wiesental. Die Markierungen des Albvereins zeigen uns, dass wir noch auf dem richtigen Weg sind. Schließlich kommen wir in den Wald, nun beginnt wieder ein **Weg** ❶. Wir gelangen vor der nächsten Lichtung zum Schild Oberes Trutteltal (545 m). Geradeaus gehend erreichen wir das Schild **Eckwiesen** (502 m) ❷.

Weiter zur Fohlenhof-Höhle Hier biegen wir rechts ab, »Fohlenhof« ist bereits angeschrieben. Kurz danach führt uns der Weg über eine Brücke und etwas bergauf. Vor dem Wald zweigen wir rechts ab. Anschließend zieht der Weg nach links in den Wald zu einem festen Weg. Am Schild Engienghäu West (505 m) halten wir uns rechts. Wir wandern immer geradeaus, vorbei an ein paar mächtigen Felsgestalten, und erreichen schließlich die **Fohlenhof-Höhle** (509 m) 3.

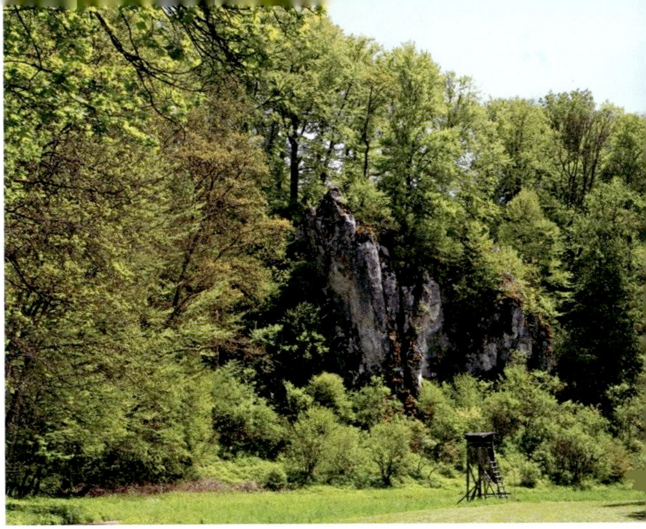

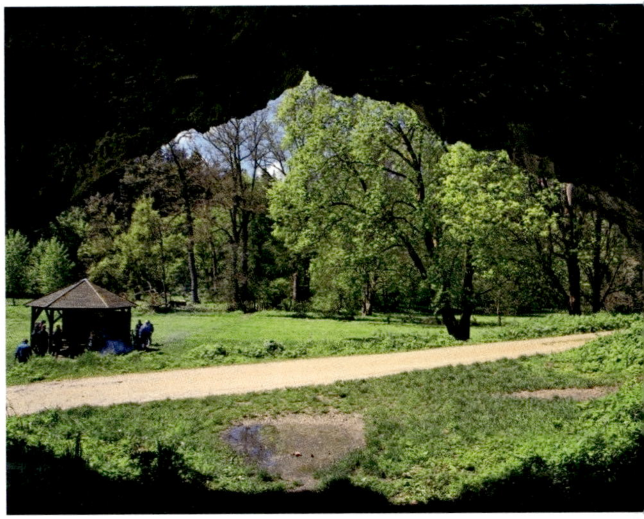

Zum Lonetal An der Hütte und der Grillstelle biegen wir scharf links ab und wandern an der Höhle vorbei. Nun steigt es etwas an. Wo es an einer Kreuzung etwas flacher wird, zweigen wir links ab, jetzt fällt der Weg wieder sanft ab. Wir queren einen Forstweg und behalten unsere Richtung bei. Schließlich erreichen wir ein breites Wiesental, das Lonetal. Wir biegen rechts ab auf den asphaltierten Weg. Bald überqueren wir in einem Linksbogen die **Lone** 4. Danach halten wir uns mit dem Radwegschild nach »Neenstetten« links, an der nächsten Verzweigung rechts.

Oben: Immer wieder säumen mächtige Kalkfelsen den Wanderweg.

Unten: Blick aus der Fohlenhof-Höhle auf den Rastplatz

Zurück durchs Eschental Nun wandern wir durch das recht unberührte und stille Eschental. Es zeigt hier eine wilde Natur mit einem urtümlich wirkenden Wald und einigen mächtigen Felsen.

Schließlich steigt es an. Oben angelangt, stehen wir auf einer Freifläche mit Wiesen und Feldern. Wir biegen links, dann mit dem Radwegschild gleich wieder rechts ab 5. Der Weg führt uns auf Neenstetten zu. Noch vor dem Ort biegen wir vor einer Feldscheune links ab und wandern, bis der Schotterweg nicht mehr weitergeht. Hier halten wir uns rechts und wandern zur Straße. Nach links geht es zurück zum Ausgangspunkt.

23 Rund um den Moldenberg

Aussicht und Wacholderheide

leicht | 7 km | 100 Hm | 2 Std.

Tourencharakter
Pfade und feste Wege.

Tourenverlauf
Heidenheim-Schnaitheim/ Parkplatz Sportplatz – Winterhalde 0.10 Std. – Gehrenhütte 0.25 Std. – Schild Lindletal 0.45 Std. – Moldenberg Zeisigweg 0.25 Std. – Parkplatz Sportplatz 0.15 Std.

Höchster Punkt
Winterhalde, 606 m

Ausgangspunkt/Endpunkt
Heidenheim-Schnaitheim, Sportplätze, Ende der Berchtenstraße, 585 m

Anfahrt
Auto: B10, dann B466 bis Heidenheim, dort nach Norden nach Schnaitheim; GPS 48.702997, 10.183398
Bus & Bahn: Bahn bis Heidenheim, Bus bis Schnaitheim, Haltestelle Wehrenfeld;
Info: www.efa-bw.de

Einkehr
Sportplätze

Karte
Wanderkarte W231 Heidenheim a. d. Brenz, 1:25 000, Hrsg.: Schwäbischer Albverein e. V., Kartographie: Landesamt für Geoinformation und Landentwicklung Baden-Württemberg (LGL)

Informationen
www.heidenheim.de

Viel Aussicht über die Heidenheimer Umgebung bietet uns diese Wanderung beim Ortsteil Schnaitheim. Sie führt uns anfangs durch einen Wald, der mit seinem vielen Totholz einen urigen, bannwaldartigen Charakter aufweist. Abschließend geht es durch eine Wacholderheide, von der wir eine weite Aussicht ins Tal haben.

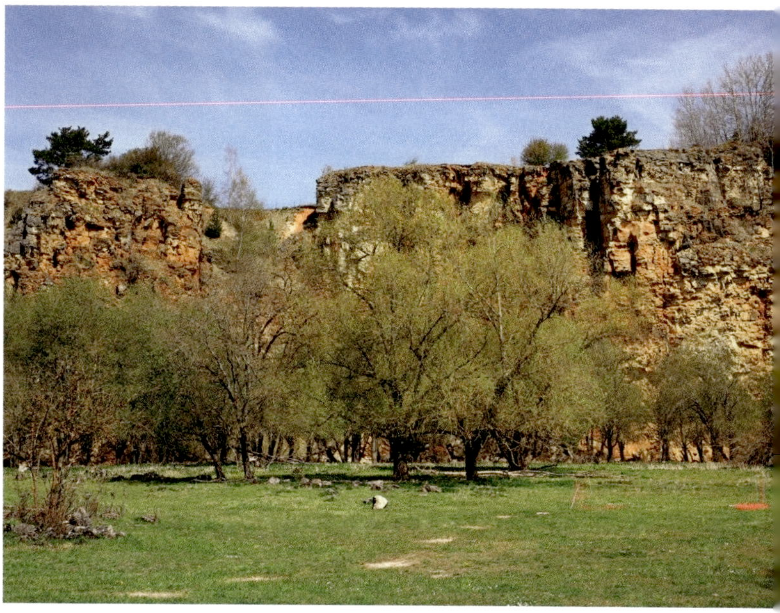

Durch den Wald zum Weiher Am **Parkplatz bei den Sportplätzen** steht das Wanderschild Sportplatz Moldenberg (585 m). Hier gehen wir kurz links des Sportplatzes weiter, dann folgen wir der Beschilderung nach links in den Wald auf den Waldsportpfad. An der nächsten Verzweigung gehen wir mit den Zeichen des Schäferwegs und Rundwegs links.

Bald erreichen wir eine Kreuzung. Hier halten wir uns am Schild **Winterhalde** (606 m) **1** rechts. Kurz danach werden wir vom

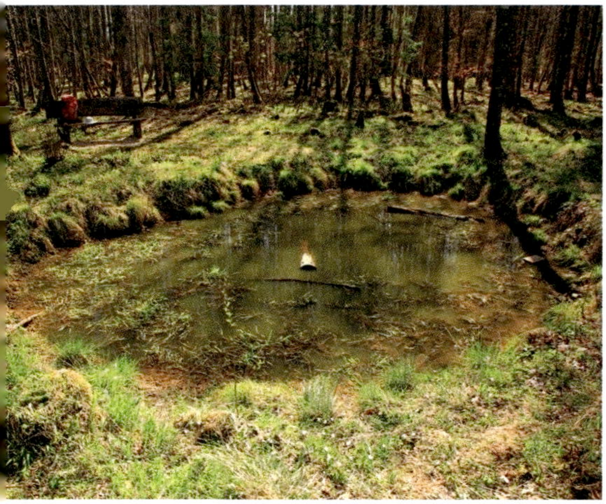

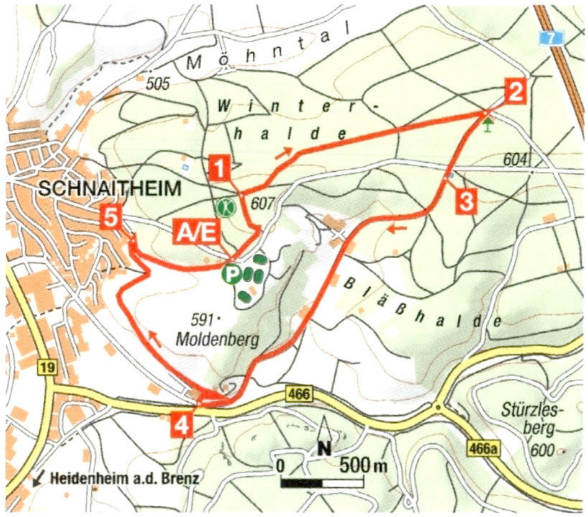

Oben: Mitten im Wald trifft man auf einen kleinen idyllischen Weiher.

Linke Seite: Blick in den ehemaligen Steinbruch – Natur aus zweiter Hand

Schotterweg nach links auf einen Naturpfad verwiesen. Diesem folgen wir nun eine ganze Weile immer geradeaus. Nach einem stillen Waldweiher stoßen wir an einer Kreuzung auf die **Gehrenhütte** (592 m) ❷. Hier biegen wir rechts ab.

An der Kreuzung beim Schild **Gehrenhülbe** (599 m) gehen wir geradeaus weiter. Kurz danach liegt links das genannte **Gewässer** ❸. Bald danach verlassen wir den Wald und wandern nach den rechts stehenden Häusern durch die Felder des Täschentals.

Heideblick vom Staudamm Danach kommen wir am **Staudamm Nattheimer Tal** vorbei und erreichen einen Parkplatz vor der Bundesstraße. Hier werden wir am Schild **Lindletal** (501 m) ❹ nach rechts verwiesen. Wir gehen rechts des Gebäudes des Vereins der Hundefreunde e. V. etwas bergauf, dann zieht das Sträßchen nach rechts. Etwa 50 Meter nach der Schranke werden wir nach links auf einen Naturweg geführt.

Vorbei am Steinbruch zur Heidelandschaft Nun wandern wir längere Zeit durch eine Heidelandschaft. Der Weg schlängelt sich in weiten Schwüngen am Hang entlang, wir passieren den als Naturdenkmal geschützten ehemaligen Steinbruch und das Schild Moldenberg Stieglitzweg (537 m) und kommen in der Nähe des Wohngebiets zum Schild **Moldenberg Zeisigweg** (547 m) ❺. Hier werden wir nach rechts verwiesen. Teilweise auf einem Naturweg neben dem Schotterweg gelangen wir zurück zum Ausgangspunkt.

24 Von Neresheim nach Auernheim

Wacholderheide und Aussicht

mittel | 10,3 km | 120 Hm | 2.40 Std.

Tourencharakter
Wir wandern meist auf festen Wegen, zum Teil auf einem Naturweg.

Tourenverlauf
Neresheim/Bahnhof – Zwing 0.30 Std. – Auernheim 0.55 Std. – Erste Kapelle 0.30 Std. – Neresheim Stadtgarten 0.35 Std. – Bahnhof 0.10 Std.

Höchster Punkt
Krautgartenhäule vor Auernheim, 578 m

Ausgangspunkt/Endpunkt
Neresheim, Bahnhof, 505 m

Anfahrt
Auto: A8 bis Kreuz Ulm/Elchingen, weiter A7 bis Ausfahrt Heidenheim, dann B466 bis Neresheim; GPS 48.751202, 10.339181
Bus & Bahn: Bahn bis Aalen, Bus bis Neresheim, Haltestelle Post; Info: www.efa-bw.de

Einkehr
Neresheim

Karte
Freizeitkarte F522 Aalen, 1:50 000, Landesamt für Geoinformation und Landentwicklung Baden-Württemberg (LGL)

Informationen
www.neresheim.de,
www.nattheim.de

Diese Tour findet auf dem Härtsfeld statt, das seinen Namen von »hartes Feld« hat – mit Blick auf die steindurchsetzten Äcker keine unpassende Beschreibung. Trotzdem durchwandern wir eine großartige Landschaft und finden mit dem Kloster in Neresheim und der Kirche in Auernheim auch ein sehenswertes kulturhistorisches Erbe.

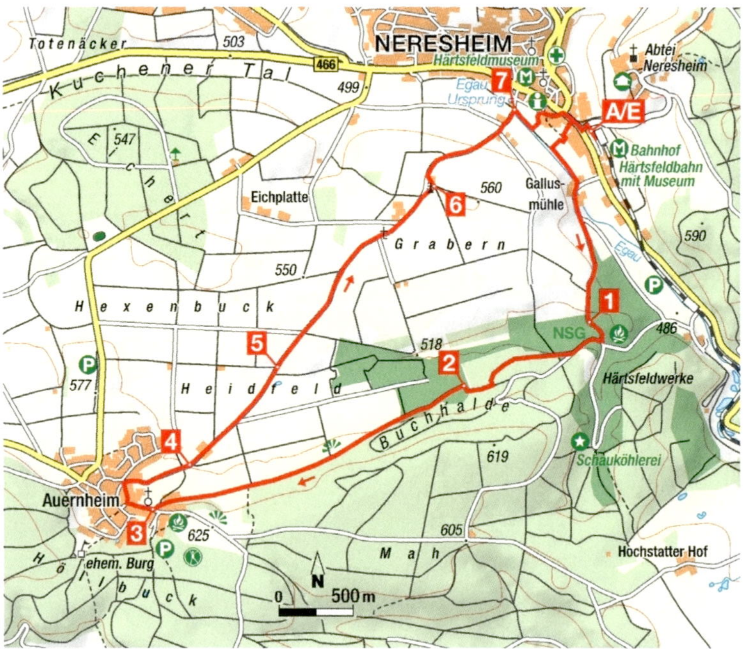

Von Neresheim ins Naturschutzgebiet Wir gehen vom **Bahnhofsgelände** ortseinwärts, dann spazieren wir nach dem Bahnhofsgebäude nach links zur Dischinger Straße und folgen ihr kurz. Gleich danach biegen wir am Wanderschild Neresheim Zentstadel (501 m) links ab.

Nach dem Tennisplatz halten wir uns links, dann rechts und gleich wieder links und kommen zum Hang mit dem Schild An der Egau (492 m). Dort biegen wir links ab. Bald sind wir an der Gallusmühle. Wir wenden uns am Schild Gallusmühle (491 m) nach rechts und dann gleich wieder nach links. Nun folgen wir eine Weile diesem Weg. Nach einem Baum mit Kruzifix steigt es etwas an.

Oben betreten wir das **Naturschutzgebiet Zwing** 1, in dem wir eine prächtige Wacholderheide sehen. Wir wandern durch diese hinab zum Schild NSG Zwing Buchhalde (501 m) und biegen rechts ab. Es geht etwas bergauf, dann werden wir vor dem Wald nach rechts verwiesen. Nun befinden wir uns auf einem Naturweg, teilweise mit Aussicht, teilweise in einem urtümlichen Wald.

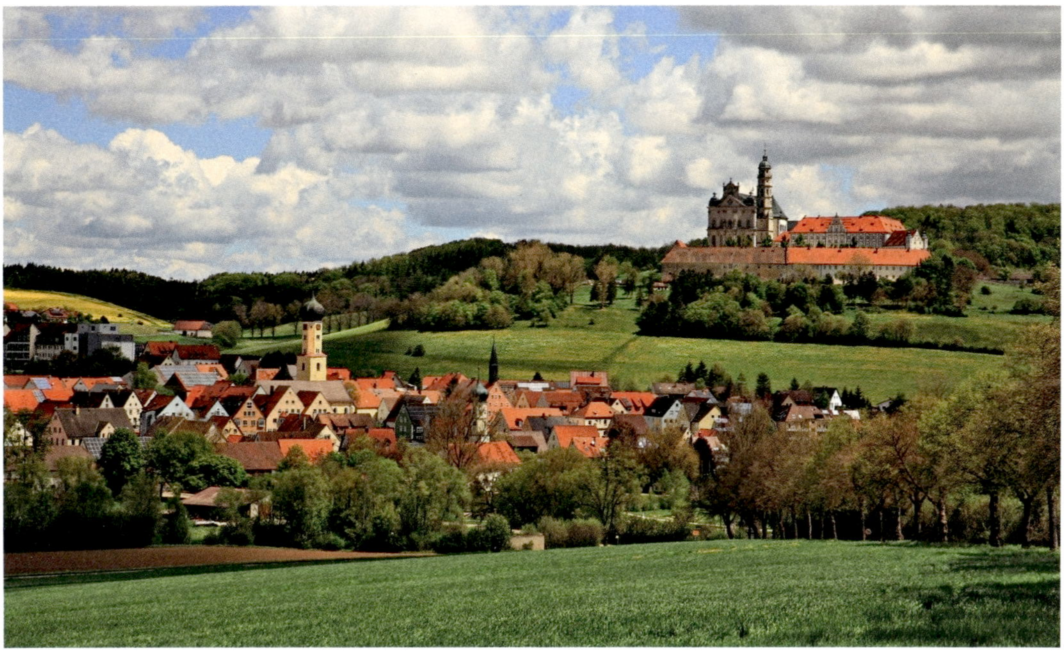

Blick über Neresheim zu der prächtigen Klosteranlage

Auf einem Naturweg nach Auernheim Nach einer Linkskurve treffen wir auf einen Schotterweg, dem wir nach rechts folgen. Kurz danach werden wir nach rechts verwiesen, gleich danach am Waldrand und vor der Freifläche aber nach links 2. Nun wandern wir eine ganze Weile auf einem Naturweg am Waldrand entlang. Wir passieren die Schilder Waldtrauf Buchhalde (549 m) und Krautgartenhäule (578 m) und kommen schließlich nach **Auernheim** 3. Am Schild Auernheim Kirche (568 m)

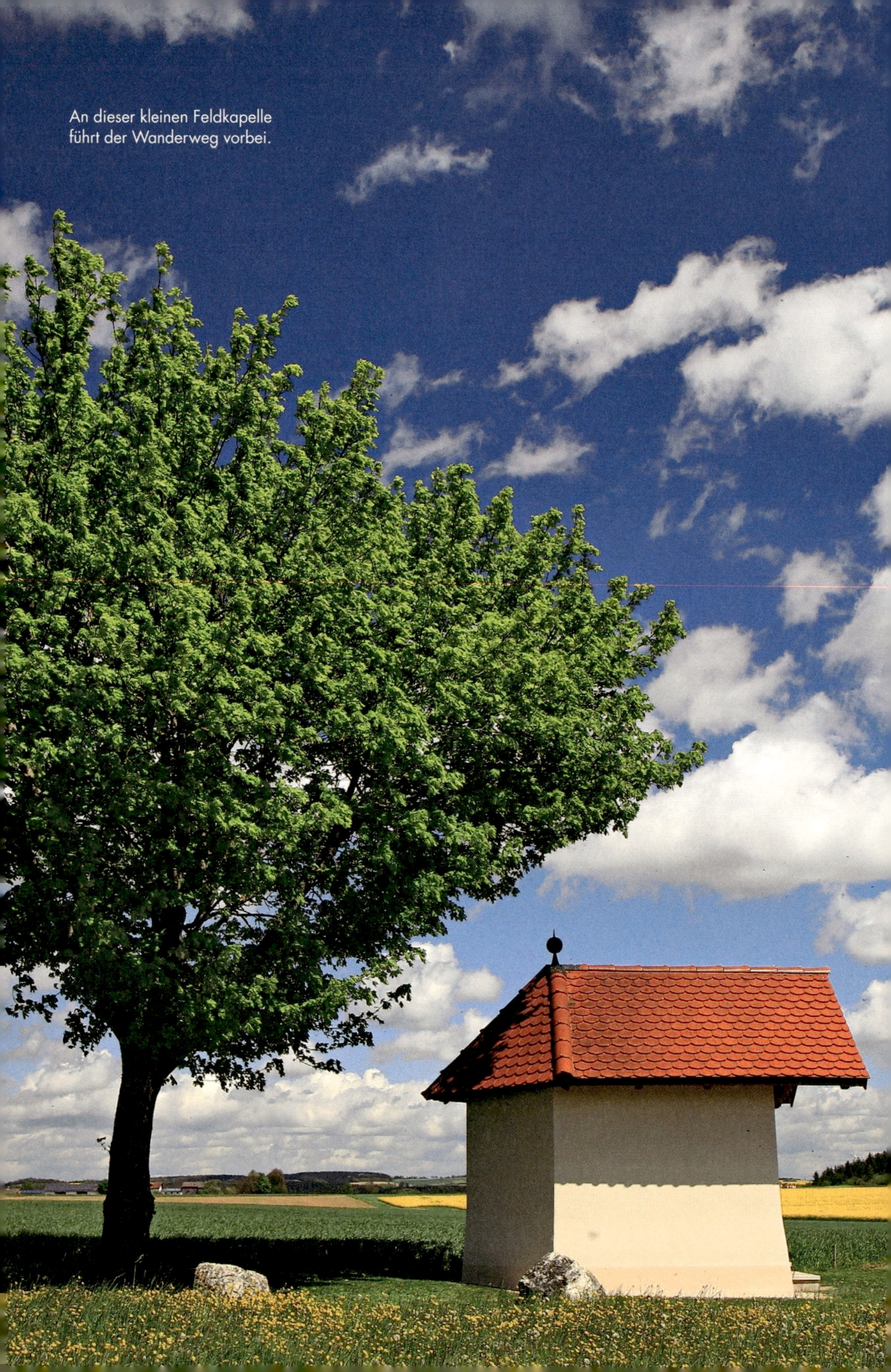
An dieser kleinen Feldkapelle führt der Wanderweg vorbei.

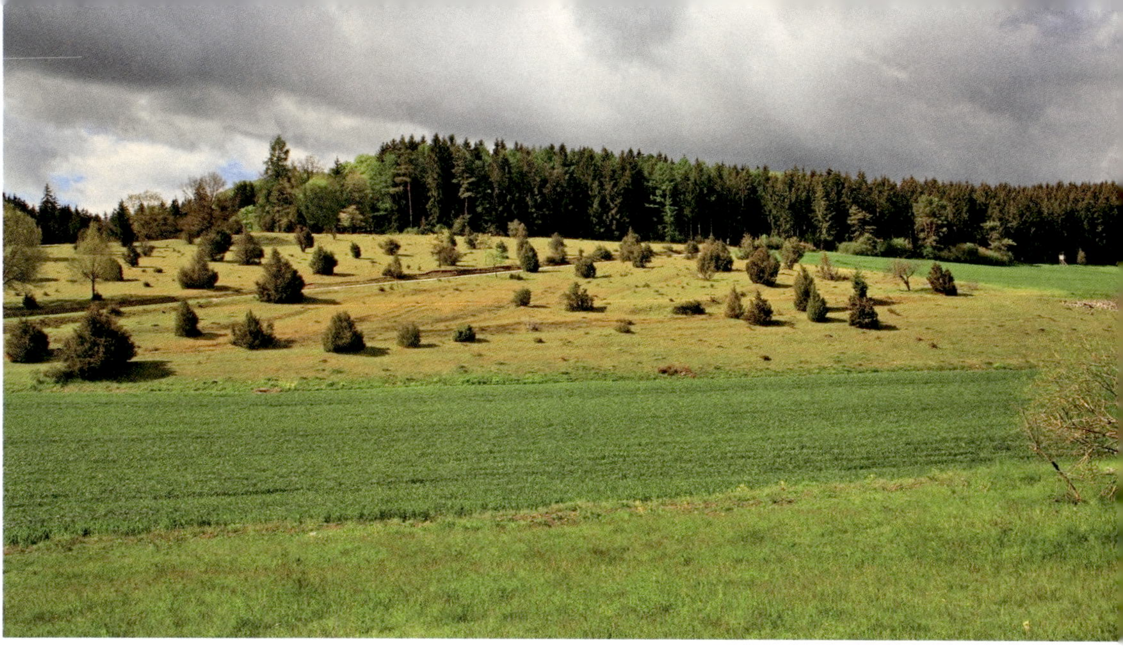

Im Naturschutzgebiet Zwing wächst eine typische Wacholderheide.

biegen wir rechts ab. Hier sollten wir die Kirche besichtigen. Sie hat nicht nur eine sehenswerte Innenausstattung, sondern hatte auch einen besonderen Pfarrer: Er hat sich seinen eigenen Grabstein geschlagen; man sieht ihn in der Mauer gegenüber vom Kircheneingang.

Endspurt zurück nach Neresheim Wir gehen nun bergab, bis nach dem Rathaus und vor Haus Nr. 5 ein Weg abgeht. Auf ihm spazieren wir etwas bergab, dann biegen wir vor dem Kruzifix rechts ab in die Ziegelstraße. An der Verzweigung vor einem **Hof** 4 halten wir uns links. Der Weg führt uns danach an einer **Kapelle** 5 vorbei. Nach dem nächsten Hof sehen wir am Schild **Auernheimer Bergkapelle** (499 m) selbige auf der rechten Seite 6. Der Weg bringt uns danach hinab nach Neresheim. Wir passieren das Schild Auernheimer Weg (499 m), gehen anschließend an einer kleinen Kapelle vorbei und biegen am Schild **Neresheim Geisenbrücke** (493 m) 7 rechts ab. Der Weg führt uns durch den schön angelegten **Stadtgarten**, wobei wir einige bienenkundliche Informationen lesen und uns an Blumenrabatten und Kunstwerken erfreuen können.

Nach dem Stadtgarten zweigen wir links ab und gehen nach links an einem Gebäude sowie an der Wassertretanlage vorbei. An der querenden Straße biegen wir rechts ab. Sie bringt uns hinauf zur Dischinger Straße, der wir nach rechts zum Ausgangspunkt folgen.

25 Ruine Güssenburg und Brenzweg

Von der Ruine zur Flussromantik

leicht | 7,8 km | 100 Hm | 2.10 Std.

Tourencharakter
Feste Wege, aber auch einige unbefestigte Abschnitte.

Tourenverlauf
Giengen/Parkplatz – B492
0.30 Std. – Ruine Güssenburg
0.20 Std. – Brenzbrücke
0.20 Std. – Parkplatz 0.60 Std.

Höchster Punkt
Güssenburg, 494 m

Ausgangspunkt/Endpunkt
Giengen an der Brenz, Parkplatz gegenüber Hermaringer Str. 3, 483 m

Anfahrt
Auto: A8 bis Kreuz Ulm, dann A7 bis Ausfahrt Giengen. Kurz auf der B492, dann links ab auf die Ulmer Straße/L1079, die einen zur Bahnhofstraße bringt; GPS 48.618404, 10.243492. Ausweichparkplätze findet man am Bahnhof und nach der Ruine Güssenburg am Ortsrand von Hermaringen (Parkplatz Güssenburg an der Güssenstraße beim Sportplatz).
Bus & Bahn: Bahn bis Giengen; Info: www.efa-bw.de

Einkehr
Giengen, Hermaringen

Karte
Freizeitkarte F525 Ulm, 1:50 000, Landesamt für Geoinformation und Landentwicklung Baden-Württemberg (LGL)

Informationen
www.giengen.de

Kurz und gemütlich geht es zu auf dieser Tour. Wir wandern zuerst auf der Höhe über dem Brenztal, wobei wir eine schöne Aussicht ins Tal und über die Landschaft mit dem kargen Benzenberg haben. Nach dem Besuch der Ruine Güssenburg wandern wir eben entlang der Brenz, die uns hier romantische Szenerien bietet.

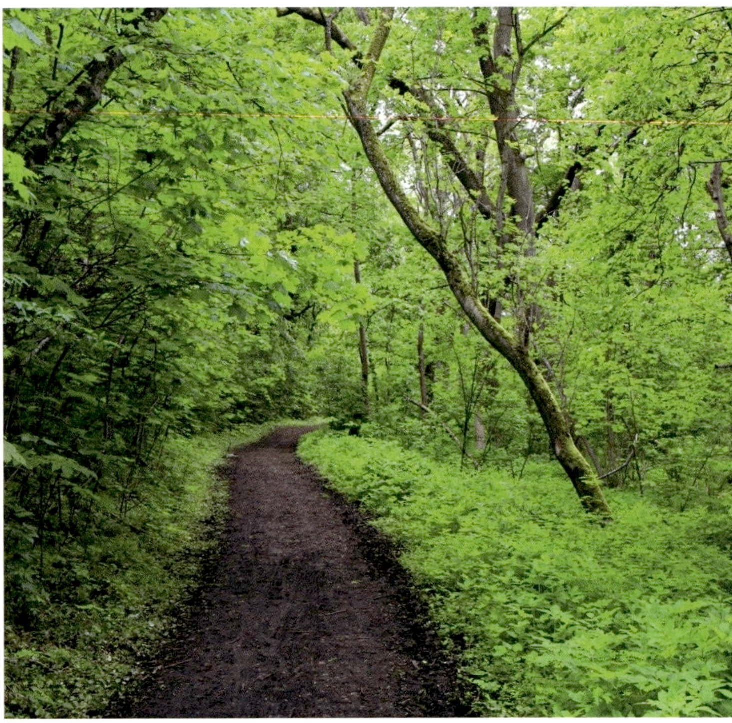

Auf den Höhenweg Vom **Parkplatz** aus gehen wir kurz in Richtung Bahnhof, dann folgen wir dem Abzweig, der uns nach links unter der Bahnlinie hindurchführt. Danach wartet der erste von nur zwei Aufstiegen. Auf der Höhe zieht der Weg nach rechts, und vorbei an einer Figur eines Albschäfers kommen wir zum Wanderschild **Bruckersberg** (501 m) ❶.

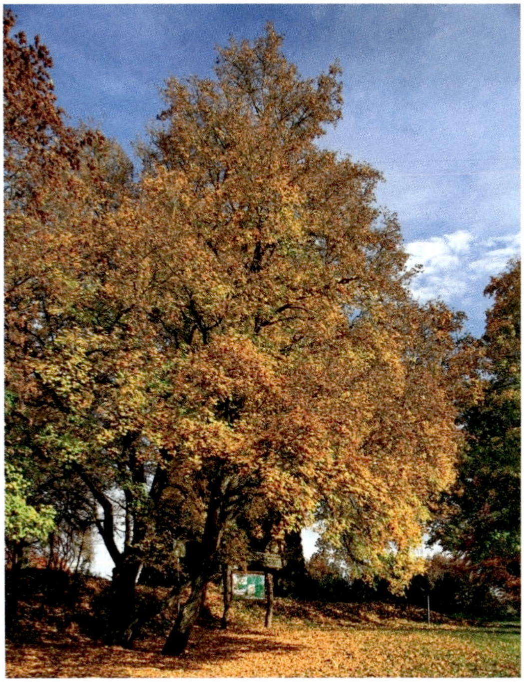

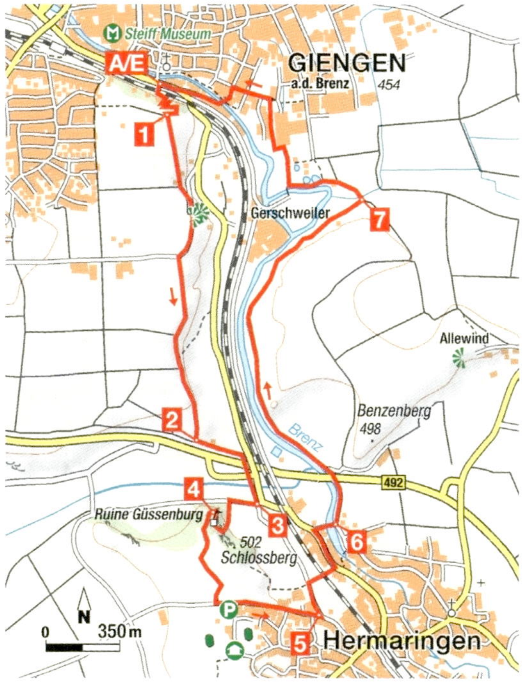

In der Ruine Güssenburg

Linke Seite: Der Aufstieg zu Beginn der Wanderung führt durch einen dichten Wald.

Dort halten wir uns links, nun wandern wir eine Weile auf der Höhe. Links sehen wir bald ein paar Felsen und eine Aushöhlung, die Giengener Steinbruchhöhle / Bärenhöhle. Auf dem Weiterweg haben wir einen schönen Blick über die Felder, dazu nach links hinab ins Brenztal und weiter über die karge Alblandschaft. Besonders ins Auge sticht am Schluss des Höhenwegs der Benzenberg kurz hinter der Brenz.

Wir treffen auf einen asphaltierten Weg, dem wir in Gehrichtung folgen. Später führt er geschottert weiter. Wir passieren das Schild Unteres Greut (491 m), dann fällt der Weg ab zu einem **Querweg vor der B492** ❷. Wir halten uns links bis vor die L1083, dort biegen wir rechts ab. Wir überqueren die Bundesstraße, danach einen Kanal und wandern weiter in Richtung Hermaringen.

Über die Ruine Güssenburg in den Ort Beim Schild **unterhalb Güssenburg** (457 m) ❸ biegen wir rechts ab, kurz darauf am Waldrand werden wir nach links verwiesen. Nun steigt es an, erst außerhalb des Waldes, dann ihn diesem. Er wirkt mit seinen alten Bäumen und der dichten Vegetation recht urtümlich. Schließlich geht es steiler bergauf und wir stehen bald in der **Güssenburg** ❹.

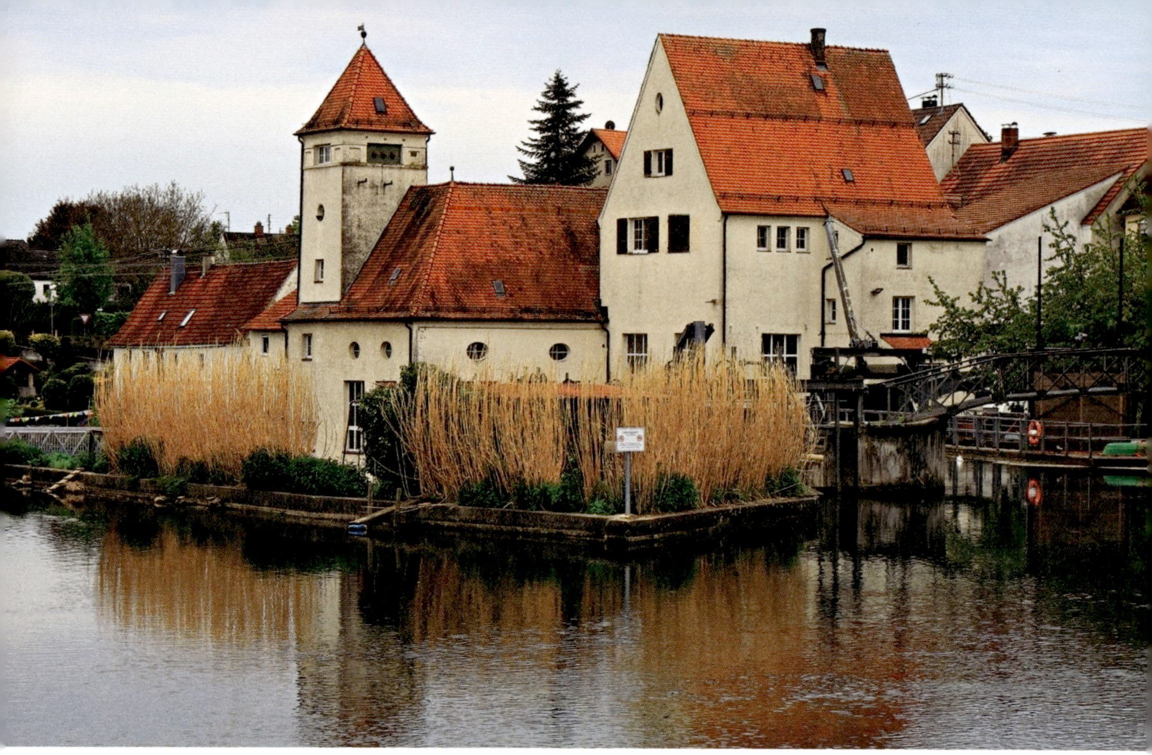

An dieser Mühlenanlage in Hermaringen führt unser Weg vorbei.

Auf diesem Abschnitt verläuft ein Stück des Albschäferwegs.

Am Schild Güssenburg (494 m) biegen wir links ab. Immer dem Wanderzeichen rote Gabel folgend, verlassen wir bald den Wald. Vor den Häusern von Hermaringen sehen wir rechts wieder eine Figur eines Schäfers. Danach liegt rechts der erwähnte Ausweichparkplatz. Nun geht es in der Güssenstraße bergab. Nach der Güssenhalle biegen wir am Schild **Hermaringen Güssenstraße** (464 m) **5** links ab. Kurz danach halten wir uns vor dem Fahrverbotsschild rechts. Wir überqueren die Eisenbahnlinie und biegen danach in der Friedrichstraße links ab. Anschließend gehen wir rechts in der Kronenstraße weiter.

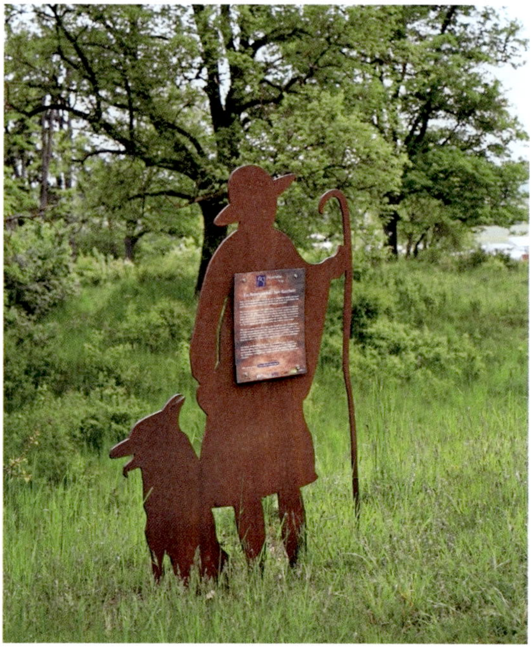

Zurück entlang der romantischen Brenz Bald überqueren wir die Brenz. Danach biegen wir am Schild **Hermaringen Brücke Kronenstraße** (455 m) **6** links ab. Nun wandern wir eine ganze Zeit am Fluss entlang. Er zeigt immer wieder romantische Szenerien mit Bäumen, Gebüsch und Schilf, später sehen wir Felsen und heideartige Landschaftsteile und gehen auch ein Stück durch den Wald. Insgesamt wirkt dieser Streckenabschnitt beinahe urwaldartig

Nach dem Wald wandern wir noch etwas zwischen Obstbäumen und Felsen weiter, bis wir zum Schild **Aischbachsteg** (456 m) 7 kommen. Wir überqueren das Gewässer und gehen danach unter den Stromleitungen auf Pfadspuren durch die Wiese zum Hebewerk. An ihm wandern wir mit dem Wanderzeichen blaues Dreieck in Richtung »Bahnhof« rechts vorbei, danach fließt links wieder die Brenz und rechts liegt die Kläranlage. Nach dieser biegen wir rechts ab. Vor dem nächsten Gebäude beschreibt der Weg einen Links-rechts-Knick und bringt uns zu einem querenden Weg. Auf ihm gehen wir nach links in das Wohngebiet hinein.

Dort spazieren wir in der Biberstraße, bis die Straße Bleiche quert. Ihr folgen wir nach links. Sie zieht bald nach rechts, wir überqueren die Brenz und gehen danach in der Hermaringer Straße zurück zum Ausgangspunkt.

Wer noch Zeit hat, dem sei das sehenswerte Giengener Zentrum oder ein Besuch im Steiffmuseum empfohlen.

Auf dem Weg entlang der Brenz hat man immer wieder einen Blick auf die idyllische Flusslandschaft.

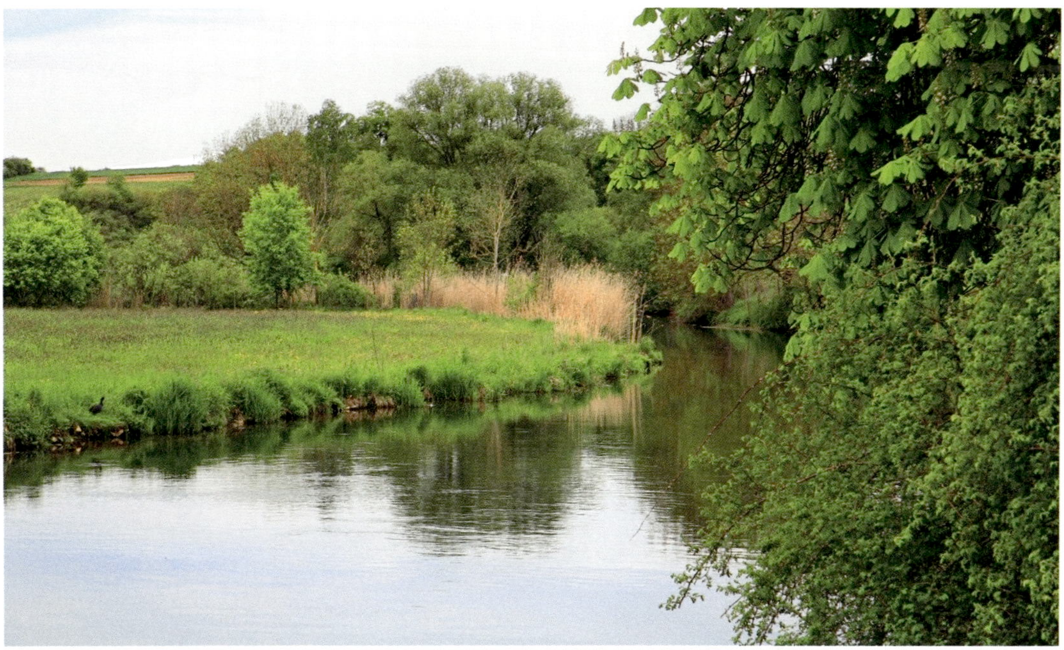

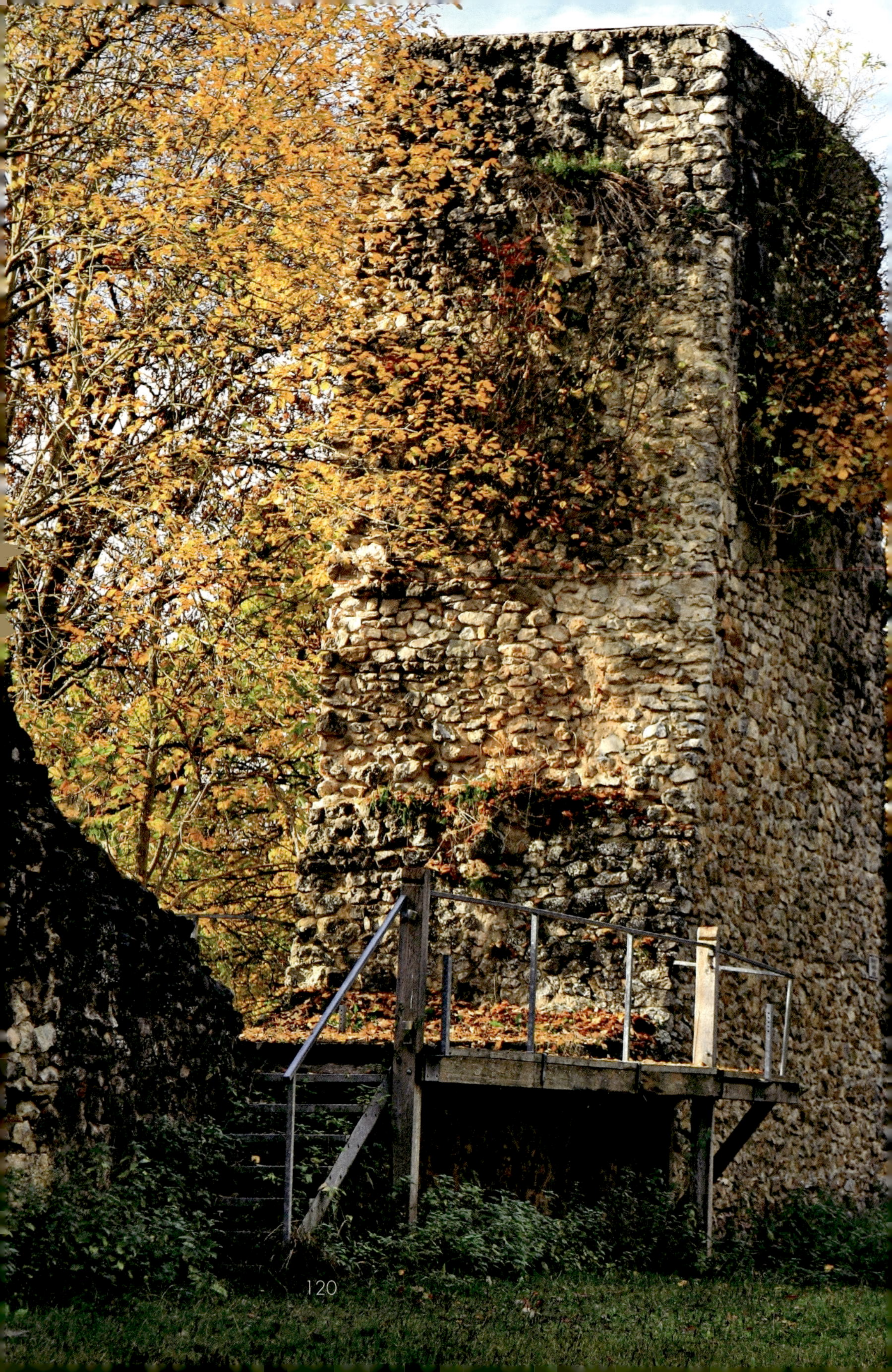

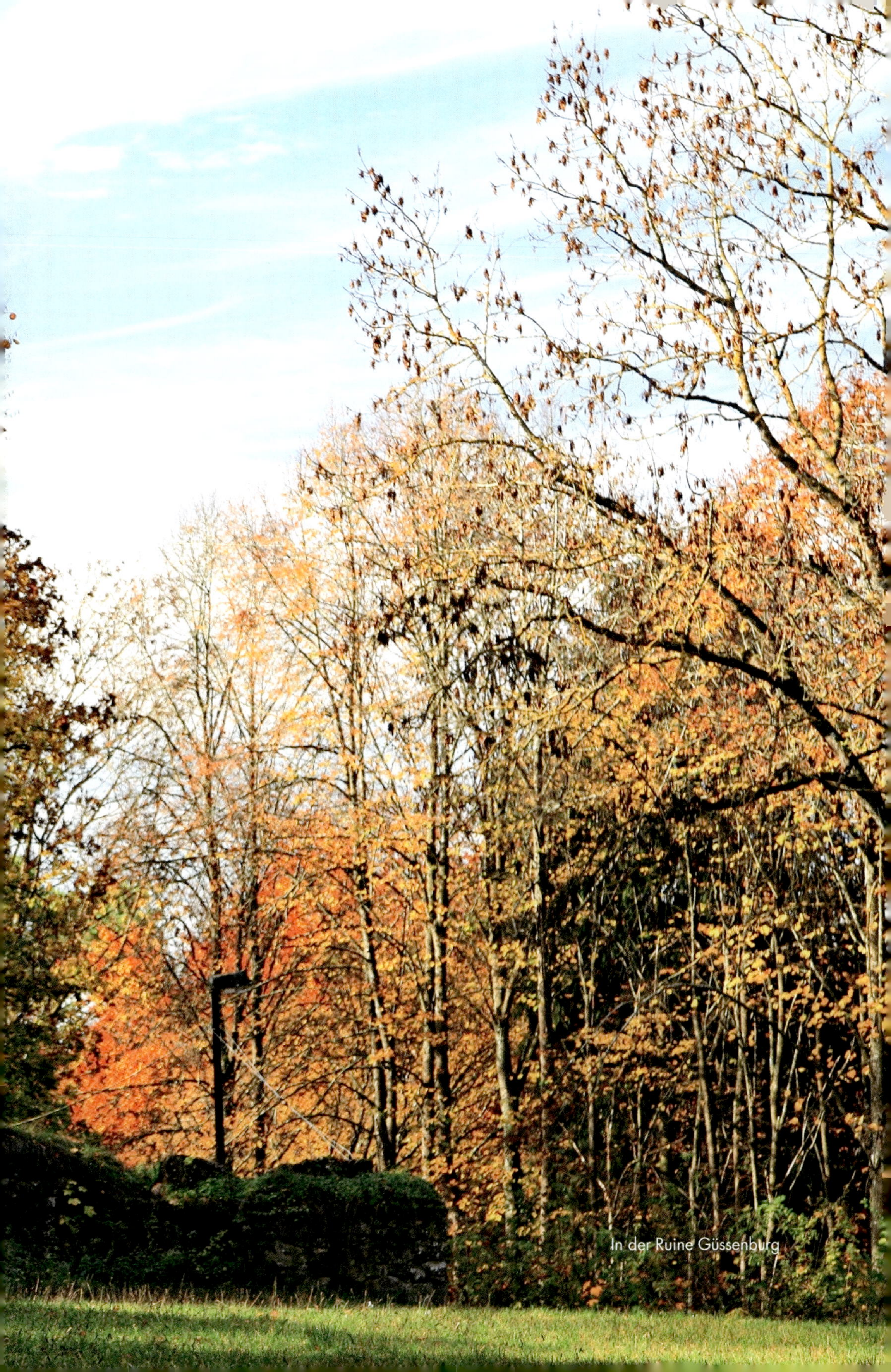

In der Ruine Güssenburg

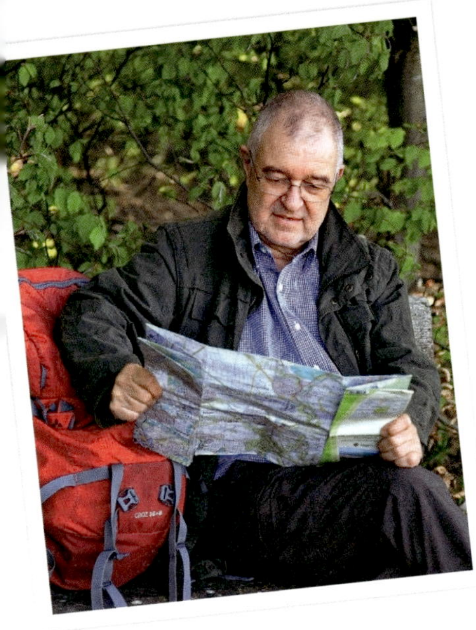

Zugabe

Unbekannte Touren auf der Schwäbischen Alb – gibt es das? *Die Schwäbische Alb ist ja eines der beliebtesten Wanderziele in Baden-Württemberg, zumindest im Zentrum des Landes. Zudem ist dieses Mittelgebirge von den ehrenamtlichen Wegwarten des Schwäbischen Albvereins gut erschlossen und markiert, sodass es kaum einen schönen Weg gibt, der nicht seine Liebhaber anzieht. Aber trotzdem: Wanderer finden auch genügend ebenfalls markierte Wanderwege, die nicht so stark frequentiert sind und auf denen man oft alleine unterwegs ist. Und auch hier warten schöne Landschaften, idyllische Ecken und herrliche Aussichtspunkte.*

Panorama und Schwäbische Alb … *das könnte eigentlich fast ein Synonym sein. Für Albwanderer ist die Aussicht – neben den Burgen und Ruinen – wohl der Hauptgrund, hier eine Tour zu unternehmen. Aber so beliebt und begehrt, so vielbesucht und weithin bekannt manche Stellen mit grandioser Aussicht auch sind – es gibt auch Aussichtspunkte, die nicht so sehr im Fokus der Wanderer stehen.*

Aussicht, Landschaft und was noch? … *Um es kurz zu sagen: vieles! Die Schwäbische Alb bietet dem Wanderer und Ausflügler zahlreiche Natursehenswürdigkeiten, historische Highlights wie Burgen und Ruinen, Kirchen und Klöster mit ihren Kunstschätzen, lohnende Orte mit beeindruckenden Stadtbildern, Museen und vieles mehr. Da die Wanderungen in diesem Buch nicht allzu lang sind, bleibt oft noch Zeit, dies alles zu genießen. Manche dieser Punkte sind berühmt, manche Burgruine oder einsame Dorfkirche aber auch nicht so oft auf dem Wunschzettel der Albausflügler enthalten, sodass man die Kostbarkeiten von Kunst und Geschichte ziemlich für sich alleine hat. Geheimtipps gibt es also auch hier.*

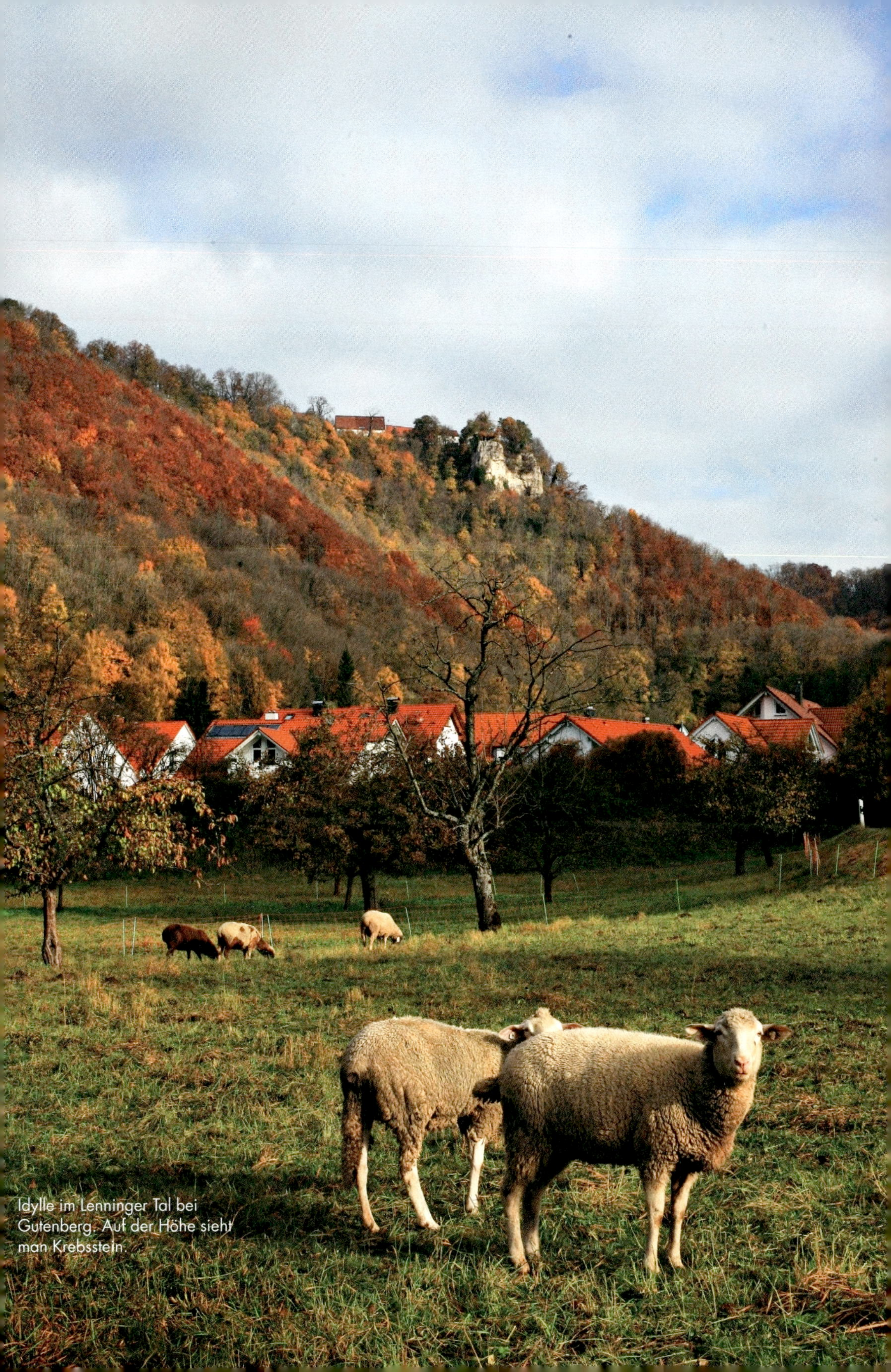

Idylle im Lenninger Tal bei Gutenberg. Auf der Höhe sieht man Krebsstein.

Register

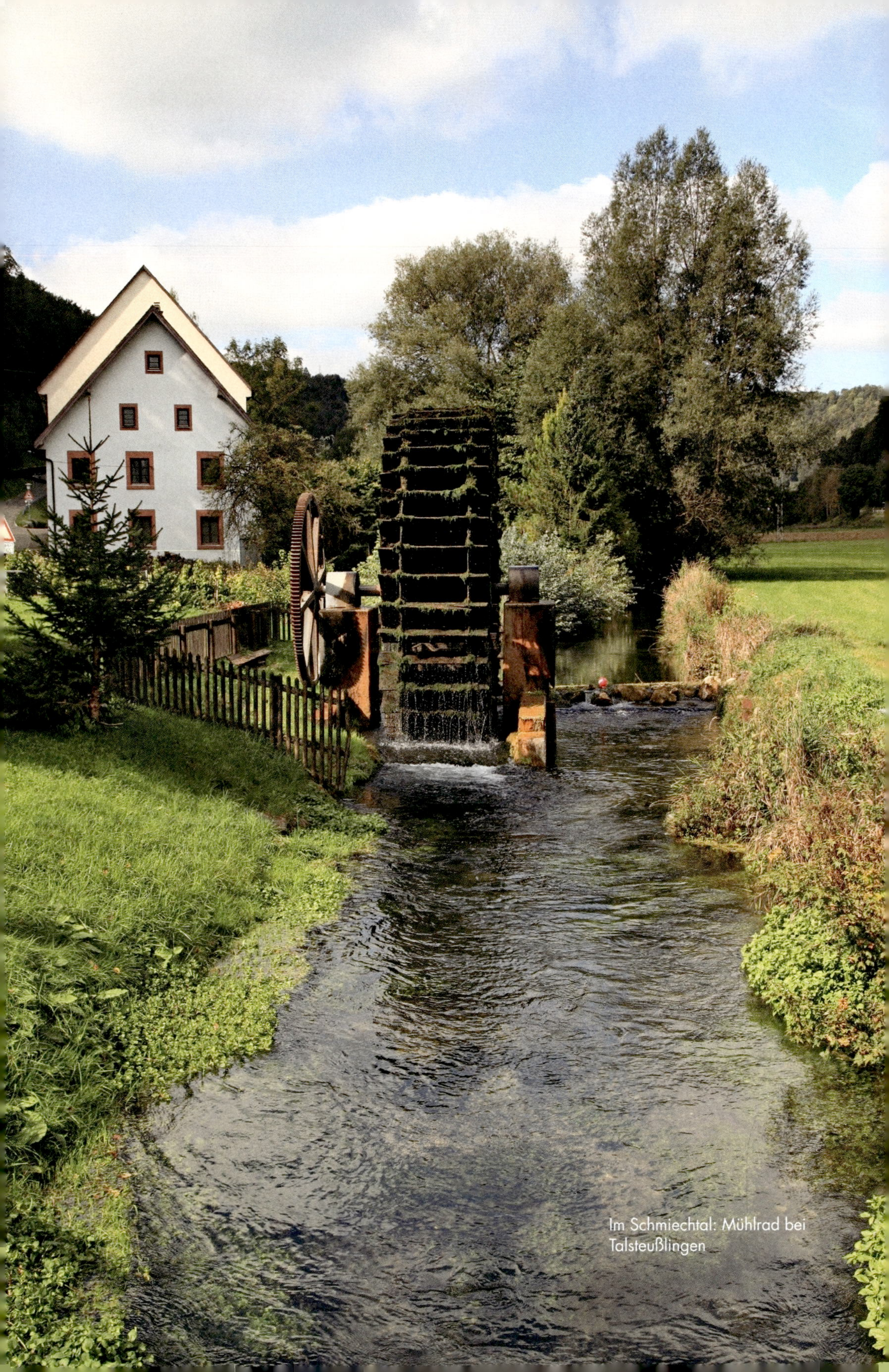

Im Schmiechtal: Mühlrad bei Talsteußlingen

Ebenfalls erhältlich ...

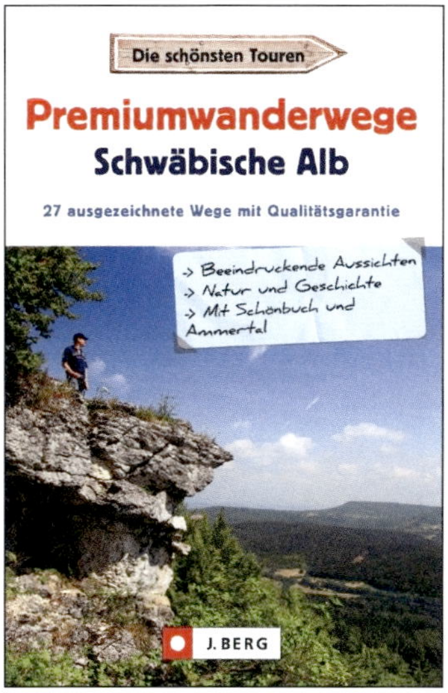

ISBN 978-3-86246-704-4

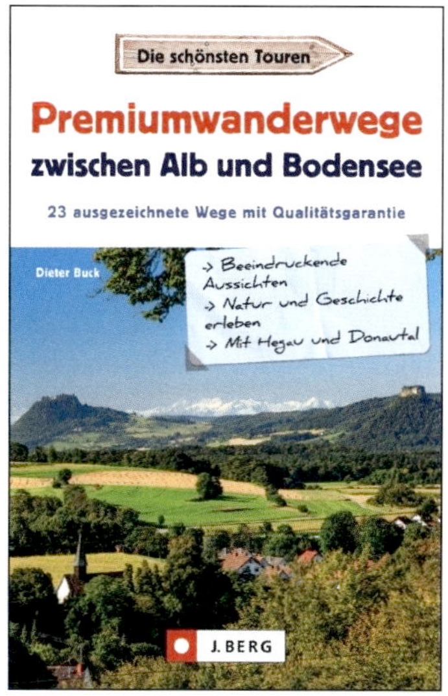

ISBN 978-3-86246-705-1

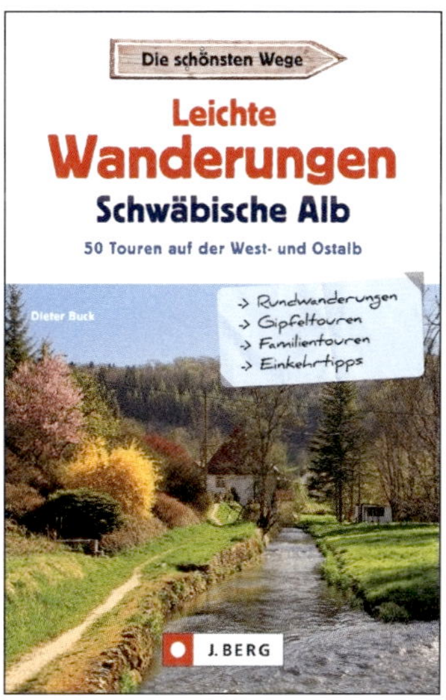

ISBN 978-3-86246-756-3

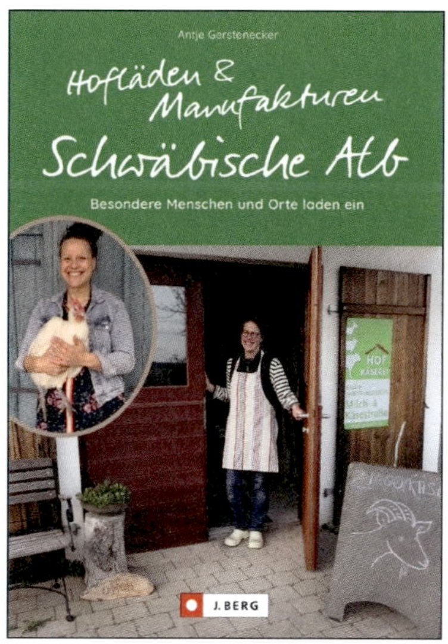

ISBN 978-3-86246-779-2

J. BERG

www.j-berg-verlag.de

Impressum

Verantwortlich: Sabine Klingan
Lektorat und Satz: Verlagsbüro Wais & Partner, Stuttgart
Repro: LUDWIG:media
Kartografie: Bruckmann Verlag GmbH, Heidi Schmalfuß
Herstellung: Bettina Schippel
Printed in Slovenia by Florjancic

★★★★★

Sind Sie mit diesem Titel zufrieden? Dann würden wir uns über Ihre Weiterempfehlung freuen. Erzählen Sie es im Freundeskreis, berichten Sie Ihrem Buchhändler oder bewerten Sie bei Onlinekauf. Und wenn Sie Kritik, Korrekturen, Aktualisierungen haben, freuen wir uns über Ihre Nachricht an Bruckmann Verlag, Postfach 40 02 09, D-80702 München oder per E-Mail an lektorat@verlagshaus.de.

Unser komplettes Programm finden Sie unter www.j-berg-verlag.de

Alle Angaben dieses Werkes wurden vom Autor sorgfältig recherchiert und auf den neuesten Stand gebracht sowie vom Verlag geprüft. Für die Richtigkeit der Angaben kann jedoch keine Haftung übernommen werden, weshalb die Nutzung auf eigene Gefahr erfolgt. Insbesondere bei GPS-Daten können Abweichungen nicht ausgeschlossen werden. Sollte dieses Werk Links auf Webseiten Dritter enthalten, so machen wir uns die Inhalte nicht zu eigen und übernehmen für die Inhalte keine Haftung.

In diesem Buch wird aus Gründen der besseren Lesbarkeit das generische Maskulinum verwendet. Weibliche und anderweitige Geschlechteridentitäten sind dabei ausdrücklich mitgemeint, soweit es für die Aussage erforderlich ist.

Empfehlung der Redaktion
Sie sind auf der Suche nach weiterführender Literatur? Dann empfehlen wir Ihnen den Titel »Die Wander-Bucket-List Baden-Württemberg« von Dieter Buck. Oder Sie werfen einen Blick in die Zeitschrift »Schöner Südwesten«. Hier werden Sie bestimmt fündig.

Bildnachweis: Alle Bilder im Innenteil und auf dem Umschlag stammen vom Autor mit folgenden Ausnahmen: S. 107 o. (©Landratsamt Heidenheim/Guido Serino), Autorenfotos S. 122 & Umschlagklappe (© Melanie Buck)
Umschlagvorderseite: Dschungelartige Atmosphäre im Magentäle (Tour 18)
Umschlagrückseite: Blick hinab ins Filstal (Tour 13)

Die Deutsche Nationalbibliothek verzeichnet diese Publikation in der Deutschen Nationalbibliografie; detaillierte bibliografische Daten sind im Internet über http://dnb.d-nb.de abrufbar.

© 2022 J. Berg Verlag in der
Bruckmann Verlag GmbH
Infanteriestraße 11a
80797 München

ISBN 978-3-86246-765-5